KB042786

태봉학회 총서 5

태봉의 문화유산

CULTURAL HERITAGE OF TAEBONG KINGDOM

泰封國 文化遺產

태봉학회

태봉학회 총서 5

태봉의 문화유산

CULTURAL HERITAGE OF TAEBONG KINGDOM

泰封國 文化遺產

태봉학회

철원군 Cheorwon

주류성

총서를 펴내며

철원(鐵原)은 고구려 때 철원군(鐵圓郡) 혹은 모을동비라고 불렸다. 신라 경덕왕이 철성군으로 이름을 바꾸었는데, 후에 다시 철원군으로 불렸다. 궁예가 이곳에서 세력기반을 확립하였고, 후에 풍천원에 도읍하였음은 잘 알려진 바와 같다. 고려시대에는 동주였으며, 조선시대에는 도호부가 설치되었다. 일제강점기에는 근대 도시로 발전하였다. 비록 6. 25 전쟁으로 인해 큰 피해를 보았지만, 철원에는 각종 문화유산이 적지 않게 남아 있다. 이에 태봉학회에서는 2021년 학술회의에서 철원의 문화유산을 다루었다("태봉국 수도 철원의 문화유산"). 2022년 학술회의에서는 국방 관련 유적을 검토하였다("태봉국 수도 철원의 관방유적").

태봉학회에서는 앞의 두 학술회의에서 발표된 글들을 모아 총서 제 5권을 내기로 하였다. 제 1부에는 주로 태봉의 불교 미술을 다룬 논문들을 모았다. 근현대의 문화유산과 관련한 것들은 다음 기회를 기약하기로 양해를 구했다. 제 2부는 삼국시대로부터 조선시대에 걸쳐 축조된 성곽들을 고찰한 논고들로 구성하였다. 태봉 철원도성에 관한 새로운 자료를 소개하는 글도 실었다. 부록에서는 2023년 태봉학회의 활동과 철원군의 역사·문화 관련 동향을 정리하였다.

기조강연을 맡아 주시고, 투고해 주신 최성은 덕성여대 명예교수와 (재)국방문화재연구원의 이재 원장을 비롯하여 필자 여러분들께 감사드린다. 태봉학회를 물심양면으로 도와주시는 이현종 철원군 군수 이하 철원군 관계자 여러분께 고마움을 전한다. 학회의 김용선, 이재범 고문, 정성권 이사, 김영규 사무국장이 편집과 실무를 맡아 수고하셨다. 주류성 문화재단의 최병식 대표와 주류성 출판사의 이준 이사가 출판을 위해 애써 주셨다.

2020년 6월 한국 고대의 역사문화를 체계적으로 정리하기 위한 '역사문화권 정비법'이 공포 되었다. 현재 후백제 역사문화권을 포함 9개의 역사문화권이 설정되었다. 이 책에 실은 「태봉역사문화권 설정 추진을 위한 제언」에서 밝혔듯이 태봉학회는 태봉 역사문화권의 설정을 위해 노력할 것이다. 조인성·정성권·김영규가 공동으로 작성한 『태봉역사문화권 설정 추진을 위한 연구』(강원학 연구보고 17, 강원연구원·강원학연구센터, 2013)는 그 첫걸음이다. 앞으로 철원군과 군민 여러분의 지지와 성원에 힘입어 태봉역사문화권이 설정될 수 있기를 바란다.

2023년 12월

태봉학회 회장 조 인 성

목차

제2부

관방유적 185

제3부

자료 325

부록

수록 논문 및 자료 출처

제1부 불교문화유산

최성은, 「태봉의 불교조각 - 새로운 도상의 수용과 다양한 양식의 전개」, 『2021 태봉학술회의, 태봉국 수도 철원의 문화유산』, 철원군·태봉학회, 2021.

정성권, 「태봉의 불교조각과 철원 동송읍 마애불」, 『문화사학』 56, 한국문화사학회, 2021.

조성금, 「泰封시기 星宿신앙 연구」, 『문화사학』 56, 한국문화사학회, 2021.

오호석, 「철원 도피안사 삼층석탑의 미술사적 검토」, 『2021 태봉학술회의, 태봉국 수도 철원의 문화유산』, 철원군·태봉학회, 2021.

심재연, 「왕건 사저와 봉선사」, 『2022 태봉학술회의, 태봉국 수도 철원의 관방유적』, 철원군·태봉학회, 2022.

제2부 관방유적

이재, 「철원의 관방유적」, 『2022 태봉학술회의, 태봉국 수도 철원의 관방유적』, 철원군·태봉학회, 2022.

유재춘, 「철원 한탄강변 성곽 유적의 성격 연구」, 『인문과학연구』 79, 강원대학교 인문 과학연구소, 2023.

권순진, 「철원지역 성곽의 특징과 성격」, 『文物研究』 36, 동아문화재단, 2019.

김호준, 「태봉국 철원도성의 남쪽 방어체계 연구」, 『2022 태봉학술회의, 태봉국 수도 철원의 관방유적』, 철원군·태봉학회, 2022.

제3부 자료

조인성, 「철원도성 신자료 소개-『朝鮮城址實測圖』의 '楓川原都城址'」, 『2022 태봉학술회의, 태봉국 수도 철원의 관방유적』, 철원군·태봉학회, 2022.

태봉역사문화권 설정 추진을 위한 제언

2020년 6월 한국 고대의 역사문화권을 체계적으로 정리하기 위한 '역사문화권 정비 등에 관한 특별법'이 공포되었다. 처음에는 고구려·백제·신라·가야·마한·탐라 등 6개의 역사문화권이 설정되었다. 이후 중원, 예맥역사문화권이 더해졌고, 2023년 1월 후백제역사문화권이 포함되었다.

태봉은 904년 국가체제를 정비하였다. 북으로는 대동강 일대까지 지배력을 확대하였다. 남으로는 신라와 후백제를 압도하였다. 후삼국의 통일에 가장 먼저 다가갔던 것은 바로 태봉이었다. 태봉은 비록 실패했지만, 그 유산은 고려로 이어졌다. 고려 초의 정치제도는 태봉의 그것을 계승한 것이었다. 수취제도, 지방지배도 일부 태봉의 영향을 받았다. 고대에서 중세로의 전환에 있어 태봉이 갖는 역사적 의의가 작지 않다. 이에 태봉학회에서는 태봉역사문화권 설정을 추진할 것을 제안한다.

태봉의 건국자 궁예는 신라 왕경 출신이었다. 하지만 그가 성장하고 세력을 형성하였으며, 건국을 꿈꾸었던 곳은 지금의 강원특별자치도 지역이었다. 철원도성은 분단의 상징처럼 비무장지대에 남북으로 걸쳐 있다. 태봉역사문화권의 설정은 강원도와 철원의 역사적 위상을 제고하고, 남북의 평화를 전망하는 데 도움이 될 것이다. 나아가 문화·관광사업을 통해 지역 발전을 도모하는 발판이 될 것으로 기대한다.

태봉학회는 태봉역사문화권 설정과 관련하여 학술적 소임을 다하려고 한다. 유관 연구 기관과의 협력도 적극 모색할 예정이다. 하지만 이것만으로 부족함은 자명하다. 궁예와 태봉에 대한 인식의 제고가 시급하다. 강원도의 지원과 도 내·외 관련 시군의 협조, 국회에서의 법안 발의 등도 풀어야 할 과제이다. 그러므로 학계와 민·관·정계의 공동 노력이 요구된다. 철원군과 철원군민의 성원과 지지가 태봉역사문화권 설정 추진을 위한 디딤돌이 되리라고 믿는다.

2023년 10월 19일

태봉학회 회장 조 인 성

태봉학회 총서 5

제1부

불교문화 유산

태봉의 문화유산

CULURAL HERITAGE OF TAEBONG KINGDOM

泰封國 文化遺産

태봉의 불교조각
– 새로운 도상의 수용과 다양한 양식의 전개 –

최성은
덕성여자대학교 명예교수

목차

Ⅰ. 머리말

후삼국이 병립하였던 10세기 초에 한반도의 중부지역을 지배하며 가장 넓은 영토를 차지했던 태봉은 비록 20년 남짓 길지 않은 기간 동안 존속하였으나 강원, 경기, 황해도의 전역과 충청도 북부 및 평안도 일부를 점령하여 후삼국 중에서 가장 강성하였던 만큼 이에 상응하여 문화예술 활동도 활발하였을 것으로 생각된다.[1)] 태봉을 세운 궁예는 자신이 世達寺의 승려 출신이었던 만큼 불교에 대한 관심이 각별하였을 것으로 짐작된다. 898년 11월에 처음으로 국가적인 차원에서 열렸던 팔관회[2]는 태봉지역에서 빈번히 이루어졌을 불교의식의 한 예로 이해되며, 태봉 말기에 미륵불을 자처했던 궁예의 행렬에 관한 삼국사기의 기사는 불교가 태봉 민중들의 일상생활 속에 깊이 뿌리내리고 있었음을 시사한다.[3] 이처럼 불교의 영향력이 컸던 태봉에서 사찰을 짓거나 불상을 조성하는 여러 佛事가 적극적으로 이루어졌을 것은 자명하다. 궁예는 궁궐이나 樓臺를 지을 때도 사치를 극했다고 하는데[4] 그가 이 땅에 구현하려 했던 미륵세계를 백

---

1) 궁예가 철원에 도읍하여 首長의 위치에 있었던 896년부터 왕건에 의해 축출당했던 918년까지를 헤아리면 23년간이고 칭왕했던 901년부터 계산하면 궁예의 재위기간은 19년 가량이 된다. 泰封의 弓裔의 관해서는 『三國史記』 11 「眞聖女王」 9年 8月; 同書 1 王曆 後高麗 弓裔; 趙仁成, 「泰封의 弓裔政權硏究」,(서강대학교 박사학위논문, 1991); 이재범, 「後三國時代 弓裔政權의 硏究」,(성균관대학교 박사학위논문, 1992); 趙仁成, 「弓裔의 勢力形成과 建國」, 『震檀學報』, 진단학회, 75, 1993; 조인성, 『태봉의 궁예정권』, 푸른역사, 2007 참조.

2) 팔관재는 신라 이래 내려온 전통으로 전몰장병을 위한 慰靈祭의 성격을 갖고 있었다. 동시에 이것은 궁예의 미륵사상과도 연관이 있을 것으로 생각된다. 즉 『彌勒兜率天上生經』에 의하면, “도솔천에 왕생하여 彌勒의 弟子가 되려면 無上菩提의 마음을 내고, 五戒, 八齋戒, 具足戒를 지키며, 精進하고 十善法을 닦으며 도솔천상의 묘한 쾌락을 思惟하여야 한다. 또 중생은 미륵불의 形像을 계속 염하고 미륵불을 칭명하고 ‘八齋戒를 지키므로 命終때 도솔천에 왕생하여 미륵의 來迎을 받고 연꽃위에 결가부좌할 수 있다”고 한다. 李永子, 「羅末·後三國 彌勒信仰의 性格」, 『韓國 彌勒思想 硏究』, 佛敎文化硏究所編, 1987, pp.132~133쪽 참조.

3) 초기에 궁예는 『彌勒下生成佛經』에 나오는 전륜성왕처럼 정법으로 나라를 다스리고자 하였던 것 같다. 그는 군사들과 苦樂을 함께하고 자애롭고 공평한 태도로 주위의 존경을 받았다. 그러나 집권 말기에는 미륵세계를 이루고자 스스로 미륵불을 자처하며 長子은 靑光보살, 次子는 神光보살이라고 부르고, 외출을 할 때면 항상 백마를 타고 비단으로 말머리와 꼬리를 장식하고 童男童女로 하여금 日傘과 香花를 받들게 하여 앞에서 인도하게 하고 比丘 200여명의 승도로 하여금 梵貝念佛을 하며 뒤따르게 하였다. 또한 스스로 經典 20여권을 지어 正坐하여 강설하였다고 한다. 『三國史記』 op. cit., p.715 참조. 태봉의 불교에 대해서는 申虎澈, 「弓裔의 政治的 性格 – 특히 佛敎와의 관계를 中心으로 –」, 『韓國學報』 29, 일지사, 1982; 金杜珍, 「高麗初 法相宗과 그 思想」, 『韓▩劤博士 停年紀念 史學論叢』, 1981; 梁敬淑, 「弓裔와 그의 彌勒佛思想」, 『北岳史論』 3, 1993, pp.132~135 참조.

4) 鐵原邑 洪元里 楓川原에 위치한 궁예의 都城에는 903년에 지어진 궁전의 遺址가 전하고 있다. 풍천원에 대해서는 『世宗實錄地理志』 「鐵原都護府」條를 비롯하여 『新增東國輿地勝覽』(1530)과 『東國輿地志』(1656) 外 여러 문헌에 기록되어 있는데, 대체로 內城 1905尺, 外城 14,421尺로 조사되었으며 1940년에 간행된 『江原道誌』에도 궁전유지가 남아있다고 적혀있다. 李丙燾박사는 楓川原의 宮闕遺址를 직접 답사하였는데 그 城址와 宮址, 기타 유적들의 규모가 宏傑하고 奢侈스러웠던 것을 상

성들에게 보여주기 위해 화려한 수준의 불사를 벌였을 것을 상상하기란 그다지 어렵지 않을 듯하다. 태봉의 국가기관 가운데 城隍의 수리를 관장하는 障繕府가 있었던 것을 보면, 장선부 외에 사찰의 건축이나 보수도 담당했거나 불사를 위한 별도의 기관이 설치되었을 수도 있다.

태봉의 지배지역이었던 지금의 경기도와 강원도 일원의 한반도 중부지역에 산재해 있는 석불과 마애불 가운데는 나말여초기에 조성되었다고 추정되는 불상들이 적지 않으나 銘文을 통하여 태봉[5]에서 조성된 것으로 확인된 불교미술품은 아직 한 점도 조사된 것이 없어 지금으로서는 현존하는 나말여초 불교조각 가운데 양식적으로 10세기초 무렵으로 편년될 수 있는 작품들을 중심으로 태봉의 불교미술을 살펴보고자 한다.[6]

상할 수 있었다고 적고 있다. 『高麗史節要』 1 「太祖 元年」 八月; 田保橋潔, 「弓裔とその都城址」, 『史學會誌』 17, 京城帝大史學會, 1941, pp.1~16; 李丙燾譯註, 『國譯三國史記』, 乙酉文化社, 1980, 卷 第五十 「列傳」 第十 (弓裔), pp.717~719, 註 9 ; 철원군, 『鐵原郡誌(하)』, 1992, pp.1576~1586 참조; 江原大學校博物館 · 江原道 鐵原郡, 1985 『鐵原郡의 歷史와 文化遺蹟』, pp.265~273 참조.

5) 궁예의 집권기에 고려(901-904), 마진(904-911), 태봉(911-918)의 국호가 사용되었으나 여기서는 왕건의 고려와 구별하기 위하여 궁예의 고려를 태봉이라고 부르겠다.

6) 태봉의 불교미술에 관해서는 최성은, 「나말려초 중부지역 석불조각에 대한 고찰 - 궁예 태봉(901-918)지역 미술에 대한 시고 - 」, 『역사와 현실』 44, 2002, pp.29~64; 정성권, 「泰封國都城(弓裔都城) 내 풍천원 석등 연구」, 『한국고대사탐구』 7, 2011, pp.167~211; 정성권, 「안성 기솔리 석불입상 연구: 궁예 정권기 조성 가능성에 대한 고찰」, 『新羅史學報』 25, 2012, pp.351~399; 정성권, 「'궁예미륵'석불입상의 구비전승적 연구 - 안송 기솔리 석불입상,, 포천 구읍리 석불입상을 중심으로 -」, 『민속학연구』 30, 2012, pp.91~115; 정성권, 『태봉과 고려 석조미술로 보는 역사』, 학연문화사, 2015 참조.

Ⅱ. 태봉 불교조각의 전개

1. 발삽사의 치성광여래·五星像

태봉의 불교미술에 관한 문헌사료는 전하는 것이 없으나 『삼국사기』와 『고려사』에 실린 「古鏡文」 사건에 대한 기록을 통해 당시 태봉의 불교와 불교미술의 성격을 다소 엿볼 수 있다.

> 태봉(泰封) 정개(政開) 5년(918)에 왕창근이라는 당(唐)의 상인이 사발(磁椀)과 거울(古鏡)을 들고 옛날 의관(衣冠)을 입은 어느 노인으로부터 거울을 샀는데 거기에는 왕건의 등극(登極)과 삼국통일을 예언하는 시(詩)가 쓰여 있었다. 왕창근은 이것을 궁예에게 알렸는데 조정의 문인들이 화가 미칠까 두려워 그 글의 내용을 제대로 해석하지 않고 적당히 꾸며서 고하였다.[7] 궁예가 유사(有司)에게 명(命)하여 창근과 함께 거울주인을 찾게 하였으나 찾을 수 없었고 오직 철원(東州) 발삽사(勃颯寺) 불당(佛堂)의 치성광여래(熾盛光如來) 불상 앞에 진성소상(鎭星塑像)이 그 사람의 형상과 같고 그 좌우 손에는 역시 도마와 거울을 들고 있었다고 한다.[8]

---

7) 이 古鏡文에 대해서는 『三國史記』 11 「眞聖女王」 9年 8月; 『高麗史』 卷 1 太祖 卽位年條에 기록되어 있다. 이 사건은 王建을 推戴하려는 무리들이 일반 民心을 자극하고자 왕건의 즉위 이전이나 즉위당시에 조작한 것이라는 주장이 일찍부터 제기되어 왔다. 申采浩, 『朝鮮上古史』, 三星文化文庫, 1977, pp.58~59; 李丙燾, 『韓國史』 中世篇, 을유문화사, 1961, pp.28~29; 同著, 『高麗時代 硏究』, pp.8~10 참조.

8) 『三國史記』에는 "… 발삽사 佛堂에 있는 鎭星塑像이 그 사람과 같았다."라고 기록되어 있는 반면, 『高麗史』에는 "… 東州 발삽사의 치성광여래 불상앞에 塡星을 맡은 신의 오래된 塑像이 있었는데 그것이 거울주인의 狀과 같고 그 좌우 손에는 역시 도마와 거울을 들고 있었다."고 더 상세히 적고 있다. 『三國史記』 op. cit., 719~720쪽 ; 『高麗史』 卷1, 太祖 1 참조. 이에 관한 미술사적 논의는 최성은, 앞의 논문, 2002, pp.33~42 참조.

이 기록은 태봉에서 조성된 치성광여래와 그 권속인 五星 혹은 九曜·二十八宿 등의 塑造像群이 태봉의 수도 東州에 있는 발삽사에 봉안되어 있었음을 알려준다. 이 시기의 치성광여래와 오성의 존상은 현존하는 예가 없으나 당말의 불화를 통해 그 모습을 짐작할 수 있다(도 1).

도 1. <치성광여래와 오성도>, 唐 乾寧 4년(897), 감숙성 돈황출토, 영국박물관

치성광여래(Vikīrṇoṣṇīṣa)는 석가모니불의 敎令輪身[9]으로 毛孔에서 활활 타는 듯한 엄청난 熾盛光焰이 흘러나오므로 치성광여래로 불리는데, 日月星宿 등, 빛을 발하는 諸天을 거느리고 정법을 따르게 하여 그들의 본존이다. 국가에 역병이 돌거나 鬼神이 난동을 부리거나 다른 나라의 적군이 쳐들어왔을 때 왕이 경건하게 발심하여 가호를 빌면 반드시 승리를 얻고 惡賊을 소멸하게 된다고 한다.[10] 이처럼 국가진호의 의미를 지닌 치성광여래와 오성, 구요에 대한 신앙이 태봉에 소개되어 있었던 것을 알려주는 위의 기록은 신비하고 주술적인 당시 불교의 성격을 이해할 수 있는 중요한 자료이다.

발삽사 금당에 봉안되어 있던 鎭星塑像이 왕창근이 길에서 만난 노인

9) 敎令輪身은 3輪身의 하나로서 교화하기 어려운 중생을 제도하기 위하여 분노형의 형상을 내어 명령을 내리고 만일 그 명령을 어기면 바로 벌한다고 하는 方便佛이다. 즉, 비로자나불이 분노형인 부동명왕으로 시현하면 四方의 여래들도 분노신으로 나타나 衆魔를 항복시킨다는 것이다. 『望月佛敎大辭典』 p.623.

10) 『阿娑縛抄』 제58 「熾盛光」

도 2. 석조보살의좌상, 唐 9세기, 成都 萬佛寺址출토, 四川博物院

도 3. 塑造洪辯像, 唐 9세기, 막고굴 제 17굴, 감숙성 돈황

과 모습이 같았다고 하므로 발삽사에 봉안되어 있던 오성의 塑像은 매우 사실적인 조각이었을 것으로 추측이 된다.[11] 불교조각에 있어서 사실성의 구현은 당말 조각의 특징적 요소 가운데 하나라고 할 수 있다. 마치 살아있는 사람의 초상처럼 逼眞하게 불·보살과 승려상을 조각하는 것으로 성도 만불사지출토 석조보살의좌상(도 2)이나 돈황 막고굴 제 17굴의 소조홍변초상(도 3)에서 그 예를 찾아볼 수 있다.[12] 당말 불교조각의 사실적

11) 불교조각의 재료는 다양하지만 사실적인 조각이 용이한 일반적인 재료는 흙이다. 통일신라시대에도 가장 많이 사용된 재료는 흙이었다. 『三國遺事』「塔像條」에 실린 30여구의 불상 가운데 소조불은 거의 전체의 2/3에 해당하는 20여구에 이른다. 文明大, 「統一新羅 塑佛像의 硏究」, 『考古美術』 154·155, 1982, p.36 참조.

12) 최성은, 「唐末五代 佛敎彫刻의 傾向」, 『美術史學』 4, 1992, p.174.

인 양식은 후삼국에도 후술할 태봉지역의 포천출토 철불좌상이나 후백제의 광주 증심사 철조비로자나불좌상에서 그 영향을 찾아볼 수 있다. 또한 「고경문」 이야기에서 왕창근이라는 唐 상인이 태봉의 수도 철원에 와있었다는 것은 태봉의 활발한 對唐 무역과 문화교류를 말해준다. 이처럼 당말의 밀교적이고 주술적인 신앙경향이 태봉에 전해진 것 외에도 태봉의 불교는 다양한 면을 지니고 있었던 것 같다. 궁예는 선각대사 逈微(864-917)와 법경대사 慶猷(871-921)와 같은 선종 승려을 존숭하고 후원하여 태봉으로 모셔왔으며,[13] 의상계 화엄사상을 계승하면서 대승기신론과 밀교사상이 융합된 화엄학 문헌이 태봉에서 찬술된 것으로 보아서[14] 미륵신앙 외에도 선종과 화엄학이 성행하고 있었음을 알 수 있다. 이처럼 다양한 불교신앙과 사상이 발전하고 있었고 대중교류도 활발하였던 태봉에서는 많은 사찰이 세워지고 그에 따른 불상 조성과 석탑을 비롯한 석조물의 건립, 금속제 불구와 여러 공예품이 제작되는 등 불교문화와 미술이 융성하였을 것이다.

2. 철원 풍천원 석등과 이평리 마애불입상

태봉의 수도였던 철원의 궁예도성지에 남아있던 불교유물로 풍천원 석등(도 4)이 있다.[15] 일제강점기의 흑백 사진을 보면, 이 석등은 화사석

---

13) 최연식, 「강진 무위사 선각대사비를 통해 본 궁예 행적의 재검토」, 『목간과 문자』 7, 2011, pp.203~222.

14) 房山에 있는 金代 大藏石經에 들어있는 『健拏標訶一乘修行者秘密義記』는 法藏의 저술로 알려져 있으나 책의 마지막 부분에 義湘의 <法界圖>를 모델로 한 <法界圖印>이 들어있고 大乘起信論의 영향이 뚜렷하게 보이고 있어 10세기 전반에 태봉에서 찬술된 화엄학 문헌으로 생각되고 있다. 태봉의 불교에 대해서는 최연식, 「후고구려 불교의 재검토」, 『보조사상』 40, 2013, pp.122~160 참조.

15) 최성은, 앞의 논문, 2002, pp.43~44; 정성권, 앞의 논문, 2011, pp.167~211 참조.

을 받치고 있는 간주석이 둥글게 구형으로 돌출한 이른바 鼓腹型의 간주석에 花紋이 새겨지고 옥개석의 귀꽃 표현, 화사석과 연화상대석 사이에 문양이 새겨진 화사석 받침을 괴고, 간주석의 위, 아래에 받침을 고였으며 지대석의 하대 연화석 부분에 화려한 귀꽃과 하대 하석의 眼象이 새겨진 화려한 형태이다. 풍천원 석등은 일반적인 나말여초기 석등과는 간주석의 형태가 다를 뿐 아니라 장식적인 면이 두드러진다. 사진을 통해서나마 태봉시기 미술의 화려하고 장식적인 요소를 엿볼 수 있는데, 이것은 궁예가 궁궐과 누대를 지을 때 극히 사치스러웠다는 기록과도 부합한다.

도 4. 석등, 태봉 10세기, 철원 풍천원 태봉 도성지.

철원 일대의 불교조각 가운데 태봉시기에 조성된 것으로 추정되는 상으로 동송읍 이평이사지 마애불입상(도 5)이 전해온다.[16] 이 상은 金鶴山 중턱에 위치한 커다란 바위에 불상의 몸체

도 5. 이평리 마애여래입상, 태봉 10세기, 강원도 철원.

16) 최성은, 앞의 논문, 2002, pp. 52~54; 정성권, 「태봉의 불교조각과 철원 동송읍 마애불」, 『문화사학』 56, pp.52~61.

를 새기고 그 위에 별석으로 머리를 조각하여 올린 마애불상으로 전체 크기가 약 576cm에 달한다. 불상이 웅대하고 그 위치가 지면보다 높게 우뚝 솟아 있어서 천계에서 하강하는 여래의 모습이 연상된다. 마애불 부근에는 탑 부재로 보이는 석물들과 기와 편이 흩어져 있어 사찰이 있었음을 알 수 있다.[17)]

마애불은 풍화가 많이 진행되었으나 얼굴이 갸름하고 상호는 원만하며 雙山形으로 새겨진 입술의 조각이 특이하다.[18)] 수인은 오른손을 아래로 내려서 중지와 무명지를 가볍게 안으로 접고, 왼손은 올려서 엄지와 검지를 살짝 맞대고 중지와 무명지는 안으로 구부리고 있다. 이러한 수인은 통일신라나 당대의 불상에서 비교적 흔히 보이는 일반적인 수인으로 미륵불의 수인으로 추정되기도 한다. 가사는 양 어깨 위에 걸치는 통견식으로 입었는데, 그 안에 입은 내의(승각기)를 묶은 띠매듭이 두 가닥 내려오고 있다. 가사와 裙衣 위에 새겨진 넓은 띠주름은 이 마애불에서 내려다 보이는 벌판에 있는 도피안사 철조비로자나불좌상(도 6)과 유사한 표현으로 이와 같은 띠주름은 9세기 후반부터 고려 초까지 유행했던 것이다. 알려진 바와 같이, 도피안사 철조비로자나불좌

도 6. 도피안사 철조비로자나불좌상, 통일신라 865년, 강원도 철원

17) 강원대학교박물관·강원도 철원군, 『鐵原郡의 歷史와 文化遺蹟』, 1995, pp.79~82 참조.

18) 철원 이평리 마애불입상에서 보이는 약간 입을 벌린 형태의 입술은 안성 기솔리 석불입상과 유사하다는 견해가 제기된 바 있다. 정성권, 「안성 기솔리 석불입상 연구: 궁예 정권기 조성 가능성에 대한 고찰」, 『신라사학보』 25, 2012, p.357 및 pp.375~380.

상(도 6)은 통일신라 865년 철원의 거사(居士) 천오백인이 시주하여 만든 불상으로서 9세기 후반의 철원지역의 불교신앙과 조상양식을 알려주는 중요한 불상이다.[19] 전체적인 조형감에서 볼 때, 이 마애불상은 합천 치인리 마애불입상이나 골굴암 마애불입상(도 7)과 같은 신라하대 9세기 마애불과의 유사성이 발견되면서도 인간적인 얼굴표정과 전체적으로 평면적인 조형감에서 볼 때 태봉시기의 불상으로 생각되고 있다.

도 7 골굴암 마애불좌상, 통일신라 9세기, 경북 경주

이평리 마애불입상의 존명을 추정하기 위해서 상의 위치와 주변의 조건을 살펴보면, 우선 이 상이 위치한 금학산은 궁예가 수도를 철원으로 옮기면서 鎭山으로 삼을 것을 고려할 만큼 풍수적으로 중요한 산이었다고 알려져 있다. 금학산 자체는 자연의 성곽을 이루는 규모로 남북으로 뻗어 서쪽에서 철원을 감싸 안고 내려다보는 형세를 취하고 있다. 또 그 동쪽에는 이 지역의 主城이었던 동주산성과 태봉시기에 축성되었다고 전해오는 孤石城[20]이 가까이에 자리하고, 철원 일대 불교도들의 신앙적 구심점이었던 도피안사를 바라보고 있으며, 용담, 용담동, 용화동 등, 미륵신앙과 연결되는 지명들이 이 일대 도처에 흩어져 있어 중요한 미륵신앙처임을

19) 文明大,「新羅下代 毘盧舍那佛像彫刻의 硏究(1)」,『美術資料』 21, 國立中央博物館, 1977, pp.16~40 및 同著,「新羅下代 毘盧舍那佛像彫刻의 硏究(續)」,『美術資料』, 國立中央博物館, 1978, pp.2~37 참조.

20) 조선총독부,『朝鮮寶物古蹟調査資料』, 1942, p.521.

알 수 있다. 이와 같은 입지 여건을 종합해 볼 때, 이평리 마애불입상은 태봉의 미륵사상과 연관지어볼 수 있는 상이 아닐까 생각된다.[21]

3. 포천 철불좌상과 개성 서운사지 철불좌상

태봉의 수도였던 철원과 개성 사이의 중간지점에 위치하여 태봉시기에 군사전략적으로 중요한 위치에 있었을 것으로 생각되는 포천 일대의 불상으로 도평리사지 철조여래좌상(국립중앙박물관)이 전한다.[22] 포천군 이동면 백운동 계곡에 위치한 興龍寺에서 일제강점기에 총독부박물관으로 옮겨온 2구의 철불좌상 가운데 하나인 이 상은 신라하대 9세기말의 양식적 특징과 함께 새로운 조각적 요소가 보이고 있어 나말여초 태봉시기로 편년될 수 있는 있는 불상이다(도 8-1).[23] 철불좌상은 크기가 132.3cm로 항마촉지인을 결했을 것으로 생각되는 두 손과 광배, 대좌를 잃었는데, 아직도 곳곳에 금색이 남아있는 불상의 표면이 매끈하고 분할주조법의 제작공정상 외형을 이은 흔적이 거의 나타나지 않

도 8-1. 철불좌상, 태봉 10세기, 경기도 포천, 국립중앙박물관

21) 최성은, 앞의 논문, pp.52~54.

22) 최성은, 「羅末麗初 中部地域 鐵佛의 樣式系譜」, 『강좌미술사』 8, 1996, pp.21~31; 최성은, 「羅末麗初 抱川出土 鐵佛坐像 硏究」, 『美術資料』 61, 1998, pp.1~20; 강건우, , 「국립중앙박물관 소장 포천출토 철조여래좌상에 대한 소고」, 『美術資料』 96, 2019, pp.209~223; 강건우, 「국립중앙박물관 소장 포천출토 철조여래좌상 연구입수경위와 像의 의미를 중심으로-」, 『한국고대사탐구』 36, pp.321~360. 참조.

23) 이 철불에 대해서는 최성은, 앞 논문, 1998, pp.1~20; 강건우, 앞의 논문, 2019, pp.209~223 참조.

게 주조한 것을 볼 때, 주조기술이 뛰어난 장인 솜씨임을 알 수 있다. 전체크기에 비해 어깨는 좁은 편이고 이에 비해 허리가 길고 무릎폭이 넓은 장신형이다. 얼굴은 둥근 뺨과 수평으로 반개한 눈의 이목구비 표현이 현실 속의 인물처럼 사실적이다(도 8-2). 육계가 그다지 높지 않고 불신도 평평하며 편단우견으로 착의한 가사가 왼쪽 어깨에 두껍게 접혔으며 왼팔과 복부에 물결모양의 주름이 새겨져 있다. 오른쪽 무릎아래에서 세가닥의 옷주름이 위로 올라오는 표현은 신라하대 9세기 후반의 불상에서도 보이는 특징이다.

도 8-2. 철불좌상의 세부(얼굴)

도 9. 증심사 철조비로자나불좌상, 나말여초 (후백제), 광주광역시 동구.

도 10. 철불좌상, 고려 10세기, 하남시 하사창동, 국립중앙박물관

포천 철불좌상에서 보이는 허리가 긴 장신형의 신체비례는 광주 증심사 철조여래좌상(도 9)을 비롯한 나말여초 불상에서 유행했던 표현 가운데 하나이다.[24] 이 상은 양감이 없이 허리가 긴 상체로 인해 무릎 폭이 넓게 보이게 하지만 실제로는 고려초 920~30년대 조성되었다고 생각되는 하남시 하사창동출토 철조여래좌상(도 10, 국립중앙박물관)과 비례면에서 큰 차이가 없다.[25]

일제강점기에 포천 철불과 함께 포천 흥용사에서 총독부박물관에 옮겨진 또 다른 철불좌상(도 11)은 머리 부분이 훼손되어 전시되지 않고 수장

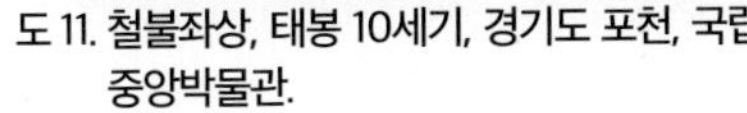

도 11. 철불좌상, 태봉 10세기, 경기도 포천, 국립중앙박물관.

도 12. 사나사철불좌상, 나말여초 10세기, 경기도 양평.

24) 文明大, "新羅下代 毘盧舍那佛像彫刻의 硏究(一)," 『美術資料』 21, 1977, pp.35~36.

25) 포천 철불은 어깨가 좁고 하남시 하사창동 철불이나 傳 普願寺址 철불처럼 상체의 가슴이 넓고 量感 있게 표현되지 않았기 때문에 좌폭이 더 넓어 보인다. 그러나 실제로 이 상의 坐高(133cm)와 坐幅(104cm)의 비례는 1 : 0.78 이므로 寒天寺철불의 1 : 0.77이나 傳 普願寺址 鐵佛의 1 : 0.78, 廣州철불의 1 : 0.77 에 비해 큰 차이가 나지 않는다.

고에 보관되어 오던 중 최근에 소개되었다.[26] 포천 철불좌상이 봉안되었던 사찰에 함께 예배되던 불상으로 생각되며 제작시기에는 선후가 있을 것이나 지극히 인간적이고 사실적인 상호 표현과 유려한 상체의 옷주름 등에서 볼 때 포천 철불좌상과 같은 태봉 시기의 불상으로 여겨진다. 특히 새로 소개된 철불좌상은 착의형태와 옷주름의 표현, 수인, 비례 등에서 일제강점기에 조사한 사진으로만 전하는 양평 사나사 철불좌상(도 12)과 유사성을 보이고 있어 포천에서 양평으로 이어지는 나말여초기 철불들의 양식적 연계성을 엿볼 수 있다.

포천에서 철불 2구가 전해오는 이동면 백운동은 鳴聲山(울음산) 자락에 위치하고 있다. 이 산의 원래 이름은 龍華山 이었는데 궁예를 따르던 군졸들이 최후에 해산하면서 슬피 울었다고 해서 명성산(울음산)으로 이름이 바뀌었다고 한다. 『동국여지지』에는 "龍華山 ‥‥ 有古城名鳴城 故又稱 鳴城山"이라고 기록되어 있어 구전되는 것처럼 명성산이 용화산이었음을 알 수 있다.[27] 이 용화산에는 궁궐터가 있을 뿐 아니라, 용화동이라는 지명이 있고 그 곳에 용화사지[28]와 용화저수지가 있다. 용화산이라는 명칭이나 용화동과 저수지(龍潭) 등은 이 지역이 미륵신앙처라는 것을 시사하며 미륵신앙이 성행하였던 태봉 불교계에서 중시되던 곳이었을 것으

26) 강건우, 「국립중앙박물관 소장 포천출토 철조여래좌상 연구 입수경위와 像의 의미를 중심으로-」, 『한국고대사탐구』 36, pp.321~360.

27) 『東國輿地志』 鐵原 山川條(1656); 『江原道 鐵原郡 軍事遺蹟 地表調査 報告書』, 陸軍士官學校 陸軍博物館, 1996, pp.94~103.

28) 鐵原郡 葛末邑 新鐵原 2里 龍華洞의 龍華寺址에는 오층석탑과 불좌상 등이 1960년까지 있었다고 한다. 근래 조사된 석탑재와 와편으로 보아 통일신라 이래 사찰이 있었던 것으로 보이며 조선시대까지 존속하였던 것 같다. 『鐵原郡의 歷史와 文化遺蹟』, p.92; 『文化遺蹟總覽』, 1977; 『朝鮮寶物古蹟調査資料』, 1942.

로 생각된다.[29] 특히 왕건에게 쫓기던 궁예가 최후에 이곳에서 저항하였다면, 이 일대가 궁예에게 각별한 곳이었다고 추측해 볼 수 있을 것이다.

포천 철불좌상과 양식적으로 연결되는 상으로 개성 瑞雲寺址출토 철불좌상(傳 寂照寺址, 개성고려박물관)이 있다.[30] 이 상(도 13-1)은 경기도 개풍군 영남면 평촌동 폐사지에서 발견되었는데 이곳에서 청태 4년(937년)의 후기가 있는 了悟화상 順之의 비편이 발견되어 서운사(용암사)로 추정되고 있다.[31] 이 불상은 양뺨이 통통한 卵形의 얼굴에 일직선으로 새겨진 수평적인 눈, 입가에는 미소를 띤 밝고 생기 넘치는 모습이다. 복부와 왼팔에 새

도 13-1. 서운사지 철불좌상, 태봉 10세기, 개성고려박물관

29) 泰封의 鎭山인 高岩山에 용소동이 있고 커다란 蓬萊湖(龍淵)가 있으며 부근의 지명이 龍淵里인 것도 미륵신앙과 관련이 있을 것으로 생각된다. 『彌勒下生成佛經』에서는, "염부제의 땅은 모든 복덕이 구족하여 안온쾌락한데 이 땅의 翅頭末 大城에는 상구(Saṁkha)라는 轉輪王이 있다. 상구왕의 국토는 안온하여 절도, 衰惱, 水火, 刀兵, 飢饉, 毒害의 亂이 없다. 사람은 항상 慈心으로 공경 和順하며 언어도 겸손하다. … 중략 … 이 땅에 미륵보살이 출현하여 龍華菩提樹아래서 正覺을 성취하여 成佛한다"고 설명하고 있다. 李永子, 앞 글, p.134.

30) 이 철불두는 인사동의 博古堂 소장이었으며 경기도 富平에서 입수했는데 일본인이 가지고 있었던 것이라고 한다. 鄭永鎬, "鐵佛頭 二例",『考古美術』 2~10, 100권합집 上, 1961, p.169.

31) 요오화상 眞原塔碑의 碑文은 이 지역이 태봉의 지배하에 들어가기 전에 쓰여졌으나 완성되지 못했고 그의 棺이 서운사로 돌아온 이후에 後記와 함께 완성된 것으로 이해된다. 결락된 부분이 많아서 판독이 어렵지만 대체로 그가 진성왕대(893년)에 경주에 가서 왕을 만났고 (결락) 얼마 지나지 않아 입적한 사실을 적고 있으며, 비문의 후기에도 그가 혼란를 피해 서운사를 떠나 어렵게 계림으로 옮겨가서 3년간 이곳저곳을 전전하다가 (결락) 입적한 사실을 기록하고 있다. 따라서 요오화상 順之는 궁예가 태봉을 지배할 시기에는 이미 입적하였던 것으로 이해되는데, 이 철불좌상에서 10세기초 양식이 나타나므로, 요오화상이 절을 떠나고 난 이후, 태봉시기에도 서운사가 경영되고 있었을 가능성이 크다. 그러나 이 문제는 앞으로 瑞雲寺址가 발굴되어야만 밝혀질 수 있을 것이다.

겨진 물결모양의 옷주름, 편단우견식으로 착의한 대의가 왼편가슴에서 접혀진 표현, 발목위의 옷자락이 뒤집혀져 주름을 이루고 있는 표현 등, 여러 점에서 포천철불좌상을 그대로 따르고 있으나 포천 철불좌상에 비해 얼굴이 갸름한 난형이 되었고 무릎폭이 좁아졌으며 옷주름의 조각이 날카롭고 융기된 주름의 입체감이 줄어 포천 철불좌상의 불상형식이 다소 정형화된 단계의 상이라고 생각된다. 특히 서운사지 철불좌상의 대좌(도 13-2)는 복판복엽의 상대석과 용이 새겨진 鼓腹形의 중대, 안상이 새겨진 기단으로 이루어진 팔각연화좌로서 신라하대 9세기 이래 유행하였던 장식적이고 화려한 삼단의 팔각연화대좌에서 변화된 모습을 보여주는데, 이와 같은 형태의 대좌는 신라하대와 고려초기 불상에서 그 예를 찾을 수 없는 독특한 것이다.

도 13-2. 서운사지 철불좌상과 석조대좌(今失), 태봉 10세기

4. 원주 봉산동 · 학성동의 약사불상과 일산동 아미타불상

통일신라시대의 북원경으로서 문화와 교통의 중심이었던 원주는 일찍이 궁예가 양길의 휘하로 들어가 의탁했던 지역이며, 지리적으로 태봉 영토의 중앙에 위치하고 있어 정치, 경제, 문화면에서 중요했던 지역이었던 것으로 생각된다.[32] 이를 입증하듯이 원주지역에는 나말여초기의 불교조각이 집중적으로 전해오고 양식이나 도상면에서 이전에는 볼 수 없

었던 새로운 요소가 나타나고 있다.

도 14. 석불좌상, 태봉 10세기, 원주 봉산동출토, 원주역사박물관

먼저 살펴볼 원주시 봉산동출토 석불좌상(도 14, 원주시립박물관)은[33] 이 상의 원소재지였던 봉산동에 이 상 외에도 여러 구의 석불들이 전해오는 있어 이 일대에 많은 사찰들이 경영되었던 것을 알 수 있다. 과거에 原州川을 따라 이곳 봉산까지 배가 들어왔다고 하여 배말(배마을) 혹은 舟村이라고도 불리었던 것으로 보면 漕運이 이루어졌던 水路에 접해있어 지리적으로 중요한 위치에 있었던 것으로 짐작된다.

봉산동 석불좌상을 살펴보면, 아담한 체구의 佛身과 복판복엽의 상대앙련좌로 장식된 팔각 연화대좌, 문양이 화려하게 새겨진 광배로 구성되어 있으며, 두부를 잃었고 양손이 심하게 손상되었는데 오른손은 아래로 내리고 왼손은 가슴 아래까지 올려 지금은 마멸된 둥근 지물을 들고 있어 '약사여래'임을 알 수 있다. 大衣 전면에 촘촘하게 물결처럼 출렁이는 세밀한 옷주름이 새겨져 있고, 왼쪽 어깨에서 수직으로 늘어진 세모꼴 가사

32) 원주의 불교에 대해서는 이인재, 나말려초 원주 불교계의 동향과 특징」, 『원주학연구』 2, 연세대학교 매지학술연구소, 2001, pp.195~220.

33) 이 상은 원주시 봉산동 산 46-6에 있던 것을 최근에 원주시립박물관으로 옮겼다. 이 상에 대해서는 김성찬, 「원주의 불교유적」, 『原州의 歷史와 文化遺蹟』, 강원도·원주시, 1997, p.173; 林玲愛, 「고려전기 원주지역의 불교조각」, 『美術史學硏究』 228·229, 2001, pp.47~49; 崔聖銀, 앞의 논문, 2002, pp.44~48 참조.

장식과 위쪽에 달린 매듭의 조각이 섬세하다. 이같은 표현은 신라하대 9세기 불상에서 보이지 않는 것으로서 마치 도상집이나 불화에 나타난 불상을 조각으로 옮긴 듯하다.

도 15-1. 철조약사불좌상, 태봉 10세기, 원주 학성동출토, 국립춘천박물관

도 15-2. 철조약사불좌상의 세부(옷주름)

봉산동 석불과 여러 면에서 유사하여 봉산동 석불좌상의 잃어버린 얼굴부분과 지물을 알 수 있는 학성동(원주군 본부면 읍옥평 옥뜰)에서 옮겨온 철조약사불좌상(도 15-1, 국립춘천박물관)은[34] 표면에 분할주조법에 의한 철불주조 과정에서 나타나는 외형의 분할선이 보이지 않아 밀랍법으로 주조된 것으로 생각되고 있는데,[35] 밀납법으로 철불을 주조하였다는 것

34) 朝鮮總督府,『朝鮮古蹟圖譜』, 1918, 圖3200; 이인영,「高麗時代 鐵佛像의 考察」,『美術史學報』 2, 1989, p.75 ; 林玲愛, 2001 앞의 논문, p.50.

35) 국립춘천박물관,『강원지역 철불의 과학적 조사·분석보고서』, 2020, p.159 참조.

은 이 시기 주조기술이 매우 뛰어났음을 말해준다. 철조약사불좌상은 세속적인 느낌마저 드는 인간적인 얼굴에, 좁고 둥글게 처진 어깨뿐 아니라 물결처럼 흐르는 듯한 대의 옷주름(도 15-2), 왼쪽 어깨에서 내려오는 세모꼴의 가사 장식과 양손의 위치, 상 뒷면에 새겨진 옷주름까지 봉산동 석불좌상과 유사하여 같은 시기에 같은 공방(工房)에서 제작되었다고 생각된다. 여기서 보이는 세모꼴의 가사장식 표현은 남한강을 따라 여주 계신리 마애불입상(도 16), 여주 포초골(금사면 대성사) 석불좌상, 여주 도곡리 석불입상에서도 나타나는데 이 상들은 조각이 섬세하고 사실적이거나(계신리상), 불안의 느낌이 온화하고 부드러우며 불신의 양감이 풍부한 점(포초골, 도곡리상)에서 원주지역의 태봉 불상들과 유사하다.[36] 특히, 학성동 약사불좌상은 곡식을 담은 藥鉢을 지물로 들고 있는데, 이와 같은 표현은 『약사여래본원경』에서 설해진 약사여래의 12대원 가운데 11번째 서원인 '飽食安樂'과 관련이 있다고 생각되고 있다.[37]

도 16. 계신리 마애불입상, 태봉 10세기, 경기도 여주.

도상적인 면에서 봉산동 석조약사불좌상과 학성동 철조약사불좌상

36) 세모꼴의 가사장식이 유독 원주와 여주일대의 남한강 유역에 집중되어 있는 점에서 당시 이 지역에서 특별히 유행했던 표현 요소였다고 이해된다. 유사한 세모꼴의 가사장식은 나말여초기의 여러 불상들에서 발견되고 있는데, 예를 들어 동화사 입구 마애불좌상, 경주 남산 삼릉계 석불좌상, 해인사 마애불입상, 장흥 용화사 석불좌상 등으로 이 상들의 조성시기는 신라하대 9세기 후반에서 10세초에 걸쳐있는 것으로 생각되므로 학성동 철불과 봉산동 석불의 조성 편년을 추정하는데 도움을 준다.

은 신라지역 약사불상과는 다른 면을 보여주고 있다. 중대신라 이래 약사불좌상은 결가부좌한 다리에 얹은 손위에 약합을 올려놓고 다른 한 손을 들어 인계(삼계인)를 짓거나 무릎에 내려 항마촉지인을 결하는 것이 일반적인 표현이다.[38] 그런데 원주의 두 약사상은 한 손을 가슴 가까이 들어 올려 약합을 받치고 있는 약사불상으로 이 약사불 도상은 당말오대 불화(도 17)에서 보이는 도상으로서 만당기의 불교도상이 도상집이나 불화의 형태로 당시 대중 문물교류가 활발했던 태봉에 유입되었을 것으로 생각된다.[39] 학성동 철조약사불좌상과 봉산동 석조약사불좌상에서 보이는 여러 요소들 - 약사불의 새로운 도상, 가사 장식의 표현, 인간적이고 사실적인 얼굴, 세밀하고 장식적인 세부 표현 - 등은 신라하대 조각전통을 토대로 하여 새롭게 태봉지역에 알려진 도상과 양식이 반영되어 나타난 결과일 것이다.

도 17. <약사변상도>(부분), 당말오대, 감숙성 돈황

약사불 도상 외에 원주지역 나말여초기 불교조각에서 나타나는 새로운 도상으로 아미타불상 도상이 있다. 중대신라 아미타불상은 대체로 설

37) 현존 예 가운데는 신라하대 방어산마애약사불입상(801)에서 처음 나타난다. 林南壽, 「古代韓國藥師信仰의 展開樣相과 造像」, 『史林』 24, 2005, pp.73~100.

38) 경주 남산 미륵곡(보리사) 석불좌상의 광배에 부조된 약사불좌상이나 굴불사지사면석불의 동면 약사불좌상, 경주 윤을곡 삼불상 가운데 약사불상을 예로 들 수 있다. 통일신라시대 약사불상에 대해서는 유근자, 「통일신라 약사불상의 연구」, 『미술사학연구』 203, 1994, pp.77~110 참조.

39) 최성은, 「전환기의 불교조각: 나말려초 불상의 새로운 경향」, 『이화사학연구』 33, 2006, p.5. 나말여초기 불상으로 추정되는 상으로 문경 봉정리 마애약사불좌상의 예가 있다.

도 18. 태장계만다라 中臺八葉院 무량수여래, 平安時代 9세기, 京都 敎王護國寺

도 19. 창림사지 삼층석탑 앙화부분 아미타불상, 통일신라 855년, 경북 경주

도 20. 비로사 석조아미타불좌상, 통일신라 9세기, 경북 영주

법인이나 항마촉지인을 결하고 있는 것에 비해, 나말여초기에 들어서면 양손을 배꼽 앞에 겹쳐서 놓고 검지손가락을 구부려 그 끝을 엄지손가락의 끝과 맞대고 있는 阿彌陀定印의 수인을 결하고 있다. 이 수인은 金剛頂經系의 儀軌에 나오는 밀교계 도상으로서, 아미타정인 혹은 妙觀察智印이라고 부르고,[40] 중당기(中唐期)에 양계만다라(兩界曼陀羅)를 통해서 아미타정인(묘관찰지인)의 아미타불(도 18)이 알려져 당말에 크게 유행하였는데, 우리나라에서는 경주 창림사지삼층석탑(855년경) 앙화부분에 아미타정인의 불상(도 19)이 새져겨 있고, 영주 비로사 석조아미타불좌상(도 20)의 예가 있으나 신라지역에서는 그다지 유행한 것 같지는 않다.[41] 이와 같은 아미타정인을 결한 철조아미타불좌상(국립중앙박물관)이 원주 일산

40) 아미타정인(묘관찰지인)은 不空이 譯한 「금강정경관자재왕여래수행법」(『新修大藏經』, 19卷 73頁)에 "次結三摩地印. 二羽仰叉. 進力相背而堅. 禪指捻推力頭. 置於跏上, 訟密言曰"라고 설해져 있다. 아미타정인(묘관찰지인)에 대해서는 逸見梅榮, 『佛像の形式』, 東出版, 1970, pp.205~206; 田村隆照, 「定印阿彌陀如來をめぐる諸問題」, 『佛敎藝術』 65, 1967, pp.1~14; 濱田隆, 「定印阿彌陀像成立史考(上)」, 『佛敎藝術』 100, 1975, pp.67~76쪽 참조.

도 21-1. 철조아미타불좌상, 태봉 10세기, 원주 일산동출토, 국립중앙박물관

도 21-2. 철조아미타불좌상 세부(얼굴 부분)

동 부근(구 본부면 本楮田洞)에서 출토되었는데, 오른쪽 육계의 일부가 손상되었고 결가부좌한 무릎이 깨져 시멘트로 보수된 상태이다(도 21-1). 이마가 좁고, 폭이 좁은 콧날에, 수평적인 눈, 뺨에 살이 많은 세속적인 얼굴(도 21-2)은 사실적으로 표현되었으며, 다리 위를 덮은 사선 방향의 넓은 띠 모양의 옷주름의 표현 등에서 나말여초 불상들에서 보이는 일반적인 특징을 드러내고 있다.[42] 또한 삼도가 새겨진 목, 둥글게 처진 듯 위축된 어깨의 불신 형태는 학성동 철조약사불좌상(도 15)과 매우 유사하다. 특히, 통견식으로 입은 대의의 오른쪽 겨드랑이 부분에 길게 홈처럼 파인 옷주

41) 발해 상경성출토 아미타불상이나 일본 평안전기 9세기 후반 아미타불상들이 이 수인을 결하고 있다. 최성은, 「나말려초 아미타불상의 도상적 고찰」, 『강좌미술사』 26, 2006, pp.13~15 참조.

42) 이 상은 세속적인 얼굴과 둥글게 처진 어깨선, 다소 조법이 떨어지는 석조대좌 때문에 원주출토의 다른 철불들에 비해 제작시기가 떨어지는 것으로 생각되기도 하였다. 최성은, 『철불』, 대원사, 1995, pp.92~93.

름은 예천 청룡사석불좌상이나 풍기 비로사 석조비로자나불좌상과 같은 신라하대 통견식 불좌상에서 보이는 요소로 주목된다. 이 아미타불좌상이나 앞에서 살펴본 학성동 철조약사불좌상은 당말오대에 유행했던 새로운 도상이 태봉시기에 적극 수용된 것을 알려준다.[43)]

5. 원주 매지리와 봉산동 미륵보살상

원주지역에서 전해오는 미륵보살입상은 태봉 불교의 성격을 이해할 수 있는 독특한 유형의 보살상이다. 저수지 상류 논뚝 위에 있다가 연세대학교 캠퍼스의 거북섬으로 옮겨온 흥업면 매지리 석조보살입상(도 22)은

도 22. 매지리 석조미륵보살입상, 태봉 10세기, 연세대학교 미래캠퍼스, 강원도 원주

도 23. 봉산동 석조미륵보살입상, 태봉 10세기, 강원도 원주

43) 이 불상 역시 앞의 학성동 철조약사여래상과 마찬가지로 분할주조법이 아닌 밀납법으로 주조되었다고 생각되고 있다. 국립춘천박물관, 『강원지역 철불의 과학적 조사·분석보고서』, p.159 참조.

이전까지 볼 수 없던 형식의 보살상이다. 머리에는 폭이 넓고 과장되게 우뚝 솟은 커다란 보계를 올리고 머리 前面을 곡선적으로 처리하였으며 양 뺨이 통통한 여성적인 얼굴에는 이목구비가 가운데 몰려있다. 몸에는 통견식의 대의 형태의 옷을 입고 있는데 오른손은 들어서 시무외인과 같은 수인을 결하고 있다. 거의 같은 유형의 보살상으로 봉산동 신선암 입구에 있는 석조보살입상(도 23) 역시 통견식 대의 같은 옷을 입었고 오른손은 올려서 꽃으로 생각되는 지물을 들고 있는데, 얼굴 부분이 많이 훼손되었으나 동그랗고 양감이 풍부한 여성적인 모습이었음을 짐작할 수 있다. 보살상의 원뿔처럼 높이 솟은 보계와 머리 사이에는 가장자리에 턱이 있어 이 위에 금속제 보관이 씌워져 있었을 것으로 보인다.

신라하대의 보살상 가운데 이들 원주 매지리와 봉산동 신선암 보살상처럼 여래의 대의(가사)를 입은 예가 발견되지 않기 때문에 이 보살상들은 나말여초기에 나타나는 새로운 도상으로 볼 수 있다. 같은 유형의 보살상으로는 서울 은평구 자씨각 석조보살입상(도 24)과 1916년에 촬영한 유리건판 사진으로 전하는 황해도 금천군 영파리 소재의 석조보살입상(도 25)을 꼽을 수 있다.[44] 이 상들은 모두 태봉과 고려의 지배 지역에서 전해오며 삼존불의 협시보살상이 아니라 가사를 입고 독존 예배상으로 조성된 이른바 '여래형 보살상'이다. 여래의 대의를 입고 있음에도 보살로 보는 이유는 두부 정상에 육계가 올려진 여래상의 머리표현과는 달리, 귀 중간 부분을 가로질러 머리 뒤쪽으로 넘어가는 머리카락이 표현된 것으로 보아 보살상임이 확실하고, 이 상들에서 보이는 과장되게 높게 올린 두부의

44) 국립중앙박물관, 『유리건판으로 보는 북한의 불교미술』, 2014, pp.200~201.

도 24. 자씨각 석조미륵보살입상, 나말여초, 서울 진관동

도 25. 영파리 석조미륵보살입상, 나말여초, 황해도 금천

표현 역시 당시 불상에서는 나타나지 않기 때문이다.

원주지역 보살입상들을 중대신라 미륵보살상인 경주 甘山寺 석조미륵보살입상(719년, 도 26)이나 경주 掘佛寺址 사면석불 북면의 마애미륵보살입상[45]과 비교해 보면 매우 흥미로운 점이 발견된다. 우선, 중대신라의 미륵보살상은 둥글고 온화한 여성적인 상호를 보이고, 한쪽 손을 들어 올려 시무외인을 결하거나 설법인을 결하고, 반대쪽 손은 아래로 내린 수인의 표현에서 서로 유사함을 보이고 있으며, 이러한 점들은 가사를 걸친 나말여초기의 보살상들에서도 부분적으로 재현되고 있다. 특히, 굴불사지

45) 경주 굴불사지 사면석불 북면의 보살상은 미륵보살로 추정되고 있다. 김리나, 「경주 굴불사지의 사면석불에 대하여」, 『진단학보』 39, 1975, pp.43~68 참조.

도 26. 감산사 석조미륵보살입상, 통일신라 719년, 국립중앙박물관

도 27. 굴불사지 사면석불 미륵보살입상(북면), 통일신라 8세기, 경북 경주

도 28. 석조미륵보살좌상, 팔라시대 9~10세기, 인도 파트나박물관

북면 마애보살입상(도 27)의 경우는 보계의 좌우 폭이 넓어서 마치 육계처럼 표현되었는데, 이러한 점은 나말여초기 원주 매지리와 동일 유형의 보살상들에서 보이는 높은 머리표현과 연결된다. 이 상들의 머리 정상부가 높게 솟아오른 표현이 인도 팔라시대의 석조미륵보살입상(도 28)에서도 발견되는 점은 흥미롭다.[46]

나말여초 미륵보살입상 도상은 중대신라 미륵보살상과 통견식 여래입상의 형식이 부분적으로 혼합되어 나타난 것으로 이해되는데, 이처럼 미륵보살이 가사를 걸친 표현은 인도 굽타시대부터 나타나 아잔타석굴 제17굴 벽화(도 29)에 보이고 있으며 중국에서는 초당시기 〈미륵변상도〉에 도솔천궁에 있는 미륵보살이 가사를 걸치고 있는 모습으로 표현되었고 조각으로는 하남성 형양 大海寺 출토 석조미륵보살입상(821년)이 전하

46) 崔聖銀, 「高麗初期の石造菩薩像について」, 『佛敎藝術』 288, 2006, p.55 圖18.

고 있다.[47] 『雜寶藏經』이나 『中阿含經』 등에는 석존이 미륵에게 자신의 金縷織成衣를 주었던 일화가 보이고, 『미륵하생성불경』과 『미륵대성불경』에는 미륵불이 하생하여 성도한 뒤에 그때까지 가섭존자가 맡아 지니고 있던 석존의 가사를 미륵불에게 건네준다는 이야기가 있다. 보살의 상태인 미륵이 가사를 입은 것은 『잡보장경』권4에 미륵이 석존에게 받은 금루직성의를 걸치고 성에 들어가 乞食하는 내용이 적혀있어[48] 미륵보살은 가사를 걸친 모습으로 표현되었던 경전 상의 근거가 되고 있다.

도 29. <미륵보살도>(부분), 굽타시대, 아잔타석굴 제 17굴.

매지리 석조보살입상을 비롯한 일련의 나말여초 미륵보살상들은 이후에 나타나는 대조사 석조미륵보살입상, 논산 관촉사 미륵보살입상과 같은 고려초기의 원통형 고관 미륵보살입상의 祖形이 되는 것으로 이해된다. 이

도 30. 대조사 석조미륵보살입상, 고려 10세기, 충남 부여.

47) 최성은, 「고려초기 석조반가좌보살에 대한 小考」, 『항산 안휘준교수 정년기념 논총』, 2006, p.117 및 pp.118~119; 崔聖銀, 「高麗初期の石造菩薩像について」, pp.44~46.

48) 최성은, 「高麗初期の石造菩薩像について」, 2006, p.56.

상들은 괴체적인 형태와 지방화된 조각양식을 드러내어 광종의 재위 연간인 10세기 중엽에서 후반 무렵에 조성되었다고 추정되므로[49] 매지리와 봉산동 석조보살입상의 조성시기는 이보다 이른 10세기 초로 편년해도 무리가 없을 것으로 보인다. 이 보살상들에서 보이는 도상은 도솔천궁의 미륵보살이거나 중생계로 하생한 미륵보살의 성불 前 단계의 모습을 표현한 것으로 이해되며,[50] 여래와 대등한 존격을 가진 미륵보살로서, 도솔천상의 미륵보살과 龍華會上의 미륵하생성불상 사이의 중간적인 존재가 아니었을까?[51] 어쨌든 이 새로운 미륵의 도상은 동아시아의 다른 지역에는 유례가 없는 것으로서 고대 미륵도상의 한 예로 주목된다. 아울러 이 보살상들에서 보이는 여래식 착의형 미륵보살상의 도상이 태봉시기에서 가장 먼저 나타났다는 점에서 그 중요성이 크다고 하겠다.

---

49) 문명대, 『대조사 석미륵보살입상 - 학술조사 및 보존처리방안 -』, 한국미술사연구소·부여군청, 1999, pp.28~33 참조.

50) 보살상의 대의형 복식과 관련해서는 미륵보살의 袈裟에 대한 경전내용이 주목되는데, 『잡보장경』, 『중아함경』 등에는 釋尊이 미륵에게 자신의 金縷織成衣를 주었다는 내용이 실려 있고, 『미륵하생성불경』과『미륵대성불경』등에는 미륵불이 도래하여 성불한 뒤, 가섭으로부터 석가불의 가사를 전해 받는다는 내용이 전한다(櫻部建, 「彌勒と阿逸多」, 『佛教學セミナ』, 大谷大學佛教學會, 1965, p.41). 이와 같은 경전을 근거로 인도에서는 굽타시대부터 미륵보살이 대의형태의 옷을 입은 모습으로 표현되었고(宮治昭, 「インドにおける彌勒圖像の變遷」, 『論叢佛教美術史』, 吉川弘文館, 1986, pp.25~63 ; 島田明, 「アジャンターの菩薩圖像 - 觀音, 彌勒像を中心に -」, 『佛教藝術』 237, 每日新聞社, 1998, pp.51~52; 최성은, 「고려초기 석조반가좌보살상에 대한 소고」, 『항산 안휘준교수 정년퇴임 기념 논문집 미술사의 정립과 확산 2』, 사회평론, 2006, pp.117~119), 중국에서는 초당기부터 도솔천의 미륵보살이 가사와 같은 옷을 입은 것으로 표현되고 있다. 그 예로서 돈황석굴 338굴이나 329굴 「미륵상생변상도」에 표현된 도솔천궁 미륵상은 여래식으로 옷을 입고 보관을 쓴 '보살과 여래의 절충형'의 미륵상이다.

51) 돈황에서 발견된 『上生禮』는 미륵보살에 대한 종교적 의식에서 염송했던 예참문으로 생각되는데, 여기서 "南無兜率天宮慈氏如來應正等覺"이라는 文句가 보이는 것으로 미루어 볼 때, 唐末五代의 일부 불교도들 사이에서 도솔천에 있는 미륵보살이 미륵여래와 대등하게 인식되고 있었음을 알 수 있다. 최성은, 앞의 논문, 2006, p.113 참조.

III. 맺음말

현존하는 제한된 수의 유물을 통해서 볼 때 태봉이 한반도 중부지역을 지배하던 20년이 채 못되는 기간에 상당히 많은 불사가 일어났음을 알 수 있다. 석불이나 철불 외에 소조, 건칠, 금동 등, 지금까지 전하지 않는 다른 재료의 불상들이 조성되었을 것을 감안하면 불교조각품의 양이나 수준이 매우 높았을 것으로 추측된다. 일제강점기에 촬영된 풍천원의 석등이나 개성 서운사지 철불좌상의 석조대좌의 모습에서 신라지역에서 볼 수 없는 양식의 불교미술이 태봉시기에 새롭게 발전하였을 것으로 짐작된다. 고경문 사건이라는 설화적인 기록에서나마 태봉의 수도인 철원에 당말오대에 유행하던 치성광불과 오성의 존상이 봉안되어 신앙되고 있었음을 짐작할 수 있으며, 개성과 포천, 원주의 철불들의 주조기법이 뛰어나고, 양식면에서 사실적인 면이 강조되는 당말오대의 양식이 반영되어 있음을 알 수 있다. 비교적 유물이 많이 남아있는 원주지역에서는 보수적인 경주지역에서는 크게 유행하지 않았던 당말오대의 약사불과 아미타불의 도상이 나타나며, 특히, 미륵보살의 새로운 도상이 나타나 나말여초기 미륵신앙의 성행을 알려준다.

태봉시기에 유행했던 불상 양식은 신라하대의 조각경향 가운데 부드럽고 온화한 양식을 특징으로 하는 경주 일대의 조각 전통을 기초로 하되, 여기서 사실적이고 섬세하며 장식적인 요소가 강조되는 경향으로 전개되었던 것으로 생각된다. 이전에 볼 수 없던 인간적인 모습의 불상은 같은 시기의 다른 지역 불상 양식과는 확연히 구별된다. 이는 태봉에서 당말오대의 새로운 불교문화가 적극 수용되었다는 것을 알려주며 나말여초 후삼국시대 태봉 불교문화의 높은 位相을 말해주는 것이라고 할 수 있다.

태봉의 불교조각과 철원 동송읍 마애불

정성권
단국대 자유교양대 연구교수

목차

Ⅰ. 머리말

궁예정권에 대한 연구는 1990년대 초반부터 선학들의 노고로 나말여초라는 개념에서 벗어나 독립된 국가로서 정당한 평가를 받기 시작하였다.[1)] 이러한 분위기 속에서 泰封[2)]의 역사와 문화유적에 대해 종합적인 검

1) 조인성, 「泰封의 弓裔政權 硏究」, 서강대학교 박사학위논문, 1991; 이재범, 「後三國時代 弓裔政權의 硏究」, 성균관대학교 박사학위논문, 1992.

2) 궁예는 나라를 세우고 국호를 고려(901), 마진(904), 태봉(911) 등 여러 차례 변경하였다. 본고에서는 일반적인 궁예정권기를 지칭하는 용어를 사용할 때 태봉으로 지칭하였다.

토와 태봉 관련 자료가 정리되어 철원군의 후원으로 간행되었으며 단행본으로 출간되기도 하였다.[3)] 후삼국시대 태봉에 대한 연구는 태봉을 전문적으로 다룬 연구서가 발간될 정도로 진전이 있었다.[4)] 태봉국에 대한 연구 활동의 범위는 확대되어 2018년에 태봉학회가 창립되었으며 정기적인 학술대회를 실시하고 태봉국 관련 학술서적을 간행하고 있다.[5)]

궁예정권기에 대한 역사학 분야의 연구성과는 괄목할 만한 진전을 이루었다. 미술사 분야에서도 태봉을 비롯한 후삼국시대 미술에 대한 연구가 축적되고 있다. 태봉지역 미술의 중요성과 연구의 필요성은 최성은에 의해 처음 제기되었다. 그는 태봉국도성 내에 있었던 勃颯寺 熾盛光如來像과 鎭星塑像에 대한 기록을 통해 궁예정권기 불교미술의 단면을 보여주었다. 이밖에 태봉시대를 중심으로 하여 그 전후기에 조성되었을 것으로 생각되는 중부 지역의 나말려초 불상들을 소개하였다.[6)] 최성은의 연구성과 이후 궁예정권기 조성된 풍천원 석등 및 태봉의 불교조각에 대한 다양한 연구가 진행되었으며 단행본으로 간행되기도 하였다.[7)]

본 논문에서는 기존의 연구에서 태봉의 불교조각일 가능성이 높다는 의견이 제시된 작품을 살펴 볼 것이다. 현재까지 진행된 태봉 미술의 연

---

3) 철원군, 『泰封國 역사문화 유적』, 2006; 김용선 등, 『궁예의 나라 태봉』, 일조각, 2008.

4) 이재범, 『後三國時代 弓裔政權 硏究』, 혜안, 2007; 조인성, 『태봉의 궁예정권』, 푸른역사, 2007.

5) 태봉학회·철원군, 『태봉 철원도성 연구』, 주류성, 2019.

6) 최성은, 「나말려초 중부지역 석불조각에 대한 고찰 -궁예 泰封(901~918)지역 미술에 대한 시고」, 『역사와 현실』 44, 2002; 최성은, 「나말려초 중부지역의 불교조각과 泰封」, 『泰封國 역사문화 유적』, 2006; 최성은, 「태봉지역 불교미술에 대한 시고」, 『궁예의 나라 태봉』, 일조각, 2008.

7) 최성은, 「해남 대흥사 북미륵암 마애여래좌상에 대한 고찰」, 『선사와 고대』 37, 한국고대학회, 2012; 정성권, 『태봉과 고려 석조미술로 보는 역사』, 학연문화사, 2015; 진정환, 「후백제와 태봉 불교 석조미술품의 특징과 영향」, 『東岳美術史學』 27, 동악미술사학회, 2020.

구성과는 초창기 시론적인 성격의 태봉미술에 대한 분석을 바탕으로 이제는 구체적인 '궁예미륵'을 밝히는 단계까지 진전되어 왔다. 그러나 태봉미술은 조성시기나 조성배경을 명확히 밝혀 줄 수 있는 명문기록이 없기에 연구자에 따라 서로 다른 의견이 제시되기도 하였다.

본문에서는 먼저 연구자간 이견이 없이 태봉의 작품으로 인정되고 있는 풍천원 석등을 살펴볼 것이다. 이와 더불어 태봉시기 제작되었을 가능성이 있다고 제시된 불교조각들을 고찰 할 것이다. 그 대상은 포천 철불좌상, 원주 봉산동 석불좌상, 해남 대흥사 북미륵암 마애여래좌상, 장흥 용화사 석불좌상, 안성 기솔리 석불입상, 나주 철천리 석불입상 등이다.

이와 더불어 철원 동송읍 마애여래입상과 동송읍 마애불이 있는 이평리 사지 석조미술의 조성시기와 특징 등도 함께 검토할 것이다. 철원 동송읍 마애불은 기존에 제시된 태봉의 불교조각 중 실제 궁예정권에서 만들어진 불교조각이 어떠한 것인지 밝혀낼 수 있는 열쇠가 될 수 있는 중요한 불상이다. 또한 이평리 사지에 산재해 있는 석조 부재는 태봉 미술의 한 단면을 엿볼 수 있는 신자료가 될 수 있을 것이다.

Ⅱ. 태봉의 불교조각

1. 풍천원 석등

풍천원 석등은 궁예가 태봉국 도성을 건립하였을 때 함께 조성한 것으로 알려져 있다. 궁예는 904년 철원을 수도로 삼았고 이 무렵을 전후한 시기 도성 건립공사를 시작한 것으로 보인다.[8] 궁예가 태봉국도성에 입성한 시기는 도성을 건립하기 시작한 이듬해 인 905년이다.[9] 도성 건립공사는 궁예가 태봉국도성에 입성한 이후에도 계속 진행되었다.[10] 태봉국도성 공사는 지속적으로 진행되었을지라도 궁예가 머무는 왕궁성 일대의 공사는 마무리 되었기에 궁예가 新京에 입성할 수 있었다. 풍천원 석등은 왕궁성 앞에 조성되었던 기념비적인 조형물이다. 이러한 점을 고려한다면 풍천원 석등의 조성시기는 궁예가 신경에 입성하는 905년에 건립된 것으로 보아도 무방할 것이다.

905년경에 건립된 풍천원 석등에 대한 연구는 군사분계선 내에 석등이 있다는 지리적 제약으로 인해 활발하게 진행되지 못했다. 풍천원 석등을 비롯한 태봉국도성 내 석조미술품은 현재 일제강점기 촬영된 유리원판 사진에서만 확인할 수 있다. 일제강점기 태봉국도성 내부를 찍은 유리원판 사진에는 도성 내부의 성벽 전경과 더불어 석등 2기와 귀부 1기를 찍은 것이 남아 있다. 석등은 팔각을 기본으로 하는 일반형 석등 1기와 鼓腹型 석등 계열인 풍천원 석등 1기이다.

풍천원 석등에 대한 학술적 연구는 태봉지역 미술을 다루는 논문에서 개괄적으로 검토되었다. 이 논문은 풍천원 석등이 귀꽃으로 장식된 옥개석의 곡선과 전체적인 형태에서 선림원지 석등과 유사하며 더 화려한 장식적인 면이 두드러진다고 분석하였다.[11] 풍천원 석등을 단독 주제로 연구한 근래의 연구는 풍천원 석등의 조성시기를 905년으로 추정하

8) 『三國史記』 卷50 弓裔列傳.

9) 『三國史記』 卷12, 新羅本紀12 孝恭王9.

10) 『三國史記』 卷50 弓裔列傳.

11) 최성은, 「나말려초 중부지역 석불조각에 대한 고찰 궁예 태봉(901~918)지역 미술에 대한 시고-」, 『역사와 현실』 44, 한국역사연구회, 2002, pp.42~44.

였다. 또한 다각도로 찍은 일제강점기 사진 분석과 태봉국도성 주변 산세의 배치 및 지형 등을 분석하여 석등의 건립위치가 왕궁성 앞이란 점도 밝혔다.[12)]

이 글에서는 풍천원 석등을 조성한 장인집단의 출신 지역도 밝히고 있다. 풍천원 석등 같이 화려한 석등을 조성하기 위해서는 기존에 다양한 석조미술을 제작한 경험이 있는 능숙한 장인 집단의 존재가 상정되어야 한다. 이러한 점에 착안하여 풍천원 석등과 유사한 조형성을 보이는 강릉 굴산사지 승탑, 양양 진전사지 석등과 풍천원 석등을 분석하여 조형적 공통점을 밝힌 후 풍천원 석등을 조성한 집단은 명주출신 장인 집단이라는 점을 제시하였다. 이와 더불어 풍천원 석등의 조성 책임자가 명주 대호족 김순식의 아버지 허월 이었음을 추정하였다.[13)]

최근에도 풍천원 석등에 대한 연구가 진행되었으며 기존의 연구 성과

도 1. 철원 풍천원 석등 / 도 2. 양양 선림원지 석등 / 도 3. 강릉 굴산사지 승탑 / 도 4. 장흥 보림사 보조선사승탑

12) 丁晟權, 「泰封國都城(弓裔都城) 내 풍천원 석등 연구」, 『韓國古代史探究』 7, 韓國古代史探究學會, 2011, p.199.

13) 丁晟權, 위의 글, pp.177~204,

와 다른 주장이 제기되어 주목된다.[14)] 이 논문에서는 풍천원 석등 각 부분의 비례와 하대석 안상과 귀꽃 형식 등이 장흥 보림사 석등과 보조선사 창성탑 등 가지산문의 석조물과 유사하다는 주장을 하였다. 특히, 보조선사탑의 권운문이 조각된 중대석받침과 편구형의 중대석은 풍천원 석등에 그대로 투영되었다고 주장하였다. 이러한 이유로 풍천원 석등은 전라남도 장흥 보림사(가지산문)의 석조물을 모델로 제작되었다는 의견을 제시 하였다. 이와 함께 가지산문이 있는 장흥일대가 903년 이후부터 태봉의 영향권에 속해 있었던 곳이며 912년에는 가지산문 출신인 형미가 궁예도성으로 처소를 옮기기까지 했다는 점을 강조하였다. 이를 통해 풍천원 석등은 태봉국 도성 내 형미가 주석한 선종사원에 조성되었던 것으로 보인다는 의견이 개진된 바 있다.[15)]

이와 같이 최근의 연구는 풍천원 석등이 가지산문의 석조미술로부터

도 5. 철원 풍천원 석등

도 6. 철원 풍천원 석등 귀꽃

도 7. 양양 선림원지 석등 귀꽃

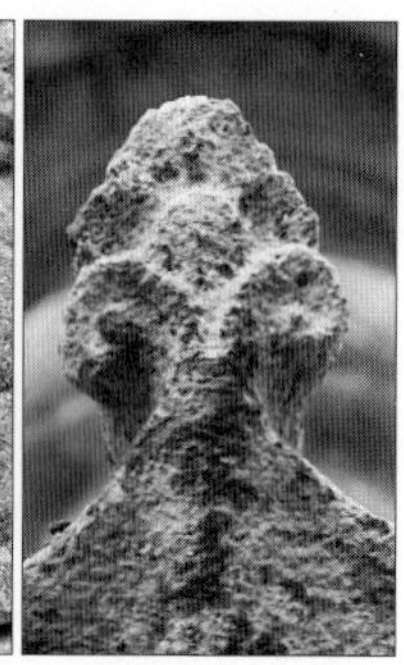
도 8. 양양 보림사 석등 귀꽃

14) 진정환, 「후백제와 태봉 불교석조미술품의 특징과 영향」, 『東岳美術史學』 27, 東岳美術史學會, 2020, pp.126~152.

15) 진정환, 위의 글, p.137.

영향을 받았다는 주장을 하였다. 그 주요 근거로 풍천원 석등이 보림사 석등 및 보조선사창성탑 등과 유사하다는 점을 들었다. 그러나 이 주장은 동의하기 어려운 부분이 있다. 풍천원 석등의 중대석은 화문이 양각된 편구형 석재이다. 이에 반해 880년 경 조성된 보조선사 탑의 중대석은 배가 불러있기는 하지만 각 면마다 안상이 음각되어 있는 평면 팔각의 중대석이다. 또한 보림사 석등의 간주석은 팔각간주석이며 귀꽃은 풍천원 석등의 귀꽃과 전혀 닮지 않았다. 오히려 명주지역이었던 양양 선림원지의 석등은 간주석이 고복형으로 풍천원 석등과 유사성이 있다. 또한 선림원지 석등 귀꽃과 풍천원 석등의 귀꽃은 자방 주변의 꽃술대까지 동일하다 할 정도로 유사한 모습을 보이고 있다. 즉 가지산문의 석조미술과 풍천원 석등의 조형적 관계는 전체적인 외형뿐만 아니라 세부적인 측면에서도 명주지역 석조미술과 풍천원 석등의 관계에 비해 유사점 보다 차이점이 확연하다(도 1~4).

가지산문의 석조미술과 풍천원 석등의 조형적 유사점은 명주지역 석조미술보다 많지 않다. 이밖에 당시의 역사적 상황을 살펴보면 가지산문과 태봉미술이 직접적인 영향관계에 있었다고 말하기 어렵다. 궁예정권이 903년 처음 확보한 나주 지역은 현재 나주를 중심으로 한 10여개 군·현이었다.[16] 935년경 태조 왕건이 한 말 중에 '나주계 40여군'이라는 표현이 『고려사』에 나온다.[17] 이러한 점으로 보아 남해안가 접해 있는 장흥 일대는 태봉국 도성이 완성되는 905년에는 아직 궁예정권의 영역이었다고 보기 어렵다. 장흥 일대가 태봉의 통치 영역에 포함된 것은 912년 덕진포

16) 『高麗史』 卷1 世家1 태조총서.

17) 『高麗史』 卷92, 列傳5 庾黔弼.

해전 승리 이후이다. 후백제 견훤은 덕진포 해전 당시 목포에서 덕진포에 이르기까지 머리와 꼬리를 서로 물고 수륙 종횡으로 군사를 거느렸다는 기록이 있다.[18] 이러한 기록을 통해 보았을 때 왕건이 903년 나주를 확보한 후에도 912년까지 영산강 이남지역은 아직 견훤의 후백제 영역이었음을 알 수 있다. 가지산문이 있는 장흥 일대가 912년까지 후백제의 통치 영역에 포함되었다면 905년경 건립된 풍천원 석등의 조성에 가지산문 석조미술이 영향을 줄 수 있는 상황은 아니었다.

즉, 풍천원 석등은 905년경 선림원지 석등과 굴산사지 승탑을 만든 명주 출신 장인들에 의해 조성된 석등이며 총 책임자는 명주 대호족 김순식의 아버지이자 당시 태봉국도성 內院에 머물렀던 승려 허월로 추정할 수 있다.[19]

2. 포천 철불좌상

포천 철불좌상은 경기도 포천군 이동면 백운동 계곡에서 1925년 국립중앙박물관으로 옮겨온 불상이다.[20] 전체높이는 133cm이며 넓은 무릎 폭과 좁고 긴 허리를 갖고 있는 장신형의 좌상이다.

포천 출토 철불좌상은 신라 하대 9세기 말 불상의 특징을 볼 수 있는데 신라 하대 865년에 조성된 철원 도피안사 철조비로자나불좌상과 비교해보면, 두 상은 불상의 크기에 비해 불두를 작게 표현한 것이 공통적이고

---

18) 『高麗史』 卷1 世家1 태조총서.

19) 丁晟權, 「泰封國都城(弓裔都城) 내 풍천원 석등 연구」, 『韓國古代史探究』 7, 韓國古代史探究學會, 2011, pp.177~204,

20) 강건우, 「국립중앙박물관 소장 포천 출토 철조여래좌상에 대한 소고」, 『美術資料』 96, 국립중앙박물관, 2019, pp.213~215.

육계가 그다지 우뚝하지 않으며 불신도 평평하고 오른쪽 무릎 아래에서 세 가닥의 옷 주름이 올라오는 점도 일치한다. 그러나 포천 출토 철불좌상은 도피안사 철조비로자나불좌상보다 얼굴이 더 사실적이고 허리가 더 길다. 이처럼 허리가 길고 좌폭이 넓은 장신형의 불신 표현은 불국사 금동비로자나불좌상과 금동아미타여래좌상, 증심사 철조비로자나불좌상 같은 9세기 말의 불상양식이 반영된 것으로 이해된다.[21]

도 9. 포천 출토 철불좌상

도 10. 포천 출토 철불좌상 상호

포천 철불좌상이 태봉의 궁예정권시기 조성된 철불일 가능성이 높은 이유는 불상이 출토된 지정학적 위치와 불상의 양식적 특징 등을 통해 파악할 수 있다. 이 철불좌상이 출토된 지역은 현재의 포천시 이동면 도평리 흥룡사이다. 이곳은 명성산의 동남쪽에 해당하는 곳이다. 명성산에는 궁

21) 최성은, 「태봉지역 불교미술에 대한 試考」, 『궁예의 나라 태봉』, 일조각, 2008, p.190.

예가 쌓았다고 알려진 명성산성이 위치해 있다.[22] 포천 철불좌상이 출토되었던 사지(현 흥룡사)는 남쪽에서 올라오는 길과 화천 및 춘천 등에서 태봉국도성으로 향하는 길이 교차하는 지점에 해당한다. 포천 철불좌상이 봉안된 사찰은 태봉국도성에서 출발했을 때 한반도 남쪽과 동쪽으로 향하는 길이 나누어지는 중요한 교통의 결절지에 해당한다. 이러한 지점이라면 국가적 관심 하에 사찰을 창건하고 불상을 주조하여 봉안할 수 있는 자리라 할 수 있다. 깊은 산속에 위치한 계곡 내의 좁은 산길을 주요 교통로로 이용하고자 시도했던 나라는 지정학적 위치를 고려한다면 태봉국이 가장 유력하다 할 수 있다.

포천 철불좌상이 태봉국 시기 조성되었을 가능성이 높은 이유는 불상의 상호를 통해서도 파악된다. 포천출토 철불좌상의 상호는 코 끝을 중심으로 발제선과 턱까지의 길이 비율이 1:1에 가깝다. 즉 턱이 발달되어 있는 상호이다. 통일신라 불상의 경우 코를 중심으로 한 발제선과 턱까지의 길이 비율이 2:1에 가깝다. 이에 반해 포천 출토 철불좌상과 같이 턱이 발달하여 턱을 중심으로 발제선과 턱의 분할 비율이 대략 1:1에 가까운 대표적인 불상으로는 936년 조성되기 시작한 개태사 석조삼존불입상이 있으며 960년경 제작된 것으로 추정되는 안성 매산리 석조보살입상이 있다. 이 불상들은 모두 고려의 중앙정부에서 國工이 파견되어 건립된 것으로 알려져 있다. 태조 왕건이 고려를 건국한 후 중앙정부에서 활동한 장인집단은 태봉의 궁예정권기에도 중앙 관청에 소속되어 활동했던 장인들로 볼 수 있다.

22) 이재, 「철원 지역 성곽의 성격」, 『궁예의 나라 태봉』, 일조각, 2008, p.141.

도 11. 강릉 한송사지 보살좌상 도 12. 논산 개태사 보살입상 도 13. 안성 매산리 보살입상 도 14. 포천 출토 철불좌상

풍천원 석등을 조성한 장인들은 태봉의 국공으로 보아도 무리가 없을 것이다. 풍천원 석등을 만든 장인들의 출신지는 앞서 살펴본 바와 같이 명주지역 장인집단들로 추정되었다. 명주출신 장인집단은 불상의 제작에도 영향을 미쳤을 것이다. 나말여초기 대표적인 명주지역 불보살상으로는 한송사지 보살상이 있다.[23] 한송사지 보살상 상호의 가장 큰 특징 중 하나는 턱이 크게 강조되어 있으며 코를 중심으로 발제선과 턱까지의 길이 비율이 1:1에 가깝다는 점이다. 포천 출토 철불좌상의 상호가 턱이 발달되었으며 코를 중심으로 한 발제선대 턱의 길이 비율이 1:1에 가깝게 만들어진 이유는 명주출신 장인집단이 불상의 제작에 참여했기 때문으로 추정된다. 이러한 이유로 포천출토 철불좌상은 태봉의 궁예정권시기 명주출신 장인집단으로 이루어진 태봉의 장인이 참여하여 조성한 10세기 초반경의 불상으로 볼 수 있다.

23) 崔聖銀, 「溟州地方의 高麗時代 石造菩薩像에 대한 硏究」, 『佛敎美術』 5, 東國大學校博物館, 1980, pp.56~78.

3. 원주 봉산동 석불좌상

원주 봉산동 석불좌상은 원주 봉산동 신선암 석조보살입상과 멀지 않은 곳인 봉산동 산 46-6에 있었다.[24] 원주 봉산동 석불좌상은 현재 원주시립박물관에 이전되어 전시되고 있다. 봉산동 석불좌상은 대좌와 광배를 모두 갖추고 있으나 대좌는 상대석과 중대석만 있으며 하대석 이하는 결실되어 있다. 봉산동 석불좌상은 머리는 결실되었으나 신체와 옷주름이 유려한 솜씨로 조각되어 있다. 왼쪽 겨드랑이 부근에는 대의를 고정시키는 삼각형 모양의 가사장식이 있으며 옷자락은 전체적으로 물결치는 모양으로 흘러내리고 있다. 옷주름은 촘촘하고 세밀하게 표현하였다. 오른손은 결가부좌한 다리 위에 올려놓았으며 왼손은 가슴위에 있다. 현재 왼손은 파손되어 있는 상태인데 파손된 흔적을 통해 보았을 때 왼손에는 약함과 같은 지물을 잡고 있었던 것으로 보인다.

봉산동 석불좌상의 광배는 舟形 거신광배이다. 광배 내부는 두 줄의 양각선으로 두광과 신광을 나누었으며, 두광 중앙에는 8엽 단판의 연화문이 조각되어 있다. 광배 외곽에는 화염문이 가득하며 광배 중앙 부근에는 초화문이 아름답게 새겨져 있다. 봉산동 석불좌상의 대좌는 현재 상대석과 중대석이 남아 있다. 상대석은 연판위에 화려한 화문이 장식된 단판의 앙련이 겹쳐져 조각되어 있다. 중대석은 평면 팔각이며 각 면마다 공양물을 잡고 있거나 합장을 하고 있는 보살좌상이 양각되어 있다.

봉산동 석불좌상의 조성시기에 대한 견해는 태봉시기인 10세기 초 조

24) 김성찬, 「원주의 불교유적」, 『原州의 歷史와 文化遺蹟』, 원주시, 1997, p.173; 林玲愛, 「고려 전기 원주지역의 불교조각」, 『美術史學硏究』 228·229, 韓國美術史學會, 2001, pp.47~49; 최성은, 「나말려초 중부지역 석불조각에 대한 고찰 -궁예 泰封(901~918)지역 미술에 대한 시고」, 『역사와 현실』 44, 2002, p.44.

성되었다는 의견과 11세기중반~후반에 만들어졌다는 의견이 제시된 바 있다. 봉산동 석불좌상이 태봉시기 제작되었다는 보는 견해는 봉산동 석불좌상의 세밀한 옷주름으로 가득찬 화려한 대의와 사실적인 세모꼴 가사장식 등의 요소를 주목하고 있다. 옷주름과 가사장식 등에서 섬세함과 장식적인 표현을 읽을 수 있으며 이러한 요소는 풍천원 석등에서 볼 수 있는 태봉시대 미술의 특징과 어느 정도 일치한다고 생각되기에 봉산동 석불좌상의 조성시기를 태봉시기일 가능성이 높다는 의견이다.[25] 또한 봉산동 석불좌상은 9세기 후반 석불의 양식적 특징과 함께 10세기 전반 석불에서 일반적으로 볼 수 있는 머리와 신체의 유기적 조화와 해체, 포초골 석불좌상 등 경기일대 10세기 석불의 둔중한 비례 등을 복합적으로 보여주고 있으며 특히 과한 장식성에서 풍천원 석등과 같은 조형의식을 읽을 수 있다는 의견이 있다.[26]

봉산동 석불좌상의 조성시기를 11세기 중반~11세기 후반으로 추정하는 의견은 元祐5年(1090)명 원주 입석사 마애여래좌상과 비례, 양감, 얼굴이 유사한 점이 있는 것으로 보아 조성시기를 11세기 중·후반경으로 추정하였다.[27] 봉산동 석불좌상을 입석사 마애여래좌상과 비교하여 비슷한 시기에 두 불상이 조성된 것으로 추정한 의견은 재고의 여지가 있어 보인다. 두 불상의 옷주름과 형태는 공통점 보다 차이점이 많아 보이기 때문이다. 봉산동 석불좌상을 11세기 중반 이후로 보는 견해는 원주지역에 현존

25) 최성은, 앞의 글, 2002, p,45.

26) 진정환, 「후백제와 태봉 불교석조미술품의 특징과 영향」, 『東岳美術史學』 27, 東岳美術史學會, 2020, p.139.

27) 林玲愛, 「고려 전기 원주지역의 불교조각」, 『美術史學研究』 228·229, 韓國美術史學會, 2001, p.57.

도 15. 원주 봉산동 석불좌상

도 16. 원주 입석사 마애여래좌상(1090)

하는 20여구의 불상을 모두 11세기에 만들어 진 것으로 추정하고 있다.[28] 근래의 연구성과는 원주지역 석조미술과 철불 등 불교미술 작품이 9세기 중반부터 10세기 및 11세기에 걸쳐 다양하게 나타나고 있음을 밝히고 있다. 원주지역에 산재한 20여구의 불상들이 11세기에 집중적으로 조성되었다는 의견은 근래의 연구성과를 통해 보았을 때 재검토가 필요한 의견으로 생각된다.

봉산동 석불좌상은 기존의 연구성과처럼 10세기 초 태봉시기 조성되었을 가능성이 높다. 그러나 궁예정권이 성립되는 과정을 보면 태봉시기 봉산동 석불좌상이 조성되었다고 단정하기 어려운 점도 있다. 나말의 시기 원주를 비롯한 중부지역의 패권은 양길이 장악하고 있었다. 잘 알려져

28) 林玲愛, 앞의 글, p.59.

있다시피 궁예는 892년 죽주적괴 기훤을 떠나 원주의 양길에게 의탁한다. 이후 궁예는 양길로부터 기병 100여기를 받고 북원의 동쪽 부락과 명주 관내인 주천, 내성, 울오, 어진 등 10여군·현을 습격하기도 하였다.[29) 894년 10월 궁예는 600명의 무리를 이끌고 명주에 들어갔는데 이때에 스스로 장군이라 칭하였다.[30) 궁예는 895년 3,500명을 이끌고 명주를 떠나 895년 8월에 철원 일대를 장악하고 896년에는 철원에 도읍을 열었다. 898년 7월에는 浿西道와 한산주 관내의 30여 성을 취하고 송악군에 도읍하였다.[31)

이후 궁예의 세력은 더욱 커졌고 이에 위기의식을 느낀 양길은 휘하 30여개 성의 정예 병력을 동원하여 899년 궁예를 공격하였다. 그러나 양길의 군대는 비뇌성 아래에서 궁예의 역습을 받아 궤멸되고 만다.[32) 비뇌성 전투의 승리를 통해 궁예는 한반도 중부지역의 패권자로 등극하게 되었다. 또한 이 승리는 901년 궁예가 스스로 왕으로 칭하고 태봉(후고구려)을 건국할 수 있는 결정적인 계기가 되었다.[33)

태봉의 건국은 원주에 기반을 둔 양길과 그의 군대를 패퇴시킨 다음 가능하였다. 원주는 900년경 궁예의 휘하에 복속된 것으로 보인다. 원주 지역 사람들은 비뇌성 전투에 참가하여 궁예와 싸우다 전사한 많은 사람들과 혈연적·사회적으로 연결되어 있었다. 이러한 이유로 궁예가 원주를 점령한 초기에는 한동안 궁예에게 적대적이었을 것이다. 또한 905년을

29) 『三國史記』 卷50 列傳10 궁예.

30) 『三國史記』 卷11 新羅本紀11 진성왕 8년.

31) 『三國史記』 卷12 新羅本紀12 효공왕 2년.

32) 『三國史記』 卷12 新羅本紀12 효공왕 3년.

33) 정성권, 「弓裔와 梁吉의 전쟁, 비뇌성 전투에 관한 고찰」, 『軍史』 83, 2012, pp.199~200.

전후한 시기에는 태봉국도성을 건립하기 위해 국가적 역량이 철원에 집중되었을 것이다.

이러한 사회적 분위기를 고려한다면 봉산동 석불좌상은 양길에 의해 조성되었을 가능성도 고려할 수 있다. 나말의 시기는 880년 이후가 된다. 특히 이 시기에는 전국이 내란상태에 놓이게 되며 진성여왕대에 이르러 호족이 전국 각지에 대두하였다. 특히 농민 반란의 기폭제가 된 것은 진성여왕 즉위 3년(889)에 시행된 중앙정부의 조세독촉이었다. 조세독촉에 대항한 농민의 貢賦不納사건 이후부터 사실상 신라는 몰락해갔다.[34] 양길은 원주와 충주지역뿐만 아니라 중부지역 일대 30여성을 차지하였던 인물이다.[35] 892년 궁예가 죽주적괴 기훤을 떠나 원주의 양길에게 의탁하고 있는 점을 통해 보았을 때 양길은 880년 이후부터 원주일대를 장악하고 있었던 인물이라 할 수 있다. 899년 전사한 양길이 원주를 비롯한 한반도 중부지역을 통치한 시기는 궁예의 태봉국 통치 시기와 맞먹는 시간이었을 것이다. 당시의 사회적 분위기를 고려한다면 원주 점령 초기 적대적인 분위기가 강했을 궁예보다 중부지역의 유력한 호족으로 부상하였던 양길의 경우가 불상을 조성하고 새로운 사찰을 창건하여 자신의 세력을 넓히는 시도를 하기에 더 우호적인 분위기였을 것이다.

이러한 점을 고려한다면 원주지역 불상에서 확인되는 세밀하고 촘촘한 옷주름과 화려한 장식적인 요소는 양길에 의해 만들어 졌을 가능성도 고려할 필요가 있다. 봉산동 석불좌상은 기존의 연구성과를 통해 밝혀진 바와 같이 태봉의 궁예정권시기 조성되었을 가능성도 있다. 그러나 봉산

34) 신호철, 『후삼국사』, 개신, 2008, p.25.

35) 『三國史記』 卷50 列傳10 궁예.

동 석불좌상같이 밀집된 옷주름 형식을 갖고 있는 불상은 나말여초기 주로 원주지역에서 유행하였고 다른 지역으로 크게 확산되지 않은 점을 고려한다면 나말의 시기 양길에 의해 조성되었을 가능성 또한 고려할 필요가 있다.

4. 해남 대흥사 북미륵암 마애여래좌상

해남 대흥사 북미륵암 마애여래좌상은 해남 두륜산 서쪽 7부 능선에 있다. 2004년 목조전실이 해체되기 이전까지 고려초의 불상으로 개론서에 간단히 언급된 마애불이다.[36] 2004년 목조전실 해체되었으며 불상이 온전히 들어나게 됨에 따라 북미륵암 마애여래좌상에 대한 학술조사가 실시되었다. 이후 대흥사 북미륵암에 대한 다양한 의견이 개진되었다.

학술조사 후 간행된 보고서에서는 북미륵암의 조성시기를 기존에 알려진 바와 같이 고려 초기보다 상향된 9세기 말의 시기로 파악하고 있다. 조성시기를 9세기 말로 본 이유는 북미륵암의 조각 양식과 도상면에서 전적으로 통일신라 하대 불상 양식을 직접적으로 반영하고 있다는 것이 주된 이유이다.[37] 또 다른 이유로는 북미륵암 마애불의 양식적 특징을 주목하고 있다. 법의의 촘촘한 옷주름과 왼쪽 어깨에 걸치고 있는 띠 매듭, 그 밑으로 드리워진 삼각형의 옷주름, 그리고 비천상이 들고 있는 향로와 연꽃대 등의 양식이 모두 중국 북위시대 또는 용문석굴에서도 나타나고 있으며 우리나라에서는 9세기 후반에 출현, 9세기 집중적으로 나타나고 있

---

36) 진홍섭, 『한국의 불상』, 일지사, 1980, pp.293~294; 황수영 편, 『國寶2』, 예경, 1984, 174쪽; 이태호·이경화, 『한국의 마애불』, 다른세상, 2002, pp.430~432.

37) 김춘실·서지민, 「대흥사 북미륵암 마애여래좌상의 도상과 양식」, 『대흥사 북미륵암 마애여래좌상 조사보고서』, 동국대학교박물관, 2005, pp.65~81.

기 때문에 대흥사 북미륵암 마애여래좌상의 조성 연대를 9세기 말로 추정하였다.[38] 이밖에 대흥사 북미륵암 마애여래좌상을 9세기 후반 중기밀교의 영향으로 조성된 것으로 파악하는 연구도 있다. 이 의견은 9세기 중엽 이후 신라에 중기밀교 도상의 영향이 확대되는 가운데 촉지인 계통의 중기밀교 도상 또한 일부 유입되어 조성된 것이 바로 대흥사 북미륵암 마애여래좌상으로 추정하고 있다.[39]

도 17. 해남 대흥사 북미륵암 마애여래좌상

도 18. 해남 대흥사 북미륵암 마애여래좌상 전경

기존의 연구는 북미륵암 마애여래좌상을 9세기 후반으로 비정한 것이 주류를 이루었다. 이와 다른 의견으로 북미륵암 마애불이 10세기 초 궁예 정권에 의해 조성되었을 가능성을 제기한 연구가 있어 주목된다. 이 연구는 대흥사 북미륵암의 현상과 양식적 특징을 우리나라 중부지역의 불상

38) 성춘경·이영숙, 「대흥사 북미륵암 마애여래좌상의 고찰」, 『대흥사 북미륵암 마애여래조상 조사보고서』, 동국대학교박물관, 2005, p.103.

39) 유정애, 「해남 대흥사 북미륵암 마애불상 도상에 보이는 중기밀교적 특징」, 『불교미술사학』 31, 불교미술사학회, 2021, p.234.

과 비교하였다.[40)]

대흥사 북미륵암 마애여래좌상을 궁예정권과 연결시킬 수 있는 근거로 마애불상의 대의 왼쪽 어깨 위에서 내려오는 술 장식을 비롯해서 마치 초상조각을 연상시키는 인간적인 상호와 부드러운 양감 표현에 주목하였다. 이러한 표현은 여주 계신리 마애여래입상, 여주 포초골 석조여래좌상, 국립춘천박물관의 원주 학성동출토 철조약사여래좌상, 원주 봉산동 석조약사여래좌상과 같은 남한강으로 연결되는 원주, 여주지역의 나말여초기 불상들에서 나타나는 요소로서, 북미륵암 마애불상과 중부지역 불상들 사이의 연관성을 보여준다고 하였다. 이를 통해 북미륵암 마애여래좌상의 조성배경에 중부지역을 지배했던 태봉과 연결될 수 있는 가능성이 있음을 추정하였다. 특히, 서남해안 일대가 911년 이후 태봉의 지배권 안에 들어갔으며, 북미륵암 마애여래좌상이 위치한 해남 두륜산 일대는 전략적으로 매우 중요한 지역이었을 것으로 여겨 북미륵암 마애여래좌상은 결국 국가적인 祭儀를 위해 군사전략과 관련된 방어시설과 함께 건립된 사찰의 주존으로 조성된 불상으로 추정하였다.[41)] 즉, 이 견해에 따르면 대흥사 북미륵암 마애여래좌상은 태봉의 궁예정권기에 조성된 10세기 초반의 마애불이 된다.

대흥사 북미륵암의 조성시기는 크게 9세기 후반~9세기 말로 보는 견해와 10세기 초반~10세기 전반으로 보는 의견이 나누어진다. 필자는 대흥사 북미륵암의 양식이 중부지역 불상들과 유기적으로 연계되어 있으며

40) 최성은, 「해남 대흥사 북미륵암 마애여래좌상에 대한 고찰」, 『선사와 고대』 37, 한국고대학회, 2012, pp.249~271.

41) 최성은, 앞의 글, pp.269~270.

세부적인 형식적 특징을 고려할 때 10세기 전반기에 조성되었을 가능성이 높다고 생각한다. 그 이유는 불상의 대좌 때문이다. 9세기 후반이나 10세기 전반의 시기는 일반적으로 나말여초의 시기로 불린다. 이 시기에는 다양한 양식의 불상이 등장하였다. 대흥사 북미륵암 마애여래좌상의 대좌의 형식적 요소는 9세기에 찾아보기 어렵고 10세기 전반기에만 잠시 등장하는 특징을 보여준다.

대흥사 북미륵암 마애불의 대좌는 중대석 없이 상대석과 하대석으로만 이루어진 연화대좌이다. 하대석은 복판의 연판으로 이루어진 복련이다. 상대석은 복판의 연판과 간엽으로 이루어진 앙련이다. 이 대좌 중에서 주목해야 할 부분은 간엽 부분이다. 통일신라시대나 고려시대 일반적인 불상대좌는 연판이 서로 밀접하게 붙어있다. 간엽이 표현된 경우도 간엽의 끝 부분은 폭이 매우 좁거나 사라진 상태로 조각되기 때문에 간엽 측면의 연판이 서로 붙은 상태로 표현된다. 대흥사 북미륵암 상대석의 간엽은 간엽의 끝 부분까지 공간이 확보되어 있다. 이러한 이유로 상대석 복판 연판문의 간격이 간엽이 표현된 공간을 띄워둔 채 거리감이 있게 조각되어 있다. 대좌 상대석이나 하대석 연판 사이 간엽의 폭을 넓게 조각하여 간엽 양 측면의 연판과 연판이 거리가 있게 만드는 방법은 경주 배리 석조삼존불입상, 영주 가흥리 마애삼존불상, 부석사 자인당 비로자나불좌상의 대좌 등에서도 확인할 수 있다. 간엽의 폭을 넓게 조각하는 방법은 삼국시대부터 대좌의 연판문을 표현하는 방법이기는 하나 일반적이지는 않다. 특히 간엽의 경우 연판과 연판사이의 폭을 넓게 만든 경우에도 간엽에는 아무런 조각을 추가하지 않는다. 볼륨감이 있는 간엽의 경우 끝부분이 솟아오르게 표현하기도 하나 돌출된 문양을 추가하지는 않는 것이 일반적이다.

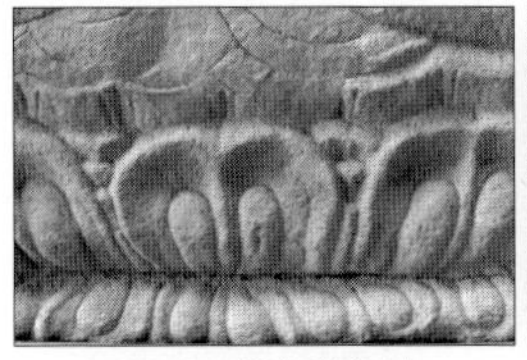
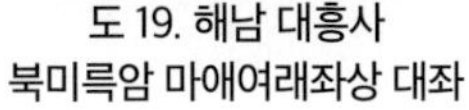
도 19. 해남 대흥사 북미륵암 마애여래좌상 대좌

도 20. 하남 하사창동 천왕사지 철불대좌

도 21. 창원 봉림사 진경대사 승탑 세부

대흥사 북미륵암 마애여래좌상의 간엽은 일반적인 간엽과 다른 모습이다. 간엽이 삼단의 층단을 이루고 돌출되어 있다. 간엽이 층단을 이루고 있는 모습은 9세기나 그 이전시기에 조성된 작품에서는 거의 보이지 않는다. 이러한 모습이 나타나기 시작한 것은 10세기 초반부터인 것으로 여겨진다. 조성시기를 알 수 있는 작품으로는 봉림사 진경대사 보월능공탑이 있다(도 21).

봉림사 진경대사 보월능공탑은 통일신라 말기 봉림산문을 세운 진경대사 심희(855~923)의 승탑이다. 이 승탑은 심희의 입적과 동시에 조성된 것으로 여겨지며 제작시기는 923년경으로 볼 수 있다. 심희 승탑의 기단부 상대석은 단판으로 구성된 연판이 있는 앙련이다. 연판과 연판 사이의 간격은 넓으며 그 사이에 간엽이 있다. 간엽은 2개의 층단이 표현되어 있어 대흥사 북미륵암 마애여래좌상의 대좌 간엽과 유사한 모습을 보인다. 진경대사 승탑은 이러한 간엽이 10세기 초반에 유행했음을 보여준다.

대흥사 북미륵암의 조성시기를 추정할 수 있게 해주는 또 다른 작품으로는 하남 천왕사지에서 출토된 하사창동 철조여래좌상의 대좌가 있다. 세계 최대 철불로 알려져 있는 하사창동 철조여래좌상은 현재 국립중앙박물관에 전시되어 있다. 하남역사박물관에는 하사창동 철조여래좌상을 복제한 작품이 전시되어 있으며 이와 함께 국립박물관에 전시된 하사창동 철조여래좌상의 대좌로 알려진 부재가 함께 전시되어 있다. 이 대좌는 천왕사지 바로 옆 하사창동 117-3번지에 보관되어 있었던 것을 소장자가 2014년 하남역사박물관에 기증한 것이다.

하남역사박물관에 전시된 하사창동 철조여래좌상의 대좌는 철불의 상대석으로 여겨진다. 이 대좌에는 대흥사 북미륵암 대좌의 간엽과 매우 유사한 형태의 간엽이 있다. 3단의 층단을 이루고 있는 간엽은 다른 불교미술 작품에서는 거의 찾아보기 어렵다.

하사창동 철조여래좌상은 그동안 태조 왕건시기에 조성된 것으로 알려져 왔다. 하사창동 철불에 대하여 처음으로 본격적인 심화연구를 진행한 논문에서는 이 불상이 대호족 왕규의 후원으로 920~930년경 조성된 것으로 보았다.[42] 이밖에 고려 태조가 왕권강화 정책의 일원으로 기념비적 거불을 930~940년경 조성한 것으로 본 연구성과도 있다.[43] 최근에는 936~943년경 태조 왕건이 후삼국 통일을 기념하여 발원하고 조성한 기념비적 불상이라는 의견이 제시되기도 하였다.[44] 기존의 연구는 하사창동 철불좌상을 태조 왕건시기 조성된 것으로 보고 있다.

대흥사 북미륵암 마애여래좌상 대좌의 간엽이 독특한 형태이며 이와

42) 崔聖銀, 「高麗初期 廣州鐵佛坐像 硏究」, 『불교미술연구』 2, 동국대학교 불교미술문화재연구소, 1995, p.38.

43) 이숙희, 「하남 천왕사지 철불좌상의 출현과 의미」, 『한국중세고고학』 8, 한국중세고고학회, 2020, p.34.

44) 권보경, 「하남 하사창동 철불좌상의 함의와 기념비성」, 『미술사학』 42, 한국미술사교육학회, 2021, p.143.

매우 유사한 대좌 간엽이 천왕사지 출토 하사창동 철조여래좌상의 대좌에서 확인되는 점은 북미륵암 마애불의 조성시기를 파악하는데 있어 매우 중요한 시사점을 전한다. 북미륵암 같이 뛰어난 조형성을 보이는 대형 마애불의 경우 국가에서 장인이 파견되어 조성되었을 가능성이 높다. 이러한 점을 고려한다면 북미륵암 마애여래좌상과 하사창동 철조여래좌상 같이 국가의 후원으로 조성되었을 가능성이 높은 작품의 제작에 참여한 장인집단은 동일한 국공 집단이거나 같은 유파일 가능성도 있다. 이에 대해서는 논의가 확장되기에 추후의 연구과제로 기약하고자 한다.[45] 그러나 여기서 알 수 있는 바는 북미륵암 마애여래좌상의 조성시기는 9세기 후반이나 말경이 아니라 10세기 초반이나 전반경으로 추정하여도 무리가 없다는 점이다. 특히 대좌의 앙련문이나 복련문에서 간엽을 특별히 강조하는 불교미술 작품은 풍천원 석등에서 처음 등장하고 있다.[46] 또한 태봉국도성에 있는 또 다른 석등인 봉선사지 석등 하대석 간엽에서도 층단을 나눈 모양이 있는 점 역시 주목된다. 이러한 점을 통해서도 간엽에 강한 장식성을 도입한 대흥사 북미륵암 마애불의 조성시기는 10세기 초·전반기로 추정할 수 있다.

해남 대흥사 북미륵암 마애여래좌상은 9세기 후반이나 말기가 아니라 기존의 연구성과와 마찬가지로 태봉의 궁예정권시기에 조성되었을 가능

45) 해남 대흥사 북미륵암에 대해서는 2022년에 혜종대 조성된 것으로 추정하는 새로운 시각의 연구가 발간된 바 있다. 정성권, 「해남 대흥사 북미륵암 마애여래좌상의 조성 시기와 배경」, 『보조사상』 64, 보조사상연구원, 2022.

46) 석등의 하대석에는 귀꽃을 장식한 경우가 많다. 통일신라나 고려시대 석등 하대석의 귀꽃은 복판의 연판문 중앙에서 올라온다. 이에 반해 풍천원 석등의 귀꽃은 석등 하대석 간엽에서 올라오고 있어 간엽을 특별히 강조하고 있음을 알 수 있다.

성이 있다. 그러나 대좌 간엽의 장식문이 고려초기에 조성된 하사창동 철불좌상의 대좌와 923년경 조성된 봉림사지 심희의 승탑에서도 확인되기에 태봉 시기가 아닌 10세기 전반기인 고려초에 만들어졌을 가능성 또한 염두에 둘 필요가 있다.

5. 장흥 용화사 석불좌상

장흥 용화사 석불좌상은 하체와 오른손이 파손되어 있으나 조각솜씨가 매우 유려한 불상이다. 이 석불좌상은 나말여초기 조성된 것으로 알려져 왔으나 근래의 연구에서는 이 석불이 태봉의 궁예정권기 조성된 불상이라는 주장이 제기되었다. 주장의 근거는 다음과 같다. 장흥 용화사 석불좌상은 단정하고 둥근 형태미와 섬세한 장식성에서 원주 봉산동 석불좌상과 동일한 특징을 보이는 것으로 보아 장흥 용화사 상은 9세기 후반 통일신라 불상 양식을 바탕으로 섬세함과 장식성을 더한 태봉의 불상으로 여겨진다는 것이다.[47] 전혀 다른 계통의 불상에서 동일한 특정 형식을 공통적으로 보이는 것이 곧 특정 형식이 만들어진 지역과 밀접한 관계가 있음을 이야기한다고 했을 때, 용화사 상은 태봉의 불상일 가능성이 높다는 주장이다.[49]

도 22. 장흥 용화사 석불좌상[48]

47) 진정환, 「후백제 불교조각의 대외교섭」, 『백제연구』 61, 충남대학교 백제연구소, 2015, p.163.
48) 최성은, 『석불 돌에 새긴 정토의 꿈』, 한길아트, 2003, p.245 사진 전재.

장흥 용화사 석불좌상을 태봉의 불상으로 본 근거는 원주 봉산동 석불좌상을 태봉의 불상으로 인정할 수 있다고 보았기 때문이다. 이 주장은 원주 봉산동 석불좌상이 태봉의 불상일 가능성이 높다고 한다면 충분히 타당성이 있는 주장이다. 다만 앞서 살펴보았듯이 원주 봉산동 석불좌상은 나말의 시기 양길에 의해 조성되었을 가능성이 있으며 고려초에 만들어졌을 가능성 또한 있다. 이러한 점을 고려한다면 장흥 용화사 석불좌상이 태봉의 불상일 가능성이 높다고 주장하기에는 아직 충분한 근거가 있다고 보기 어렵다.

6. 안성 기솔리 석불입상

안성 기솔리 석불입상은 안성시 삼죽면 기솔리 쌍미륵사 경내에 있다. 기솔리 석불입상은 높이 약 5.7m의 석주형 석불이며 11m 정도의 거리를 두고 2기가 세워져 있다. 안성 기솔리 석불입상에 대해서는 고려시대, 고려전기, 13세기 등 다양한 의견이 제시되었다.[50] 그러나 각 논문에서는 안성 기솔리 석불입상을 개괄적으로만 다루고 있으며 조성시기를 판단하는 근거나 다른 불상들과의 양식 비교가 구체적으로 제시되지 않았다. 안성 기솔리 석불입상을 주제로 다룬 필자의 연구에서는 기솔리 석불입상의 조성시기를 태봉의 궁예정권기로 비정하였다.[51]

49) 진정환, 「후백제와 태봉 불교석조미술품의 특징과 영향」, 『동악미술사학』 27, 동악미술사학회, 2020, p.129.

50) 홍윤식, 「安城 雙彌勒寺佛蹟의 性格」, 『素軒南都泳博士古稀紀念 歷史學論叢』, 민족문화사, 1993 p.219 ; 진정환, 앞의 논문, 2020, p.145 ; 오호석, 「高麗前期 竹州地域의 石佛에 대한 一考察」, 『博物館誌』 14, 충청대학 박물관, 2005, p.76.

51) 정성권, 「안성 기솔리 석불입상 연구 궁예 정권기 조성 가능성에 대한 고찰-」, 『新羅史學報』 25, 신라사학회, 2012, pp.351~399.

도 23. 안성 기솔리 석불입상 전경
(경기문화재단, <미륵의 땅, 안성> 화면 캡쳐)

도 24. 기솔리 석불입상(향좌측)
(<미륵의 땅, 안성> 화면 캡쳐)

이 글에서는 안성 기솔리 석불입상의 신체를 구성하는 형태틀과 상자 같은 발 모양이 936~940년경 조성된 개태사 석조삼존불입상과 매우 유사함을 밝히고 있다(도 25~29). 이를 통해 안성 기솔리 석불입상은 개태사 석조삼존불입상이 건립되는 전후의 시기에 조성되었을 가능성이 있다는 전제하에 논거를 전개하고 있다. 이러한 전제하에 안성과 이천 일대의 불상 중 개태사 석조삼존불상 이후 만들어졌으며 조성시기를 알 수 있는 안성 매산리 석조보살입상, 이천 장암리 마애반가사유상 등을 비롯하여 다양한 석불들의 양식을 비교분석하였다. 이를 통해 기솔리 석불입상은 개태사 석조삼존불입상보다 조성시기가 앞선 10세기 초반의 불상임을 밝히고 있다.

구체적인 조성시기와 조성배경은 기솔리에 전하는 궁예 관련 구비전승을 분석하였다. 안성 기솔리에는 기솔리 석불입상이 있는 산록의 정상부인 국사봉에서 궁예가 무예를 닦았으며 쌍미륵사에서 설법을 하였고 궁예의 설법을 듣고 그를 존경하게 된 사람들이 미륵을 세웠다는 전설이

도 25. 기솔리 석불입상

도 26. 개태사 석조삼존불입상(우협시)

도 27. 개태사 석조삼존불입상(좌협시)

도 28. 개태사 본존불 상자형 발

도 29. 기솔리 석불입상 상자형 발

전하고 있다.[52] 기솔리에는 궁예관련 구비전승이 전할뿐만 아니라 안성 기솔리 석불입상 자체가 궁예미륵으로 알려져 있다. 궁예관련 구비전승의 특징은 집중성, 구체성, 통일성 등이 있다.[53] 이는 궁예관련 구비전승이 사실성이 높다는 것을 보여준다. 더군다나 궁예미륵으로 불리는 석불

52) 경기도박물관, 『경기민속지』 Ⅶ, 2004, p.221.

53) 이재범, 「철원 지역의 궁예 전승과 고려 재건에 대한 평가」, 『高麗 建國期 社會動向 硏究』, 京仁文化社, 2010, p.175.

은 전국에 안성 기솔리와 포천 구읍리 단 두 곳에만 전해진다.[54)] 사실성과 더불어 희소성을 갖춘 안성 기솔리 석불입상은 태봉의 궁예정권기 조성된 '궁예미륵'일 가능성이 높다. 이밖에 주목되는 부분은 기솔리 석불입상 중 향우측의 불상의 입 모양이다. 향 우측의 불상은 입을 활짝 벌리고 있는 형태이다. 입을 벌리고 있을 뿐만 아니라 벌린 입 중앙을 세로로 돌출된 선이 가로지르고 있다(도 27, 28).

우리나라에서 입을 벌리고 있는 불상은 기솔리 향우측 석불입상 이외에 다른 불상에서는 거의 찾을 수 없다. 당시 사람들에게 절대적 존재로 숭앙되었을 불상을 조각함에 있어 기존에는 없었던 이러한 시도를 불상 조각에 적용하기 위해서는 합당한 이유가 있어야 할 것이다. 만약 당시 장인들이 불상에서 가장 중요한 상호를 조각할 때 전례가 없음에도 불구하고 특별한 이유 없이 절대적 존재인 불상의 입을 벌린 후 입술 중앙에 돌출선을 만들도록 지시를 받았다면 분명 그 주문에 반발하였을 것이다. 장인들이 그 지시에 반발하지 않고 작업을 계속하게 만들기 위해서는 합당한 교리적 이유를 제공하거나 지시를 거부할 수 없는 강력한 권위자의 명

---

54) 정성권, 「'궁예미륵'석불입상의 구비전승적 연구」, 『民俗學硏究』 30, 국립민속박물관, 2012, pp.93~115. 필자는 '궁예미륵' 전설의 사실성을 인정하고 있다. 이에 반해 진정환은 궁예미륵 전설이 만들어진 이유를 몽골의 침입과 연결시키고 있다. "몽골의 침입에도 무기력했던 고려 왕실과 무신정권에 대해 실망했던 안성과 포천의 민중들은 지역에 전승되던 궁예를 자신들을 구원해줄 메시아로 인식하였을 것이며, 그를 형상화한 불상을 조성하기에 이르렀던 것으로 보인다"(진정환, 앞의 논문, 2020, p.146). 그러나 안성 기솔리 석불입상의 경우 안성, 이천 및 충주 지역의 석주형 석불들과 비교했을 때 13세기 불상으로 볼 수 없다. 특히 이 논문의 주장대로라면 몽골침략기 안성 기솔리에 거대한 석불을 2기나 조성했다는 논리가 성립된다. 몽골 침략기 당시 전국에 급조된 피난성의 허술한 모습을 통해 보았을 때 몽골 침략기에 높이 6m에 가까운 거대한 석불을 2기나 세울 수 있는 사회적 여건이 조성되었을지 의문이 든다. 이밖에 안성의 경우 몽골침략기 죽주산성에서 몽골군을 격퇴한 송문주 장군을 숭배하는 전통이 있다. 심지어는 광종대 조성된 안성 매산리 석불을 송문주 장군을 기리기 위해 만들었다는 전설이 내려오기까지 한다. 이러한 지역에서 몽골침략기 이후 갑자기 궁예를 메시아로 인식했다는 내용은 현존하는 송문주 장군 숭배사상을 놓고 보았을 때 성립하기 어려운 주장이다.

령이 뒷받침 되어야 할 것이다. 그 권위자로는 우리나라 역사상 王卽佛을 표방한 유일한 국왕인 궁예를 상정할 수 있을 것이다.[55]

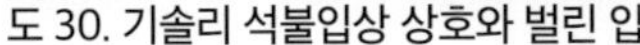

도 30. 기솔리 석불입상 상호와 벌린 입

도 31. 기솔리 석불입상 상호와 벌린 입

안성 기솔리 석불입상의 조성배경은 기솔리 석불입상이 '궁예미륵'으로 불리고 있는 점에서 궁예 정권기 벌어진 역사적 사건과 관계가 있는 것으로 추정되고 있다. 그 역사적 사건은 궁예가 중부지역 패권을 놓고 자웅을 겨룬 비뇌성 전투와 관련이 있는 것으로 여겨진다. 비뇌성은 죽주산성으로 알려져 있다.[56] 비뇌성 전투는 공성전이 아니라 궁예가 주둔하고 있던 양길을 기습하여 승리한 전투이다.[57] 죽주산성(비뇌성)에서 보았을 때 북쪽과 동쪽 및 남쪽은 넓은 평야지대로 구성되어 있어 한 눈에 조망되는 지역이다. 이에 반해 서쪽은 산지로 막혀 있으며 죽주산성의 조망권에서 벗어난 지역이다. 안성 기솔리 석불입상이 세워진 장소는 죽주산성

55) 남동신, 「나말려초 국왕과 불교의 관계」, 『역사와 현실』 56, 한국역사연구회, 2005, p.85; 정성권, 앞의 글, 2012, p.378..

56) 이도학, 「궁예의 북원경 점령과 그 의의」, 『東國史學』 34, 동국사학회, 2007, pp.196~198.

57) 『三國史記』 卷50 列傳10 궁예.

의 서쪽에 해당되며 비뇌성 전투가 벌어졌던 전장지일 가능성이 높다는 의견이 제시된 바 있다.[58] 이러한 점을 고려한다면 안성 기솔리 석불입상은 궁예가 비뇌성 전투 승리 후 이를 기념하고 자신의 권위를 보여주고자 세운 '궁예미륵'이라 할 수 있다.

7. 나주 철천리 석불입상

나주 철천리 석불입상은 나주시 봉황면 철천리에 있는 낮은 야산의 정상 남쪽에 세워져 있다. 완만한 능선위에 있는 철천리 석불입상의 정면은 야산의 봉우리로 막혀 있으며 석불의 우측(동쪽) 하단에는 근래에 새롭게 만들어진 미륵사가 있다.

철천리 석불입상에 대한 기존의 연구는 불상 상호에서 비만감이 느껴지며, 전체적으로 괴체화된 몸체 등을 갖고 있다는 점을 들어 10세기에 조성된 불상으로 추정되었다.[59] 이 밖에 신흥 고려의 기운을 타고 각 지방에서 대대적으로 제작되었던 일련의 거불 조각 가운데 하나로 10~11세기경에 조성된 것으로 여겨지기도 하였다.[60] 나주 철천리 석불입상의 조성 배경은 고려 제2대 혜종(943~945)의 원찰이었던 나주 흥룡사를 건립한 후원세력에 의해 제작된 것으로 간주되기도 하였다.[61]

이밖에 나주 철천리 석불입상이 금동불을 모방한 석불이며, 북향하여 나주를 바라보고 있다는 이유로 후백제에 의해 조성된 불상으로 보는 견

58) 정성권, 「弓裔와 梁吉의 전쟁, 비뇌성 전투에 관한 고찰」, 『軍史』 83, 2012, pp.199~200.

59) 진홍섭, 『한국의 불상』, 일지사, 1980, p.304.

60) 최성은, 『석불 마애불』, 예경, 2004, p.350.

61) 성춘경, 「나주 만봉리 석불입상에 대한 고찰」, 『전남의 불상』, 학연문화사, 2006, pp.143~144.

도 32. 안성 기솔리 석불입상

도 33. 나주 철천리 석불입상
(3D 모델링 : 정성혁)

해도 있다. 금동불을 모방한 이유는 927년 견훤이 경주를 침공하여 당시 포로로 뛰어난 장인들을 잡아왔으며 이들이 철천리 석불의 조성에 참여했기 때문이라고 보고 있다. 나주 철천리 석불입상이 북향한 이유는 929년경 후백제가 나주일대를 재탈환한 후 나주에 여전히 건재하고 있던 친고려 세력들에게 견훤의 권위를 드러내고자 했기 때문이라는 주장이다.[62)] 그러나 금동불을 모방하여 석불을 조성한 사례는 전국에서 다수 확인된다. 나주 철천리 석불입상이 나주를 바라보기 위해서는 야산의 정산부근에 불상을 세워야 하나 현재 나주 철천리 석불입상 정면은 야산으로 막혀 있다. 나주 철천리 석불입상을 후백제 견훤에 의해 조성되었다고 주장하기 위해서는 금동불을 닮았다는 의견이나 북향하고 있다는 내용 이외에

62) 진정환, 「후백제와 태봉 불교석조미술품의 특징과 영향」, 『동악미술사학』 27, 동악미술사학회, 2020, p.132.

도 34. 나주 철천리 석불입상
(3D 모델링 : 정성혁)

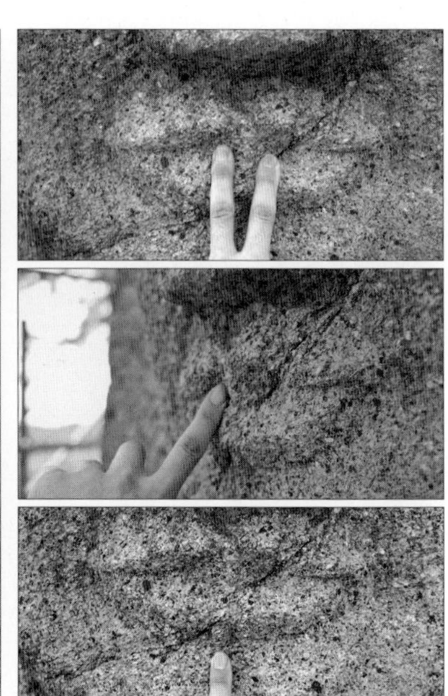

도 35. 나주 철천리 석불입상
입 중앙과 입술 하단의 돌출된 세로선

구체적인 근거나 방증이 더 필요하다.

나주 철천리 석불입상만을 집중적으로 다룬 단독 논문에서는 나주 철천리 석불입상을 태봉의 궁예 정권기 조성된 석불로 주장하고 있다.[63) 나주 철천리 석불입상은 영산강 유역에 조성된 불상임에도 불구하고 경기·충청지역 거석불들과 유사한 조형적 특징이 확인된다. 특히 안성 기솔리 석불입상과 조각적 친연성을 보여준다. 안성 기솔리 석불입상과 나주 철천리 석불입상은 광배와 상호의 모습, 신체의 외형 등에서는 공통점보다

63) 정성권, 「나주 철천리 석불입상의 조성시기와 배경」, 『新羅史學報』 31, 新羅史學會, 2014, pp.252~266.

차이점이 먼저 눈에 들어온다. 제작 기법을 통해 보았을 때 두 불상을 제작한 장인집단은 동일한 집단이 아님을 알 수 있다. 나주 철천리 석불입상의 경우 나주 일대에서 활동하였던 조각장인이 참여하였을 가능성이 높다. 그러나 서로 다른 장인집단이 만들었음에도 불구하고 두 불상은 형식적 공통점을 공유하고 있는 점이 특이하다. 표현 방법은 같지 않으나 공통된 형식 요소로는 방형의 상호와 얼굴만큼 폭이 굵은 목, 불상 전면의 'U'자형 옷주름, 아육왕상 형식 옷주름을 갖추고 있는 불상임에도 불구하고 抱腹式佛衣에서만 나타나는 한 쪽 팔을 넘기는 옷자락 표현 등이 공통적으로 나타나고 있다. 이밖에 크기에서 차이는 나지만 두 불상의 발은 모두 상자형 발이라는 점 역시 공통점이다.

나주 철천리 석불입상과 안성 기솔리 석불입상에서 모두 확인되는 공통적인 형식요소 중 두 불상의 제작을 후원한 세력이 동일한 존재임을 추정할 수 있게 해주는 요소는 입의 표현이다.

나주 철천리 석불입상은 안성 기솔리 석불입상 만큼 입을 크게 벌리고 있지는 않는다. 그러나 나주 철천리 석불입상의 살짝 벌리고 있는 입술 중앙에는 세로의 선이 도드라지게 조각되어 있다. 세로의 돋을선은 입술을 가로질러 아랫입술 밖으로까지 뻗어있다. 안성 기솔리 석불입상과 나주철천리 석불입상에서는 다른 불상에서 찾아볼 수 없는 입을 벌린 모습이 표현되었다. 이뿐만 아니라 인체에 존재하지 않는 입술 중앙을 가로지르는 돌출된 선이 입술 아래까지 선명하게 뻗은 모습이 확인된다.

나주 철천리 석불입상의 입술 중앙에 안성 기솔리 석불입상에서 볼 수 있는 것과 같은 인체에 존재하지 않는 수직의 돌출선이 표현되었다면 이는 안성 기솔리 석불입상을 만든 조성주체에 의해 나주 철천리 석불입상 또한 만들어진 것으로 추정할 수 있을 것이다. 안성 기솔리 석불입상이 궁예에 의해 조성된 것으로 파악된 것임을 고려한다면 나주 철천리 석불입상 역시 궁예에 의해 조성되었을 가능성이 높다고 할 수 있다.

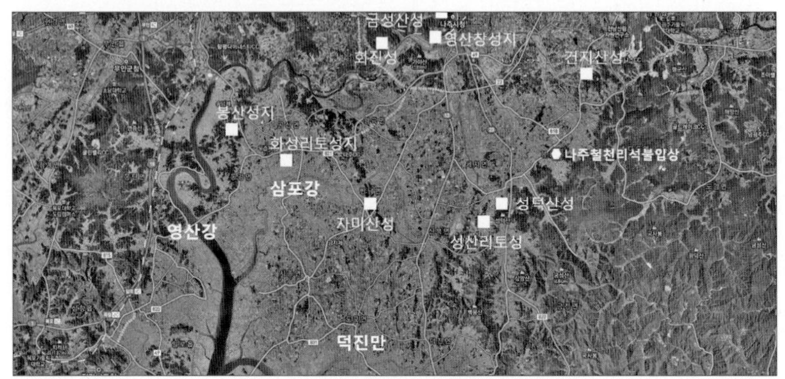

도 36. 나주 일대의 관방유적 배치도[64)]

궁예가 나주 철천리 석불입상을 현재의 자리에 세운 이유는 912년에 벌어진 덕진포 해전의 승리와 깊은 관련이 있는 것으로 파악되고 있다. 덕진포 해전은 궁예가 수군을 거느리고 친히 참전하였다.[65)] 덕진포 해전은 단지 바다에서만 싸운 전투가 아니라 현재는 육지가 되어버린 영산내해에서도 치열한 전투가 있었으며 육지에서도 전투가 벌어진 대규모 전쟁이었다.[66)] 당시 후백제는 영산강 남쪽 나주평야 남쪽의 관방유적을 중심으로 태봉의 군대와 대적하였던 것으로 보인다(자미산성~거성동~건지산성~

64) 정성권, 앞의 글, 2014, p.247 지도 전재.

65) 최연식, 「강진 무위사 선각대사비를 통해 본 궁예 행적의 재검토」, 『목간과 문자』 7, 한국목간학회, 2011, p.213.

66) 신성재, 「후백제의 수군활동과 전략전술」, 『한국중세사연구』 36, 한국중세사학회, 2013, p.149.

무부〈광주〉). 특히 나주 철천리 석불이 위치한 곳은 태봉의 군대가 대규모로 주둔하였을 영산포의 영산창성지와 직선거리로 약 9km정도밖에 떨어져 있지 않은 곳이다. 철천리 석불입상이 세워져 있는 곳은 일제강점기에 제작된 지도를 보면 마을 이름이 巨城洞으로 표시되어 있다. 거성동이라는 지명은 1789년 편찬된 것으로 추정되는 『戶口總數』에서도 확인되고 있다.[67] 거성동이라는 지명에서 알 수 있듯이 나주 철천리 석불입상이 세워져 있는 야산에는 목책 등을 이용한 커다란 성이 들어섰을 가능성이 높다. 이 지역은 나주평야 남쪽으로 분포한 관방유적을 연결하는 중요한 지점이다. 후백제 입장에서 이 지점이 끊기면 나주 서쪽 덕진포 일대(자미산성)에 진을 치고 있는 후백제군의 보급로가 막히는 상황이다. 태봉의 입장에서는 거성동에 주둔한 후백제군이 언제든지 나주로 가는 핵심 길목인 영산포를 공격할 수 있기에 항상 예의 주시해야 되는 장소이다.

이러한 자리에 안성 기솔리 석불입상과 유사한 형식적 특징을 보여주는 거대한 석불입상이 세워졌다면 이는 덕진포 해전과 직접적인 관련이 있는 것으로 추정된다. 안성 기솔리 석불입상의 경우 중부지역 패권을 놓고 양길과 벌인 비뇌성 전투의 승전지에 건립된 기념비적인 불상으로 추정되었다. 이러한 점을 고려한다면 나주 철천리 석불입상은 912년 덕진포 해전의 주요 승전지에 궁예가 이를 기리기 위해 조성한 기념비적 불상으로 보아도 무방할 것이다.

---

67) 『戶口總數』 영인본, 서울대학교출판부, 1978, p.201.

Ⅲ. 동송읍 마애불의 현상과 특징

1. 현상과 조성시기

앞에서는 태봉의 불교조각으로 추정되고 있는 불상을 살펴보았다. 철원 동송읍 마애불입상은 기존에 태봉의 불상일 가능성이 있다고 주장된 작품들이 과연 궁예정권기 조성된 불상이 맞는지 판단 할 수 있는 근거를 제공해 줄 수 있다고 생각한다.

철원 동송읍 마애불입상은 철원의 진산인 금학산 동쪽 4부 능선에 있는 마애불이다. 마애불이 건립된 곳은 이평리사지로도 알려져 있다. 마애불상의 전체 크기는 5.76m에 달하는 웅대한 규모이며, 그 위치가 지면보다 높게 우뚝 솟아 있어서 마치 천계에서 하강하는 여래의 모습을 연상하게 한다.[68] 동송읍 마애불상의 상호는 별도의 석재에 안면을 새겨 신체가 선각으로 표현된 바위 위에 올려놓았다. 눈은 반개한 것보다 약간 크게 표현되었으며 코 끝부분은 현재 마모되어 있으나 본래는 안성 기솔리 석불입상의 코와 같이 짧고 반듯하게 만들어졌다. 입은 활짝 벌리고 있으나 마모가 진행되어 있어 육안으로는 벌린 입이 선명하게 보이지는 않는다.

마애불의 신체표현은 바위 크기의 제약 때문에 머리 부분을 따로 만들고 신체부분을 선각으로 표현하였다. 통견식 대의를 입고 있으며 가슴에는 오른쪽 어깨에서 왼쪽 겨드랑이 사이로 이어지는 승각기 모습이 선각되어 있다. 명치부근에는 띠매듭이 표현되어 있다.

가사와 군의위에 새겨진 넓은 띠 모양의 옷 주름은 9세기 후반부터

68) 江原大學校博物館, 『鐵原郡의 歷史와 文化遺蹟』, 1995, p.79.

고려 초까지 유행한 것이다. 수인은 오른손을 아래로 내려서 중지와 무명지를 가볍게 안으로 접고, 왼손은 올려서 엄지와 검지를 살짝 맞대고 중지와 무명지는 안으로 구부리고 있다. 이러한 수인은 통일신라나 당대의 불상에서 비교적 흔히 보이는 일반적인 것으로 미륵불의 수인이라고 추정된다.[69)]

도 37. 철원 동송읍 마애여래입상

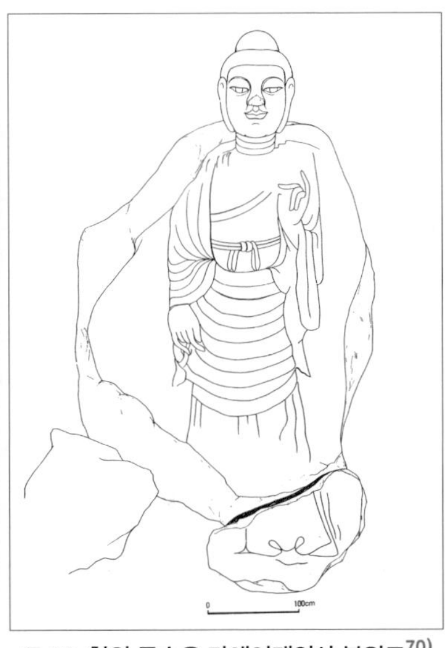

도 38. 철원 동송읍 마애여래입상 복원도[70)]

마애불의 오른쪽 발 부분은 현재 바위가 탈락되어 있다. 왼쪽 발 부분은 신체가 새겨진 바위에서 떨어져 나온 부분에 새겨져 있다. 왼발이 새겨진 부분은 발목 부분의 옷자락만 보이며 바위 자체가 안쪽으로 급하게 휘어들어가고 있어 원래부터 마애불의 발은 생략된 것으로 보인다. 동송읍

69) 최성은, 앞의 글, 2002, pp.53~54.

70) 강원대학교박물관, 『철원군의 역사와 문화유적』, 1995, p.80 도면 전재.

마애불 자체가 공중에 떠있는 것 같이 바위에 새겨져 있는데 발 표현을 생략함으로써 마애불이 공중에 부양하고 있는 효과를 나타내고자 한 것으로 추정된다.

마애불에 대한 기존의 연구성과는 나말여초기 조각적 특징과 마애불이 위치하고 있는 입지여건을 종합해 볼 때 동송읍 마애불입상은 태봉의 미륵사상과 연관지어볼 수 있는 불상으로 추정하고 있다.[71] 이밖에 동송읍 마애불을 11세기 이후 조성된 것으로 보는 견해도 있다. 이 의견은 동송읍 마애불상의 유난히 작은 입은 안성 매산리 석불입상과 같이 10세기 4분기에 조성된 불상에서 볼 수 있는 전형적인 특징이고, 별석으로 만들고 신체는 바위 면에 새긴 불상은 11세기 이후 일반화되었을 뿐만 아니라 마애불 앞에 있는 석탑과 석등 부재도 퇴화된 양상을 보이므로 동송읍 마애불입상은 11세기 이후 조성된 것이라 주장한다.[72]

그러나 동송읍 마애여래좌상은 입을 활짝 벌리고 있는 상태이며 정면에서 보았을 때 입의 크기는 얼굴에 비해 작지 않다. 또한 마애불의 몸체 위에 별석으로 머리를 올려놓는 방법은 통일신라시대 조성된 경주 남산 약수골 마애불에서 이미 등장하는 수법이다. 동송읍 마애불은 통견형 대의를 걸치고 있으며 가슴에는 사선형태의 내의가 보이며 내의 밖으로 가슴 아래 부분을 가로지르는 띠매듭이 보인다. 옷주름은 'U'자형으로 무릎 아래까지 흘러내리다가 발 부분에서 옷자락 끝부분이 'Ω'자 형태로 주름져 있다. 동송읍 마애여래좌상은 전체적으로 통일신라 불상의 전통을 강하게 계승하고 있다.

71) 최성은, 위의 글, p.54.

72) 진정환, 앞의 논문, p.138.

통일신라 문화권은 속초-원주-안성-평택을 연결하는 선이 북방한계선으로 인식되고 있다.[73] 이러한 점을 고려한다면 경기도 일원 특히 강원도 철원을 포함한 경기 북부지역에서는 도피안사 철불을 제외한다면 통일신라 불교조각을 찾아 볼 수 없다. 철원과 인근 포천지역의 고려시대 불상으로는 포천 구읍리 석조보살입상과 같이 전형적인 고려시대 불상이 있으며 철원군 김화읍 운장리 석불입상, 포천 어룡리 석불입상과 같이 마애불 형식의 석불은 통일신라 불교조각의 전통을 계승하고 있으나 옷주름의 표현이 단순해지고 신체 표현에서 비례를 신경 쓰지 않는 모습을 보여준다. 철원과 포천 일대의 고려시대 불상을 살펴보면 동송읍 마애여래좌상은 통일신라 불교조각의 특징을 주변의 다른 불상들에 비해 강하게 간직하고 있다. 이러한 점을 고려한다면 동송읍 마애보살입상의 조성시기를 11세기까지 내려 보기는 어렵다.

철원 동송읍 마애여래좌상의 조성시기는 태봉의 궁예정권기로 보는 것이 타당하다고 생각한다. 마애불의 양식적 특징 이외에 이 불상을 궁예정권기 조성된 것으로 보는 중요한 이유는 동송읍 마애여래좌상 앞에 넘어져 있는 석탑부재 때문이다. 동송읍 마애여래좌상 앞에는 연화문이 조각되어 있는 대석 2개가 있으며 그 아래쪽으로 탑신석과 옥개석 등 석탑부재가 있다. 그동안 연화문 대석은 석등의 하대석이나 승탑의 기단 등으로 알려져 왔다. 그러나 필자의 조사 결과 이 연화문 대석은 동송읍 마애여래좌상 앞에 세워졌던 석탑의 기단부임을 알 수 있었다(도 39~42).

2기의 연화문대석 중 1기는 마애불 앞 바위 위에 있으며 다른 1기는 그

73) 정성권, 「불교미술 분포를 통해 본 신라문화권의 북방한계」, 『新羅史學報』 46, 新羅史學會, 2019, pp.244~250.

도 39. 동송읍 마애불 앞 석탑 기단부

도 40. 동송읍 마애불 앞 석탑 기단부 상대석

도 41. 석탑기단부 상대석 상면

도 42. 석탑기단부 상대석 상면 탑신괴임

옆에 바닥에 있다. 두 대석 모두 연화문이 복련 형태로 놓여 있어 승탑이나 석등의 대석으로 볼 수 있는 형태이다. 그러나 바닥에 놓인 대석의 하부를 살펴보면 사방 68cm인 방형의 석탑 괴임이 조출되어 있는 것을 확인할 수 있다. 방형의 석탑 괴임 주변에는 사방 88cm인 방형의 돋을대가 석탑괴임대 주변에 솟아난 형태로 조각되어 있다. 연화문이 새겨진 대석 하부에 조성된 방형의 괴임대를 통해 보았을 때 마애불 앞에 놓인 연화문 대석 2기는 석탑의 기단부로 볼 수 있으며 그 형태는 도피안사 삼층석탑과 같은 대좌형 기단임을 알 수 있다. 즉, 바위 위에 있는 연화문 대석은(전체 지름 143cm, 중대석 받침 지름 53cm) 대좌형 기단부의 하대석이 되며 바닥에 놓인 연화문 대석(전체지름 143, 상대석 받침 지름 54cm)은 대좌형 기단부의 상대석이 된다. 이 기단부와 더불어 부근에 있는 석탑의 탑신석과 옥개석을 통해 보았을 때 철원 동송읍 마애여래입상 앞에는 도피안사 삼층석탑과 유사한 형태의 대좌형 기단을 갖춘 석탑이 세워져 있었음을 알 수 있다.

도 43. 태봉국도성 남대문 앞 봉선사지 석등

도 44. 봉선사지 석등 상대석

도 45. 동송읍 마애불 앞 석탑 기단부 상대석

도 46. 원주 봉산동 석불좌상 대좌(180도 회전)

이 석탑의 조성시기는 대좌형 기단부 상대석의 연화문을 통해서 유추할 수 있다. 동송읍 마애불 앞에 놓여 있는 석탑 기단부의 연화문은 단판으로 구성된 화판이 두 줄로 앙련을 이루고 있는 형태이다(도 45). 기단부 상대석 두 줄의 앙련 부분 중 불상이 앉는 대좌 부분에 가까운 연판은 연판과 연판의 간격이 넓어 비교적 큰 간엽이 사이에 있다. 이러한 형태는 기본적으로 원주 봉산동 석불좌상 대좌 상대석의 앙련문과 동일한 형태이다. 원주 봉산동 석불좌상의 대좌 상대석 앙련에는 연판에 화문이 새겨져 있는 것을 제외하면 단판의 연판 사이에 폭이 넓은 간엽이 배치되어 있는 모습은 기본적으로 동일한 패턴이다. 상대석에 단판의 연판문을 배치하고 연판과 연판 사이에 넓은 간격을 둔 채 간엽을 배치한 패턴은 태봉국 도성 남대문 앞에 있었던 봉선사 석등의 상대석 앙련문 패턴과도 매우 흡사하다(도 43~46).

이러한 점을 고려한다면 철원 동송읍 마애불 앞에 있는 대좌형 기단의 석탑은 원주 봉산동 석불좌상, 태봉국도성 남대문 앞의 봉선사 석등이 조성되는 시기인 나말여초기에 만들어진 것으로 보인다. 구체적인 조성시기는 태봉의 궁예정권시기에 만들어진 것으로 여겨진다. 대좌형 기단을 갖춘 동송읍 마애여래입상 앞의 석탑은 도피안사 삼층석탑과 유사한 형태의 삼층석탑으로 보인다. 도피안사 삼층석탑은 도피안사 철조비로자나불좌상이 조성된 865년경 만들어 진 것으로 여겨지고 있다. 동송읍 마애여래입상 앞의 석탑은 동송읍 마애여래입상과 함께 조성된 것으로 볼 수 있다. 그렇다면 마애불과 석탑의 조성시기는 태봉국 도성이 완공되는 905년부터 궁예가 왕위에서 축출되는 918년 사이로 조성된 것으로 추정할 수 있다.

2. 조성배경과 특징

철원 동송읍 마애여래입상의 조성배경은 마애불이 자리 잡은 위치를 통해서 유추할 수 있다. 동송읍 마애불은 금학산 동쪽 중턱에 위치해 있다. 금학산은 태봉국 도성 남쪽에 위치해 있는 산으로서 도성에서 남쪽을 바라보았을 때 가장 높이 보이는 산이다. 금학산은 고대산과 鎭山을 겨루기도 했다는 전설이 현재도 전해지고 있다.[74] 이러한 점으로 보아 태봉의 궁예정권시기에도 매우 중요한 산으로 인식되었음을 알 수 있다.

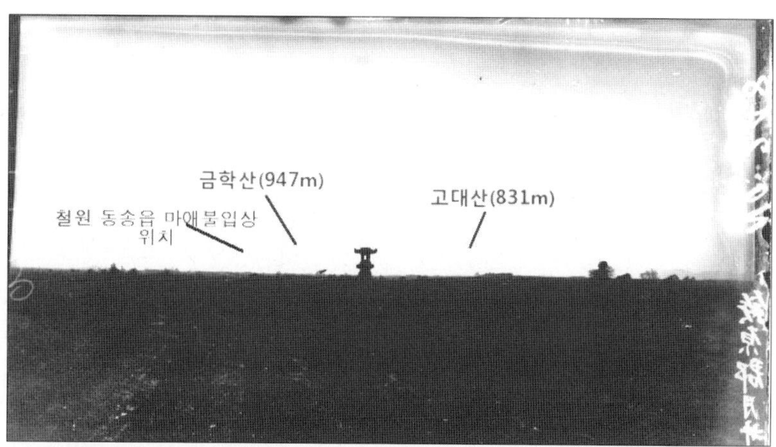

도 47. 태봉국도성 왕궁성에서 남쪽 방향을 향해 찍은 사진(국립중앙박물관 소장 유리원판 사진)

태봉국도성에서 한강유역으로 향하는 주요 간선도로는 크게 3개로 나누어진다. 첫 번째는 태봉국도성에서 현재의 연천, 동두천을 거쳐 의정부를 지난 후 한강유역을 빠지는 길이 있다. 두 번째 간선도로는 태봉국도성–포천–의정부를 지나는 길이 있으며 세 번째 간선도로는 태봉국도성–포천시 이동면–진접–남양주 쪽으로 향하는 길이 있다. 이 중 태봉국에서는 철원평야와 포천을 지나는 두 번째 길을 가장 중요한 도로로 인식하였다.[75] 바로 이 길 위에 도피안사가 위치해 있으며 이 선상에 있는 포천 성동리 산성에는 궁예가 증축하였다는 전설이 전한다.[76] 동송읍 마

74) 유인순, 「전설에 나타난 궁예왕」, 『인문과학연구』 15, 강원대학교 인문과학연구소, 2006, p.217.

75) 삼국시대 조성된 포천 반월산성, 성동리 산성에서 태봉국시기 중건된 흔적을 통해 알 수 있다(정성권, '궁예미륵'석불입상의 구비전승적 연구」, 『민속학연구』 30, 국립민속박물관, 2012, p.97~109).

애불입상은 도피안사에서 남쪽으로 약 6km 정도 떨어진 금학산의 동쪽 기슭에 위치해 있다. 마애불은 동남방향을 바라보고 있는데 마애불이 바라보는 방향에는 태봉국 도성으로 연결되는 가장 중요한 도로인 두 번째 간선도로가 지나고 있다.

태봉국도성의 남쪽 성벽부근에서 철원 동송읍 마애여래입상까지의 직선거리는 대략 15km 정도 된다. 남쪽에서 철원 태봉국도성으로 향하는 사람들은 대부분은 금학산 앞을 지나서 도피안사 앞을 거친 후 태봉국 도성으로 들어갔다. 철원 동송읍 마애여래입상이 세워져 있는 금학산 4부 능선 지점은 커다란 절벽이 형성되어 있다. 금학산 아래 교통로에서 마애불쪽을 바라보면 마애불은 보이지 않는다. 그러나 금학산 중턱에 있는 커다란 절벽은 쉽게 눈에 들어온다. 그 절벽 위에 불상이 세워져 있기에 당시 태봉국도성을 오가는 사람들은 금학산 중턱에서 부처님이 행인들을 바라보고 있다는 사실을 인식하고 있었을 것이며 불상이 어느 위치에 있다는 것 또한 쉽게 인식할 수 있었을 것이다.

즉, 철원 동송읍 마애여래입상은 세워진 위치를 통해 보았을 때 행인들이 통행의 안전을 기원하고 일신의 소원을 기원하는 신앙의 대상으로 조성되었던 것으로 보인다. 이밖에 동송읍 마애여래입상의 위치는 태봉국 도성에 진입하기 직전의 입구에 해당한다. 이러한 점을 고려한다면 태봉국도성을 수호하는 신앙적 의미 또한 있었을 것으로 추정된다.

철원 동송읍 마애여래좌상에서 주목해야 할 특징 중의 하나는 마애불의 입이다. 동송읍 마애여래좌상은 안성 기솔리 석불입상과 마찬가지로

76) 포천군지편찬위원회,『抱川郡誌』下, p.419.

도 48. 동송읍 마애불 상호

도 49. 동송읍 마애불 상호

도 50. 동송읍 마애불 입술

도 51. 안성 기솔리 석불입상 입술

입을 크게 벌리고 있으며 입술의 중심을 가로지르는 세로의 돋을선이 조각되어 있다(도 48~51). 다른 불상에서 찾아 볼 수 없는 벌린 입 위에 새겨진 세로의 돌출선은 태봉의 궁예정권기 조성된 것으로 여겨지는 안성 기솔리 석불입상, 나주 철천리 석불입상과 더불어 철원 동송읍 마애여래입상의 입에서도 확인되고 있다. 삼국시대부터 근·현대의 불상조각에 이르기까지 대부분의 불상은 입을 정연하게 다물고 있는 상태로 표현된다.

입을 벌린 부처의 상호를 조각하게 하기 위한 교리적 근거로는 부처의 32길상 중 입과 관련된 '四十齒相', '齒齊相', '牙白相', '大舌相' 등을 조각하기 위한 것이라 말할 수 도 있다. 또는 『華嚴經』「盧舍那佛品」에 묘사된 입과 이빨 사이에서 무수한 광명을 발하는 부처의 상이라 설명할 수도 있을 것이다. 그러나 우리나라 불상 중에 이러한 교리적 근거를 갖고 입을 벌린 채 만들어진 불상은 아직 한 점도 보고된 것이 없다. 결국 입을 벌리고 있는 불상은 불상 제작 시 부처의 입을 벌리도록 지시하였을 때 그 명령을 거부할 수 없는 권위자의 존재를 생각해 볼 수밖에 없을 것이다.[77] 그 인물은 불상의 조성시기를 고려했을 때 결국 스스로 미륵이 된 弓裔로 귀결될 수밖에 없을 것이다. 만약 불상의 입을 벌린채 조각하게 만든 이가 궁예라면 거기에는 특별한 이유가 있을 것이다. 그 이유는 궁예 스스로 미륵이라 칭한 점을 미루어 생각한다면 하생한 미륵이 설법하는 장면을 연출하고자 한 의도가 있는 것으로 추정된다.

그러나 여기서 의문점이 드는 것은 태봉의 궁예정권시기 조성된 것으로 추정되는 석불의 입에는 모두 세로의 돌출된 선이 새겨져 있다는 점이다. 안성 기솔리 석불입상의 입의 형태만을 그대로 놓고 보면 그 모양이 활처럼 보인다. 철원 동송읍 마애여래입상의 입 역시 마모가 진행되어 육안으로는 잘 확인되지 않으나 탁본을 시도해 본 결과 안성 기솔리 석불입상의 입 모양과 유사하다(도 49, 50). 그런데 입술 중앙을 가로지른 돌출된 선은 정상적인 신체 구조에서는 등장할 수 없는 선이다. 이 선을 입술 모양과 연계하여 적극적으로 해석한다면 활위의 화살로 해석할 수 있지 않을까 조심스럽게 추정해 본다. 세로선이 없다면 입술의 모양은 산처럼 보

77) 정성권, 「안성 기솔리 석불입상 연구 - 궁예 정권기 조성 가능성에 대한 고찰 -」, 『新羅史學報』 25, 신라사학회, 2012, p.378.

이기도 하며 단순히 입을 벌린 형태로 인식 될 수도 있다. 아마도 세로의 돌출선은 활 위에 화살이 올려진 모습을 의도적으로 연출하고자 한 시도가 아닌가 생각한다. 입술 모양을 이러한 형태로 만든 이유는 '궁예미륵' 앞에 서서 불상의 상호를 觀할 때 떠오르는 상이 활이 되게 불상의 입술을 만든 것으로 추정된다.

신체에 나타나지 않는 입술 중앙의 돌출된 선까지 선명하게 만들고 불상의 입을 벌려 활 모양으로 만든 이유는 弓裔라는 이름을 통해 해석할 수 있지 않을까 생각한다. 弓裔라는 이름은 문자 그대로 '활의 후예'라는 뜻이다. 궁예는 출가 후 스스로 자호하여 善宗이라 일컬었으나 후에 스스로 弓裔 즉, '활의 후예'라 칭하였다. 여기서 말하는 활의 의미는 '활'이라는 이름 자체를 갖고 있었던 주몽을 뜻한다고 한다.[78] 곧, 궁예의 이름이 갖고 있는 의미는 朱蒙(高句麗)의 후예라는 의미가 되겠다. 궁예가 처음 세운 나라의 이름이 高麗(後高句麗)라는 점과 궁예의 활동 초기 고구려 계승의식을 강하게 강조한 점 등에서 궁예가 자신의 이름을 '활(朱蒙)의 후예'로 개명한 이유를 추정할 수 있다. 이렇게 해석한다면 弓裔의 이름에서 알 수 있듯이 활은 궁예를 상징하는 하나의 아이콘(icon)으로 볼 수 있다.

이러한 점을 고려한다면 안성 기솔리 석불입상, 철원 동송읍 마애여래입상, 나주 철천리 석불입상의 입술 가운데를 가로지르는 돌출선은 활 위에 올려진 화살로 해석해 볼 수 있지 않을까 생각한다. 이는 현세의 미륵불이며 '활의 후예'라는 이름을 갖고 있었던 궁예를 상징화하여 참배자들

78) 朴漢卨, 「弓裔姓名考」, 『韓國學論叢-霞城李瑄根博士古稀紀念論文集』, 李瑄根博士古稀紀念論叢刊行委員會, 1974, pp.76~79.

에게 궁예가 곧 미륵임을 의도적으로 보여주고자 한 시도로 여겨진다.[79] 즉, 彌勒觀心法을 수행하기도 한 궁예는 불상의 입을 활모양으로 조각함으로써 불상의 상호를 觀하는 참배자로 하여금 앞에 있는 부처가 현생한 미륵불인 궁예를 형성화 하여 만든 '궁예미륵'임을 확실하게 인식할 수 있게 한 것이 아닌가 추정해 본다.[80]

이러한 점을 고려한다면 태봉국도성 입구에 서있는 철원 동송읍 마애여래입상은 태봉국도성을 수호하고 지나가는 행인들을 높은 곳에서 내려다보며 그들에게 미륵의 가호를 베푸는 스스로 미륵이 된 궁예의 화신이며 표상이라 할 수 있다.

Ⅳ. 맺음말

앞에서는 풍천원 석등을 비롯하여 궁예정권기 조성되었을 가능성이 있다고 연구된 불교조각들을 검토하였다. 풍천원 석등은 연구자들이 모두 인정하는 태봉시기의 작품이다. 그러나 풍천원 석등을 조성한 장인집단에 대해서는 명주출신 장인집단이 주도가 되어 만들었다는 의견과 장흥 보림사를 중심으로 한 가지산문의 미술이 풍천원 석등에 영향을 주었다는

79) 나주 철천리 석불입상은 입술 중앙을 가로지르는 세로선이 아랫입술 밑으로까지 표현되어 있다. 그러나 기솔리 석불처럼 입을 활짝 벌리고 있지 않아 입술 모양이 활처럼 보이지는 않는다. 나주 철천리 석불입상을 제작한 장인집단은 현지 출신의 장인집단으로 추정된다. 아마도 그들은 입을 활짝 벌리고 있는 불상의 도면을 받았을 가능성이 있으나 부처의 입을 벌려 조각한다는 시도를 적극적으로 수용하지 못했기에 살짝 벌린 입술위에 세로의 돌출선만을 조각한 것으로 추정된다.

80) 정성권, 앞의 논문, 2012, p.382.

의견으로 나누어진다. 검토결과 풍천원 석등이 조성되는 시점의 가지산문은 후백제의 영역이었던 것으로 파악되어 풍천원 석등을 조성한 장인집단은 명주출신 장인집단으로 보는 것이 타당하다는 의견을 제시하였다.

궁예정권기 조성된 것으로 연구된 불교조각은 포천 출토 철불좌상, 원주 봉산동 석불좌상, 해남 대흥사 북미륵암 마애여래좌상, 장흥 용화사 석불좌상, 안성 기솔리 석불입상, 나주 철천리 석불입상 등이다.

포천출토 철불좌상은 불상이 자리잡았던 위치의 지정학적 중요성과 불상의 상호에 나타나는 명주지역 불상의 특징 등을 고려할 때 궁예정권기 조성된 불상일 가능성이 높다는 의견을 제시하였다.

원주 봉산동 석불좌상은 태봉의 궁예정권기 조성되었을 가능성이 높다는 의견과 11세기 원주지역 불상들이 일시에 조성되었을 때 만들어졌다는 주장이 제기된 불상이다. 본문에서는 근래의 원주지역 불교미술 연구성과를 통해 보았을 때 원주지역 출토 불상의 조성시기가 9~11세기에 이르는 다양한 분포를 보이고 있는 점을 논하였으며 봉산동 석불좌상은 기존의 주장대로 궁예정권시기 조성되었을 가능성이 있다고 언급하였다. 다만 제작시기를 궁예정권기로 주장하기에는 구체적인 근거가 아직 부족하며 양길이 활동했던 9세기 말기에 조성되었을 가능성과 고려초기에 제작되었을 가능성 또한 있다는 의견을 피력하였다.

해남 대흥사 북미륵암 마애여래좌상은 9세기 후반기나 말기에 만들어졌다는 의견과 궁예정권기에 조성되었다는 의견이 개진된 불상이다. 북미륵암 마애불에 대해서는 대좌 간엽의 독특한 모양을 분석하여 이 불상의 조성시기가 9세기가 아닌 10세기 초반이나 전반기일 가능성이 있다는 점을 언급하였다. 이를 통해 대흥사 북미륵암 마애불은 궁예정권기 뿐만 아니라 고려초기에 조성되었을 가능성도 검토되어야 한다는 의견을 제시하였다.

장흥 용화사 석불좌상은 원주 봉산동 석불좌상과 양식적인 공통점을 공유하기에 태봉의 불상으로 볼 수 있다는 주장이 있다. 그러나 봉산동 석불좌상의 경우 9세기 말부터 태봉시기, 고려초기에 조성되었을 가능성도 현존하기에 용화사 석불좌상의 조성시기를 태봉으로 단정지을 수 없다는 의견을 제시하였다.

안성 기솔리 석불입상과 나주 철천리 석불입상은 서로 멀리 떨어진 지역에 위치하며 불상의 모습이 서로 닮지 않은 모습도 있으나 형식적 요소에서 많은 공통점이 있는 불상이라는 점을 논하였다. 먼저 안성 기솔리 석불입상은 궁예가 비뇌성 전투 후 이를 기념하기 위해 조성한 불상으로 추정하였다. 나주 철천리 석불입상은 궁예가 덕진포 해전에서 크게 승리한 장소에 세운 기념비적 불상임을 논하였다. 이밖에 안성 기솔리 석불입상이 13세기 불상이라는 의견과 나주 철천리 석불입상이 후백제 불상이라는 의견은 충분한 근거가 없는 타당하지 않은 의견이라는 점을 제시하였다.

철원 동송읍 마애여래입상은 불상의 현상과 특징을 검토하였을 뿐만 아니라 불상 앞에 놓인 석조미술에 대해서도 살펴보았다. 그 결과 그동안 석등이나 승탑의 대석으로 알려졌던 마애불 앞의 연화문 대석은 석탑의 대좌형 기단부임을 밝힐 수 있었다. 즉 동송읍 마애여래좌상 앞에는 도피안사 삼층석탑과 같은 대좌형 기단을 갖춘 석탑이 있었음을 확인하였다. 또한 동송읍 마애불 앞 석탑 상대석의 연판문이 나말여초기 조성된 원주 봉산동 석불좌상 대좌 상대석과 궁예도성에 있었던 석등인 봉선사지 석등의 기단 상대석 연판문과 동일한 문양의 패턴을 보이고 있는 점을 통하여 궁예정권기 조성된 석탑임을 논하였다. 이를 통해 철원 동송읍 마애여래좌상 역시 태봉의 궁예정권기에 조성되었다는 점을 확인할 수 있었다. 동송읍 마애여래좌상의 특징으로는 입을 벌리고 입술 중앙에 세로의 돌출선이 조각된 것을 파악하였다. 이는 안성 기솔리 석불입상과 동일한 형태이며 나주 철천리 석불입상의 입에서도 확인되는 형태임을 언급하였다. 궁예정권기 조성된 석불로 볼 수 있는 불상의 입은 화살이 걸쳐진 활의 모양으로 해석하였으며 이러한 모양이 등장하게 된 이유는 '활의 후예'인 弓裔의 이름과 관련이 있을 것으로 추정하였다.

궁예정권기 조성된 가능성이 제기된 불교미술에 대한 검토결과 풍천원 석등을 비롯하여 포천 출토 철불좌상, 안성 기솔리 석불입상, 나주 철천리 석불입상, 철원 동송읍 마애여래입상의 경우 실제로 궁예 정권기 조성되었을 가능성이 높다는 점을 알 수 있었다. 특히 안성 기솔리 석불입상, 나주 철천리 석불입상의 경우는 철원 동송읍 마애여래입상에서 확인된 입술의 형식적 요소를 다른 석불입상들이 공유하고 있다는 점을 통해 주장의 근거가 타당하다는 의견을 제시하였다.

참고문헌

『高麗史』, 『高麗史節要』, 『三國史記』, 『戶口總數』

江原大學校博物館, 『鐵原郡의 歷史와 文化遺蹟』, 1995.

김용선 외, 『궁예의 나라 태봉』, 일조각, 2008.

동국대학교박물관, 『대흥사 북미륵암 마애여래조상 조사보고서』, 동국대학교박물관, 2005.

성춘경, 『전남의 불상』, 학연문화사, 2006.

신호철, 『후삼국사』, 개신, 2008.

이재범, 『後三國時代 弓裔政權 硏究』, 혜안, 2007.

이재범, 『高麗 建國期 社會動向 硏究』, 京仁文化社, 2010.

이태호·이경화, 『한국의 마애불』, 다른세상, 2002.

정성권, 『태봉과 고려 석조미술로 보는 역사』, 학연문화사, 2015.

정성권, 『고려와 조선 석조문화재로 보는 역사』, 학연문화사, 2021.

조인성, 『태봉의 궁예정권』, 푸른역사, 2007.

진홍섭, 『한국의 불상』, 일지사, 1980.

철원군, 『泰封國 역사문화 유적』, 2006.

최성은, 『석불 돌에 새긴 정토의 꿈』, 한길아트, 2003.

최성은, 『석불 마애불』, 예경, 2004.

태봉학회·철원군, 『태봉 철원도성 연구』, 주류성, 2019.

황수영 편, 『國寶2』, 예경, 1984.

강건우, 「국립중앙박물관 소장 포천 출토 철조여래좌상에 대한 소고」, 『美術資料』 96, 국립중앙박물관, 2019.

朴漢卨, 「弓裔姓名考」, 『韓國學論叢-霞城李瑄根博士古稀紀念論文集』, 李瑄根博士古稀紀念論叢刊行委員會, 1974.

신성재, 「후백제의 수군활동과 전략전술」, 『한국중세사연구』 36, 한국중세사학회, 2013.

오호석, 「高麗前期 竹州地域의 石佛에 대한 一考察」, 『博物館誌』 14, 충청대학 박물관, 2005.

이도학, 「궁예의 북원경 점령과 그 의의」, 『東國史學』 34, 동국사학회, 2007.

이숙희, 「하남 천왕사지 철불좌상의 출현과 의미」, 『한국중세고고학』 8, 한국중세고고학회, 2020.

이재범, 「後三國時代 弓裔政權의 研究」, 성균관대학교 박사학위논문, 1992.

林玲愛, 「고려 전기 원주지역의 불교조각」, 『美術史學研究』 228·229, 韓國美術史學會, 2001.

조인성, 「泰封의 弓裔政權 研究」, 서강대학교 박사학위논문, 1991.

진정환, 「후백제 불교조각의 대외교섭」, 『백제연구』 61, 충남대학교 백제연구소, 2015.

진정환, 「후백제와 태봉 불교석조미술품의 특징과 영향」, 『東岳美術史學』 27, 동악미술사학회, 2020.

鄭明鎬, 「석등」, 『북한문화재해설집』, 국립문화재연구소, 1997.

鄭明鎬, 「鐵原 固闕里 石燈」, 『석등조사보고서Ⅱ』, 국립문화재연구소, 2001.

정성권, 「泰封國都城(弓裔都城) 내 풍천원 석등 연구」, 『韓國古代史探究』 7, 韓國古代史探究學會, 2011.

정성권, 「'궁예미륵'석불입상의 구비전승적 연구」, 『民俗學研究』 30, 국립민속박물관, 2012.

정성권, 「弓裔와 梁吉의 전쟁, 비뇌성 전투에 관한 고찰」, 『軍史』 83, 2012.
정성권, 「나주 철천리 석불입상의 조성시기와 배경」, 『新羅史學報』 31, 新羅史學會, 2014.
정성권, 「불교미술 분포를 통해 본 신라문화권의 북방한계」, 『新羅史學報』 46, 新羅史學會, 2019.
정성권, 「해남 대흥사 북미륵암 마애여래좌상의 조성 시기와 배경」, 『보조사상』 64, 보조사상연구원, 2022.
진정환, 「후백제와 태봉 불교석조미술품의 특징과 영향」, 『東岳美術史學』 27, 東岳美術史學會, 2020.
崔聖銀, 「溟州地方의 高麗時代 石造菩薩像에 대한 硏究」, 『佛敎美術』 5, 東國大學校博物館, 1980.
崔聖銀, 「高麗初期 廣州鐵佛坐像 硏究」, 『불교미술연구』 2, 동국대학교 불교미술문화재연구소, 1995.
최성은, 나말려초 중부지역 석불조각에 대한 고찰 –궁예 泰封(901~918)지역 미술에 대한 시고」, 『역사와 현실』 44호, 2002
최성은, 「나말려초 중부지역의 불교조각과 泰封」, 『泰封國 역사문화 유적』, 2006.
최성은, 「태봉지역 불교미술에 대한 시고」, 『궁예의 나라 태봉』, 일조각, 2008.
최성은, 「해남 대흥사 북미륵암 마애여래좌상에 대한 고찰」, 『선사와 고대』 37, 한국고대학회, 2012.
최연식, 「강진 무위사 선각대사비를 통해 본 궁예 행적의 재검토」, 『목간과 문자』 7, 한국목간학회, 2011.
홍윤식, 「安城 雙彌勒寺佛蹟의 性格」, 『素軒南都泳博士古稀紀念 歷史學論叢』, 민족문화사, 1993.

泰封시기 星宿신앙 연구

조성금
한국예술종합학교 강사

목차

Ⅰ. 머리말

弓裔에 의해 건국된 泰封시기는 羅末麗初 혹은 高麗시대라는 시대적 구획에 그리고 지역적으로는 중부지역이라는 틀에 넣어져 연구되어 왔다.[1] 그러나 문헌과 유물을 면밀히 살펴보면 시간적으로 짧은 기간 이거나 지역적으로 협소할지라도 각각의 차이는 명확히 존재한다는 것을 알

1) 궁예가 건국한 나라의 국호는 901년 高麗, 904년 摩震, 911년 泰封으로 변경되었으며, 학계의 일반론에 따라 태봉이라 칭한다. 정성권, 『태봉과 고려-석조미술로 보는 역사』, 학연문화사, 2015, p. 15.

수 있다.

궁예의 집권기인 901~918년 철원과 개경을 중심으로 하였던 불교미술은 태봉시기 불교의 성격을 반영하였을 것이 분명하지만, 기년명이 명확한 작품이 현전하지 않아 성격 및 특징을 규정하는데 많은 어려움이 따른다. 다만 『高麗史』와 『三國史記』의 기록을 통해서 熾盛光如來와 九曜에 대한 성수신앙이 존재하였고 해당의 상을 모신 사찰이 존재하였음을 알 수 있을 뿐이다. 따라서 '궁예'는 곧 '彌勒'이라는 인식 때문에 태봉시기에서 미륵불 이외에 다른 부처나 여타의 이상향을 생각하기 어렵지만, 『고려사』와 『삼국사기』 기록에서 분명히 치성광여래라는 다른 부처의 존재를 확인할 수 있다.

태봉시기 불교의 진면모에 대한 궁금증에서 시작된 본 연구는 먼저 관련 사료 및 기존의 연구성과를 살펴 당시의 사회와 불교 전반을 아우르는 폭넓은 이해를 하고자 한다. 그리고 사료에 등장하는 熾盛光如來와 鎭星이 의미하는 바가 무엇이며, 비슷한 시기인 당말오대의 치성광여래불화와는 어떠한 관련이 있는지 알아보고자 한다. 단순히 태봉시기 치성광여래불화의 도상을 추정하는 것에서 나아가 당시의 성수신앙의 성격과 이후 고려불교에 미친 영향력에 관해서도 유추해 보고자 한다.

별을 신격화한 五星·九曜·十一曜 등은 9세기 경 출현한 치성광여래보다 훨씬 이전에 서아시아 및 중동지방에서 기원하였다는 견해가 일반적이다. 이들 성수들은 치성광여래와 결합하면서 치성광여래의 권속으로 들어가 '치성광여래신앙'으로 묶여지게 되므로, 본문에서는 여러 성수들을 합쳐 치성광여래불화라 칭하고자 한다.

Ⅱ. 관련 사료 및 연구사

태봉시기 불교와 관련된 기록 중에서 미륵 이외에 구체적인 존상의 명칭과 존재가 언급된 존명은 별에 의한 환난을 없애고 여러 재난에서 구원해 주는 치성광여래와 구요 중의 하나인 鎭星이다.[2)] 이 두 존상은 다음의 세 사료에서 확인할 수 있으며, 태봉의 불교 현황과 더불어 정치적 상황을 추정할 수 있는 내용이다.

[가]: 『三國史記』 권 제50 열전 제10 弓裔條 기록이다.

[가-1] "… 상인 왕창근(王昌瑾)이 당나라로부터 와서 철원시장의 가게에 우거하였다. 정명 4년 무인(918)에 이르러 시장에서 한 사람을 보았는데, 생김새가 크고 건장하였고, 귀밑털과 머리카락은 모두 희었으며, 옛 의관을 착용하고, 왼손에는 자기 사발을 들고 오른손에는 옛 거울을 들고 있었다. 창근에게 말하기를 "내 거울을 살 수 있겠는가?"라고 하니 창근이 곧 쌀을 주어 그것과 바꾸었다. 그 사람은 쌀을 거리의 거지들에게 나누어 주었다. 이후에는 간 곳을 알 수가 없었다. 창근이 그 거울을 벽 위에 걸어두었는데, 해가 거울 표면에 비치자 가는 글자로 쓴 글 있었다. 그것을 읽어보니 옛 시 같았는데, 그 대강은 다음과 같았다. "상제(上帝)가 아들을 진마(辰馬)에 내리니 먼저 닭을 잡고 후에 오리를 움켜쥘 것이다. 사년(巳年) 중에 두 마리의 용이 나타나 한 마리는 몸을 청목(靑木) 중에 숨기고 한 마리는 모습을 흑금(黑金)의 동쪽에 드러낼 것이다." 창근이 처음에는 글이 있

2) 鎭星은 문헌에 따라 塡星, 土星으로 표기되므로, 이하 본문에서는 해당 문헌의 명칭을 따른다.

는 것을 알지 못하였다가 이를 보고서는 예사롭지 않다고 생각하여 드디어 왕에게 아뢰었다. 왕은 담당 관리에게 명하여 창근과 더불어 그 거울의 주인을 찾도록 하였는데, 발견하지 못하였다. 오직 발삽사(敎颯寺) 불당에 진성(鎭星)의 소상(塑像)이 있었는데, 그 사람 같았을 뿐이다. 왕이 한참 동안 이상함을 탄식하다가 문인 송함홍(宋含弘), 백탁(白卓), 허원(許原) 등에게 명하여 그를 해석하도록 하였다.

함홍 등이 서로 다음과 같이 말하였다. "상제가 아들을 진마에 내렸다는 것은 진한과 마한을 말한다. 두 마리 용이 나타나 하나는 몸을 청목(靑木) 중에 감추고, 하나는 모습을 흑금(黑金)에 드러낸다고 한 구절에서 푸른 나무는 송(松)이고 송악군 사람으로 용(龍)자를 이름으로 하고있는 사람의 자손이니, 지금 파진찬 시중을 말함일 것이다. 검은 쇠는 철(鐵)이니 지금 도읍한 철원을 말함이다. 지금 임금이 처음 이곳에서 일어났으나 마침내 이곳에서 멸망할 징조이다. 먼저 닭을 잡고 후에 오리를 움켜쥔다는 것은 파진찬 시중이 먼저 계림을 얻고 후에 압록을 차지한다는 뜻이다." 그러나 송함홍 등이 서로 말하기를 "지금 임금이 잔학하고 난폭하기가 이와 같은데 우리들이 만일 이를 사실대로 아뢰었다가는 비단 우리들만 소금에 절여지는 신세가 될 뿐만 아니라, 파진찬도 또한 반드시 해를 당할 것이다"하고는 이에 듣기 좋게 꾸며서 아뢰었다. 왕이 흉악하고 잔학하여 자기 멋대로 하니 신료들이 두렵고 떨려서 어찌할 바를 몰랐다.

[가-2] (918년)여름 6월 장군 홍술(弘述), 백옥(白玉), 삼능산(三能山), 복사귀(卜沙貴), 이는 홍유(洪儒), 배현경(裴玄慶), 신숭겸(申崇謙), 복지겸(卜知謙)의 젊을 때 이름인데, 네 사람이 몰래 모의하고 밤에 태조의 사저에 와서 말하였다. "지금 임금이 부당한 형벌을 마음대로 집행하여 처자를 살

륙하고 신료를 죽이며, 백성은 도탄에 빠져 스스로 삶을 편안히 할 수 없습니다. 예로부터 어리석은 임금을 폐위시키고 지혜가 밝은 임금을 세우는 것은 천하의 큰 의리입니다. 청컨대 공께서는 탕왕과 무왕의 일을 행하십시오."

태조는 불쾌한 얼굴빛으로 그를 거절하면서 말하였다. "나는 충직하다고 자부하여 왔는데 지금 비록 포악하고 난폭하다고 하여 감히 두 마음을 가질 수 없다. 대저 신하로서 임금을 교체하는 것은 이를 혁명이라고 하는데 나는 실로 덕이 없으니 감히 은나라, 주나라의 일을 본받을 수가 있겠는가?" 여러 장수들이 말하였다. "때는 두 번 오지 않으니 만나기는 어렵고, 잃기는 쉽습니다. 하늘이 주는 데도 취하지 않으면 도리어 그 재앙을 받습니다. 지금 정치가 어지럽고 나라가 위태로우며, 백성들이 모두 그 임금을 밉게 보기를 원수 같이 합니다. 지금 덕망이 공보다 나은 사람이 없습니다. 하물며 왕창근이 얻은 거울의 글이 저와 같은데 어찌 가만히 물러나 숨어 있다가 포악한 군주의 손에 죽임을 당하겠습니까?" 부인 유(柳)씨가 여러 장수들의 의논을 듣고 이에 태조에게 말하였다. "인(仁)으로써 불인(不仁)을 치는 것은 예로부터 그러하여 왔던 것입니다. 지금 여러 사람들의 의논을 들으니 저도 오히려 분발하게 되는데 하물며 대장부께서야 말할 것이 있겠습니까? 지금 뭇 사람들의 마음이 문득 변하였으니 천명이 돌아온 것입니다." 손수 갑옷을 들어 태조에게 바쳤다.…"[3)]

3) 『三國史記』 卷五十 列傳 第十, 弓裔 貞明.

[나]: 『高麗史』 권1 세가 권제1 태조條이다.

[나] "… 정명(貞明) 4년(918) 3월 당나라 상인 왕창근(王昌瑾)이 어느 날 우연히 시장에서 한 사람을 보았는데, 용모가 훤칠하고 수염과 머리털이 희고 머리에는 낡은 관을 쓰고 거사(居士)의 옷을 입고 왼손에는 바리 3개를, 오른손에는 사방 1척 남짓 되는 옛 거울 하나를 들고 있었다. 왕창근에게 말하기를, "내 거울을 살 수 있습니까?"라고 하기에 왕창근이 쌀 2두를 주고 그것을 샀다. 거울 주인은 쌀을 가지고 길을 따라가다가 거지 아이들에게 나누어주고 갔는데 빠르기가 회오리바람 같았다. 왕창근이 그 거울을 저자의 담장에 걸자, 햇빛이 비스듬히 비치며 읽을 수 있을 정도의 가느다란 글자가 은은히 나타났다. 그 글에 이르기를, "삼수(三水) 가운데 사유(四維) 아래로 옥황상제가 아들을 진마(辰馬)에 내려 보내어 먼저 닭을 잡고 뒤에 오리[鴨]를 치리니 이것은 운수가 차서 삼갑(三甲)을 하나로 하는 것을 이름이라. 어둠 속에서 하늘에 올라 밝음 속에서 땅을 다스리니 자년(子年)을 만나면 대사(大事)가 중흥할 것이며, 자취와 이름이 혼돈되니 혼돈 속에서 누가 진(眞)과 성(聖)을 알리오? 법뢰(法雷)를 떨치고 신전(神電)을 휘두르며 사년(巳年) 중에 두 마리 용이 나타나서 하나는 청목(靑木) 속에 몸을 감추고 다른 하나는 흑금(黑金) 동쪽에 모습을 드러낼 것이다. 지혜로운 자는 보고 어리석은 자는 보지 못하니 구름을 일으키고 비를 뿌리며 사람들과 더불어 가서 때로는 번성함을 드러내고 때로는 쇠퇴함을 보이기도 하나 성쇠(盛衰)는 악한 찌꺼기를 없애기 위함이라. 이 중 한 마리 용은 아들이 서너 명인데 대를 번갈아 육갑자(六甲子)를 서로 이을 것이다. 이 사유(四維)는 반드시 축년(丑年)에 멸망하고 바다를 건너 와서 항복함은

모름지기 유년(酉年)을 기다린다. 이 글을 만약 현명한 왕이 보게 되면 나라와 백성이 크게 평안하고 왕업은 길이 창성할 것이다. 내가 적은 것은 무릇 147자이다."라고 하였다. 왕창근이 처음 글자가 있는 줄 몰랐다가 이를 보고는 평범하지 않은 것이라고 여겨 궁예에게 바쳤다. 궁예가 왕창근에게 명하여 그 거울을 판 사람을 찾도록 하였으나 한 달이 지나도록 찾지 못하였다. 오직 동주(東州) 발삽사(勃颯寺)의 치성광여래상(熾盛光如來像) 앞에 진성(塡星)의 옛 상이 있었는데, 그 모습이 거울 주인과 같고 좌우 양손에 바리와 거울을 들고 있었다. 왕창근이 기뻐하며 그 모습을 갖추어 아뢰자 궁예가 감탄하고 기이하게 여겨 문인 송함홍(宋含弘)·백탁(白卓)·허원(許原) 등에게 명하여 그것을 풀게 하였다. 송함홍 등이 말하기를 "'삼수 가운데 사유 아래로 상제가 아들을 진마에 내려 보낸다.'는 것은 진한(辰韓)과 마한(馬韓)이다. '사년 중에 두 마리 용이 나타나서 하나는 청목 속에 몸을 감추고 다른 하나는 흑금 동쪽에 형체를 드러낸다.'라는 것은, 청목은 송(松)이니 송악군(松嶽郡) 사람으로서 용(龍)자 이름을 가진 이의 자손이 임금이 될 것이라는 말이다. 왕시중(王侍中)에게 왕후(王侯)의 상이 있으니 어찌 이를 이름이 아니겠는가? 흑금은 철(鐵)이니 지금 도읍한 바인 철원(鐵圓)을 말한다. 지금 임금께서 처음에는 이곳에서 번성하였다가 끝내 이곳에서 멸망한다는 것이로다! '먼저 닭을 잡고 뒤에는 오리를 칠 것이다.'라고 한 것은 왕시중이 임금이 된 뒤 먼저 계림(鷄林)을 얻고 뒤에 압록강(鴨綠江)을 거둔다는 뜻이다."라고 하였다. 세 사람은 서로 이르기를, "임금께서 시기하여 사람 죽이기를 좋아하니, 만일 사실대로 아뢰면 왕시중이 반드시 해를 만날 것이고 우리도 또한 화를 면치 못할 것이다."라고 하고 꾸며댄 말로 보고하였다…."[4]

[다] : 태조 왕건의 조부인 작제건과 관련된 『高麗史』 고려세계 기록이다.

[다] "… 작제건(作帝建)은 어려서부터 총명하고 용력이 신과 같았다. 나이 대여섯 살에 어머니에게 묻기를, '나의 아버지는 누구신가요?'라고 하였는데 답하기를 '중국 사람이다.'라고만 하였으니, 이는 이름을 알지 못하였기 때문이다. 자라면서 육예(六藝)에 두루 뛰어났는데 글씨와 활쏘기가 더욱 빼어났다. 나이 16세 때 어머니가 아버지가 남기고 간 활과 화살을 주자 작제건이 크게 기뻐하였는데 쏘기만 하면 백발백중이므로 세상 사람들이 그를 신궁(神弓)이라 불렀다. 이에 아버지를 뵙고자 하여 상선(商船)에 의탁하여 가다가 바다 한가운데에 이르니 구름과 안개로 사방이 어둑해져서 배가 3일 동안이나 나아가지 못하였다. 배 안에서 사람들이 점을 쳐보고 말하기를, '마땅히 고려(高麗) 사람이 없어져야 한다.'라고 하여 작제건이 활과 화살을 쥐고 스스로 바다에 몸을 던졌는데, 아래에 바윗돌이 있어 그 위에 서니 안개가 개이고 바람이 빨라 배가 나는 듯이 나아갔다.

잠시 후에 어떤 노인이 나타나 절을 하며 말하기를, '나는 서해(西海)의 용왕(龍王)이오. 늘 해질녘이 되면 어떤 늙은 여우가 <u>치성광여래(熾盛光如來)의 모습이 되어 하늘로부터 내려오는데, 구름과 안개 사이에 해 · 달 · 별들을 벌여놓고는 나각(螺角)를 불고 북을 치며 음악을 연주</u>하며 와서는 이 바위에 앉아 『옹종경(臃腫經)』을 읽어대니 내 머리가 매우 아프오. 듣건대 그대는 활을 잘 쏜다고 하니 나의 괴로움을 없애주기 바라오.'라고 하니 작제건이 허락하였다. 때가 되자 공중에서 풍악 소리가 들리더니 과연 서북쪽

---

4) 『高麗史』 卷一 世家 卷第一, 太祖 貞明.

에서 오는 자가 있었다. 작제건이 진짜 부처가 아닌가 의심하여 감히 활을 쏘지 못하자 노인이 다시 와서 말하기를, '바로 그 늙은 여우이니 바라건대 다시는 의심하지 마시오.'라고 하였다. 작제건이 활을 잡고 화살을 잡아두었다가 맞추어 쏘니 활시위만 당기면 떨어지는데 과연 늙은 여우였다.…"[5)]

위의 기록 중에서 [가-1]과 [나]는 본 연구의 단초가 되는 치성광여래와 진성의 형상을 서술한 기록으로 궁예의 몰락과 왕건의 새왕조 건립을 예언하는 내용이다. 그리고 [가-2]는 왕건의 고려 건국이 천명이라는 것을 기록한 것이며, [다]는 왕건의 조부 작제건의 비범함과 더불어 치성광여래, 도교 경전 『옹종경』이 언급되어 있다.

이러한 사료들과 고고학적인 발굴, 석조미술품을 통해서 태봉 관련 많은 연구성과가 있다. 궁예의 태봉에 관해서는 역사 분야에서 먼저 연구가 시작되었으며, 건국과 도읍에 관해서 주를 이루었다.[6)] 그리고 앞 장에서 언급한 세 종류의 사료를 궁예를 축출하고 왕건의 건국을 정당화하기 위한 의도로 해석한 연구들이 있다.[7)]

한편 불교 분야에서는 궁예의 불교를 기존의 미륵 신앙의 강조만이 아닌 선종을 후원하고 화엄종과 밀교를 계승한 모습으로 해석한 연구도 있다. 태봉의 불교에 대해서는 창건자 궁예의 불교 신앙, 특히 미륵신앙만이 주목되어 왔지만, 궁예의 존숭과 후원하에 선종이 발전하고 있었으며, 교

---

5) 『高麗史』 世系, '작제건이 부친을 찾아가다가 서해 용왕을 구해주다.'

6) 조인성, 「泰封의 弓裔政權 硏究」, 서강대학교 박사학위논문, 1991; 이재범, 「후삼국시대 궁예정권의 연구」, 서강대학교 박사학위논문, 1992; 조법종, 「후백제와 태봉관련 연구동향과 전망」, 『新羅文化』 27, 2006.

7) 이병도, 『한국사-중세편』, 을유문화사, 1961, pp. 28~29.

학 불교에서도 신라 의상계의 사상을 계승하면서도 대승기신론과 밀교의 사상을 융합한 독자적인 화엄학 문헌이 찬술되었다고 보았다. 그리고 궁예 개인과 관련된 미륵신앙은 태봉 불교에서 일부의 특수한 현상이고 선종이나 화엄종 등이 불교계의 주류적 흐름이었을 가능성을 제시하였다.[8)]

불교미술 쪽에서는 석조와 조각에서 많은 성과가 축적되어 왔는데, 기존에 나말려초로 편성된 불상 혹은 조각들 중에서 통일신라 하대 혹은 고려초 조각과 비교하여 태봉적인 요소를 찾아내어 태봉시기의 작품들로 새롭게 추정하고 있다.[9)]

그러나 불교회화와 관련해서는 현존 유물이 없다는 상황에서 앞 장에서 언급한 치성광여래관련 기록과 발삽사의 진성에 관해 추측하여, 성수신앙과 이를 여래화한 치성광여래가 존재하였을 가능성을 언급하며 당말오대 북송의 관련 불화와 비교한 연구가 주를 이루고 있다.[10)] 또한 거울을 판 진성의 도상에 대해서 지물로 쟁반을 들고 있는 목성의 형상을 잘못 묘사하였을 것이라는 의견과 10세기 후반 불교와 도교의 구요상이 습합

8) 이재범·이광섭, 「궁예의 불교사상에 관한 고찰」, 『新羅史學報』 31, 2014; 최연식, 「康津 無爲寺 先覺大師碑를 통해 본 弓裔 행적의 재검토」, 『목간과 문자』 7, 2011; ＿＿＿, 「後高句麗불교의 재검토」, 『보조사상』 40, 2013; ＿＿＿, 「후고구려 불교의 재검토」, 『普照思想』 40, 2013. pp. 122~161.

9) 최성은, 「나말려초 중부지역 철불의 양식 계보」, 『강좌미술사』 8, 1996; ＿＿＿, 「羅末麗初 抱川出土 鐵佛坐像 硏究」, 『미술자료』 61, 1998; 「나말려초 중부지역 석불조각에 대한 고찰 : 궁예 태봉(901~918)지역 미술에 대한 시고」, 『역사와 현실』 44, 2002; 정성권, 「泰封國都城(弓裔都城) 내 풍천원 석등 연구」, 『한국고대사탐구』 7, 2011; ＿＿＿, 「高麗 建國期 石造美術 硏究」, 동국대학교 박사학위논문, 2012; ＿＿＿, 앞의 책(2015); 진정환, 「후백제와 태봉 불교석조미술품의 특징과 영향」, 『東岳美術史學』 27, 2020.

10) 김일권, 「불교의 북극성 신앙과 그 역사적 전개-백제의 북진 묘견과 고려의 치성광불 신앙을 중심으로」, 『불교연구』 18집, 2002; 정진희, 「중국 불교의 구요도상 연구-당·송대 치성광여래도상을 중심으로-」, 『CHINA 연구』 8, 2010; ＿＿＿, 「中國 熾盛光如來 圖像 考察 I- 信仰의 成立과 展開에 관하여」, 『열린정신 인문학 연구』 13-1, 2012; ＿＿＿, 「中國熾盛光如來圖像考察 II- 圖像의 成立과 時代的 變에 관하여」, 『불교학보』 63, 2012.

되면서 거울을 들고 있는 도상 혹은 지팡이와 손향로를 지물로 가지고 있는 도상 등이 발생하였을 것으로 추정하는 의견이 있을 뿐 진성이 등장한 의미 파악에 관해서는 전무하다.[11]

다음장에서는 태봉시기 치성광여래와 진성의 도상을 추측할 수 있는 당말오대의 불화들을 면밀히 살펴서, 어떠한 연관성이 있는지 알아보고자 한다.

Ⅲ. 唐末五代의 熾盛光如來불화

여러 부처들 중에서 가장 늦게 출현한 치성광여래는 현존 유물과 관련 경전을 통해서 볼 때 9세기 경 별에 관한 관심과 신앙의 유행으로 성립된 것으로 추정하고 있다. 별에 관한 신앙, 공양법 및 별에 의한 환난을 다룬 경전에는 『佛說大威德金輪佛頂熾盛光如來消除一切災難陀羅尼經』(이하 『消除災難經』으로 칭한다),[12] 『大妙金剛大甘露軍拏利焰鬘熾盛佛頂經』,[13] 『大聖妙吉祥菩薩說除災教令法輪』,[14] 『佛說聖曜母陀羅尼經』[15] 『佛說如意

11) 최성은, 앞의 논문(2002), pp. 37~39; 정진희, 앞의 논문(2010), pp. 61~61.

12) 『佛說大威德金輪佛頂熾盛光如來消除一切災難陀羅尼經』 K-1171(34-95), T-0964(19-338). 잡밀계 경전으로 唐 906년 또는 919년에 한역되었으나 역자는 미상이다. 이 경전은 『佛頂消除一切災難陀羅尼經』 또는 『消除災難經』, 『熾盛光大威德金輪王消除吉祥陀羅尼經』, 『大威德消災吉祥陀羅尼經』 등으로 불린다. 또 다른 역본으로 不空이 한역한 『熾盛光大威德消災吉祥陀羅尼經』 T-963이 있다. 권자훈 외 역, 『大方廣菩薩藏文殊師利根本儀軌經 外』, 동국역경원, 1999, p. 31.

13) T0965, 達磨栖那 漢譯.

14) T0966, 失譯人名.

15) T1303, 973年 法天 漢譯. 이역본으로 法成이 한역한 『諸聖曜母陀羅尼經』 1권이 있는데, 『高麗大藏經』에는 수록되어 있지 않고 『大正新修大藏經』에만 수록되어 있다.

摩尼陀羅尼經』[16] 등이 있으며, 모두 9세기 이후 만들어진 僞經으로 당시의 별자리 숭배에 대한 유행을 반영한다고 볼 수 있다.

불교에서 치성광여래는 별에 의한 환난을 물리치고 화를 복으로 바꾸는 威力을 지닌 여래로서 대중이 선호하는 신앙의 대상이 되었을 뿐만 아니라, 11세기 이후에는 法輪을 지물로 들고 다라니를 외우는 의례까지 갖추게 되었다.[17]

치성광여래와 관련된 가장 대표적인 소의경전 『消除災難經』의 내용을 살펴보면 다음과 같다.

> "이 때에 석가모니불께서 청정하게 天宮에 머물고 계셨다. 문수사리보살과 모든 사중, 팔부, 유공대천, 구집, 칠요, 십이궁신, 이십팔성, 해와 달 모든 별들에게 말씀하셨다. 내가 옛날 과거 沙羅樹王佛에게 이 대위덕금륜불정치성광여래소제일절재난다라니법을 받았다. …(중략) 만약 해마다 사람이 금·목·수·화·토의 오성에 에워싸이고, 라후·계도와 해와 달, 모든 별자리가 몸에 임하게 되어서 재앙과 환난이 다투어 일어나게 되어도 내게 크게 길하고 상서로운 진언이 있으니 부르면 별자리에 둘러싸이는 것을 깨뜨릴 수 있을 것이다. 만약 능히 받아 지녀서 뜻과 생각으로 염하면 그 재앙이 저절로 없어지고 화가 변하여 복이 될 것이다.…"[18]

---

16) T0919, 980年 施護 漢譯. 일명『如意摩尼經』이라고도 하며, 施護가 漢譯한 또 다른 경전인『消除一切閃電障難隨求如意陀羅尼經』과 그 내용이 매우 유사하다.

17) 熾盛光如來의 성립과 도상에 관한 연구는 다음과 같다. 孟嗣徽,「熾盛光佛變相圖圖像研究」,『敦煌吐魯番研究』第2卷, 1997; 廖旸,「熾盛光佛构圖中星曜的演變」,『敦煌研究』2004-4; 沈伯承,「熾盛光佛繪畫作品研究」, 台湾藝術學院-藝術史与藝術評論研究所, 碩士學位論文, 2006.

18) T0964_.19.0338b07-c25: "爾時釋迦牟尼佛, 住淨居天宮. 告文殊師利菩薩摩訶薩及諸四衆八部, 遊空大天九執七曜十二宮神, 二十八星日月諸宿. 我昔於過去娑羅樹王佛所, 受此大威德金輪佛頂熾盛

이 경전은 석가모니 부처님께서 淨居天宮에 머무실 때 文殊菩薩과 네 무리의 大衆, 八部, 遊空大天, 九執, 七曜, 十二宮神, 二十八星, 日月 등의 여러 星神들에게 이 다라니를 수지한 인연을 설하는 내용이다. 석가모니 부처님께서 전생에 사라수왕부처님께 배웠다는 다라니는 이 경전에 등장하는 日月, 五星, 羅睺, 計都, 彗孛, 요괴, 惡星 등이 동요하여 나라와 사람들에게 재난을 입히게 되는 경우에 외워서 별의 재난을 막는 방법으로서, 이것을 염송하는 작법과 공덕을 설명하고 있다. 그리고 앞서 언급한 여러 별들의 별자리가 자신의 몸에 재난을 일으킬 때 재해를 복으로 변화시키는 眞言 즉 다라니도 설명하고 있다. 또한 이 경전의 끝에는 금성, 목성, 수성, 화성, 토성, 라후성, 계도성, 일, 월의 아홉 성신을 청하여 화를 복으로 변화시키는 偈頌이 적혀있다.[19]

『소제재난경』을 그림으로 도해한 이른 사례 중에서 구요의 도상이 가장 명확할 뿐만 아니라, 태봉시기와 비슷한 시기에 제작된 불화를 언급한다면 中國 新疆維吾爾自治區(신장위구르자치구)의 吐魯番(투르판) 柏孜克里克(베제클릭)석굴 18굴의 〈消除災難經變相圖〉를 언급할 수 있다(도 1). 이 그림은 10세기 중엽 경에 제작된 벽화로서 중앙의 여래를 중심으로 우측에는 十二宮이 좌측에는 구요가 묘사되어 있으며, 화면의 하단에는 별에 의한 다양한 재난과 이를 해결하는 공양법이 도해되어 있다. 화면 좌측을 살펴보면 원숭이 머리모양의 관을 쓴 여인은 오른손에 붓을 왼손에 벼루

光如來消除一切災難陀羅尼法…"(중략) 佛告大衆若有國界不安災難起時. 及男子女人災詳變禍. 但請僧衆如法建立道場安置佛像潔戒護持. 香花燈燭隨分供養. 令諸衆生獲福無量其災卽除 爾時如來復告大衆. 若人行年被金木水火土五星. 及羅睺計都日月諸宿臨身. 災難競起. 我有大吉祥眞言名破宿曜. 若能受持志心憶念. 其災自滅變禍爲福.…"

19) 김성구(월운), 『大方廣菩薩藏文殊師利根本儀軌經 外』, 동국역경원, 1999, p. 31.

를 들고 있는 모습으로 보아 '水星'에 해당이 되며, 닭이 장식된 관을 쓰고 비파를 들고 있는 여성은 '金星'이다. 그리고 돼지머리가 장식된 관을 쓰고 과일이 담긴 쟁반을 들고 있는 남성은 '木星', 소머리관을 쓰고 구부러진 지팡이를 든 노인은 '土星' 즉 고찰의 대상인 진성이다. 이외에 붉은 머리카락에 말머리가 묘사된 신은 네 개의 손에 칼, 창, 활, 화살을 들고 있는 마두관음의 형상을 한 '火星'이다. 마지막으로 분노형의 두 신들 중에서 허리에 호랑이 가죽을 두르고 왼손에 든 칼로 뿔이 달린 흰 사슴을 사냥하는 신은 '羅睺星'이며, 표범 가죽을 허리에 두르고 뱀과 칼을 들고 여우를 쫓는 듯한 형상의 신은 '計都星'으로 볼 수 있다. 이처럼 日月과 五星, 羅睺星, 計都星으로 구성된 아홉의 신들은 하늘의 九曜를 표현하고 있음을 알 수 있다(도 2).[20]

도 1. <消除災難經變相圖>, 10세기 중~11세기 말, 325.0×345.0cm, 벽화, 『中國新疆壁畫全集』 6 도 101

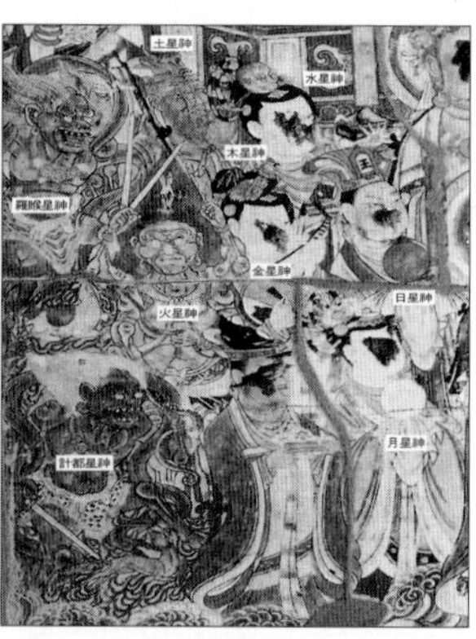

도 2. 도 1의 구요부분(명칭은 저자)

20) 九曜의 도상과 관련해서 『梵天火羅九曜』(T1311_.21.0459b04-21.0461c13)는 도상적 특징과 형상이 그림과 함께 기록되어 있으며, 『七曜攘災決』(T1308_.21.0426c06-.0427b15)은 그림은 없지만 각각의 특징이 자세히 서술되어 있다.

그런데 베제클릭석굴 18굴의 벽화에 묘사된 토성(=진성)은 소머리관을 쓰고 구부러진 지팡이를 든 노인의 모습이어서, 『삼국사기』와 『고려사』에 기록된 그릇이나 거울을 지닌 발삽사의 진성과 같은 도상이 아님을 알 수 있다.

지금부터는 중앙아시아지역 및 주변 동아시아지역의 관련 불화 중에서 가장 이른 시기부터 시대순으로 살펴보고자 한다. 현존 최고인 敦煌 藏經洞 출토의 〈熾盛光佛竝五星圖〉는 화면 좌측의 "熾盛光佛竝五星神, 乾寧四年正月八日, 弟子張淮興畵表慶光"이라는 畵記를 통해 897년 치성광여래와 오요를 함께 그렸음을 알 수 있다. 치성광여래가 탄 수레를 끄는 소의 고삐를 왼손으로 잡고 오른손으로 석장을 들고 있는 진성의 모습을 확인할 수 있다(도 3, 4).

이후 파리 국립도서관 소장의 晩唐시기에 제작된 것으로 짐작하는 〈熾盛光如來諸曜星官圖〉와(도 5) 北宋 972년에 판각한 日本 奈良米谷町 上之坊소장 〈熾盛光佛頂大威德銷災吉祥陀羅尼經變相版畫〉[21](도 6) 그리고 西夏의 寧夏 賀蘭 宏佛塔에서 출토된 두 점의 〈熾盛光佛十一曜星宿圖〉에서도 구요 혹은 十一曜의 모습이 표현되어 있으며 앞서 베제크릭석굴의 도상과 큰 차이가 없음을 알 수 있다.[22]

---

21) 972년에 제작된 <熾盛光佛頂大威德銷災吉祥陀羅尼經變相版畫>는 현존 치성광여래도 가운데 12궁과 28수가 묘사된 가장 이른 작품이다.

22) 십일요는 구요에 紫氣와 月孛가 더해진 것으로, 밀교 점성학의 중요한 개념인 구요가 도교의 영향으로 唐末宋初에 紫氣와 月孛를 더하여 불교에 흡수되었다고 한다. 鈕衛星, 「唐宋之際道敎十一曜星神崇拜的起源和流行」, 『世界宗敎硏究』, 2012-1, pp. 89~90; 孟嗣徽, 「十一曜星神圖像考源--以西夏時期<熾盛光佛與十一曜星神宮宿圖>爲例」, *Дуньхуановедение: перспективы и проблемы второго столетия исследований*, Slavia Publishers. St. Petersburg, 2012, pp. 167~179.

도 3. <熾盛光佛竝五星圖>, 敦煌 藏經洞 출토, 唐 897년, 비단에 채색, 80.4×55.4cm, 대영 박물관 소장.

도 4. 도 3의 진성부분

도 5. <熾盛光如來諸曜星官圖>, 敦煌 藏經洞 출토, 晩唐 9세기, 비단에 채색, 76.4×30.5cm, 파리 국립도서관 소장

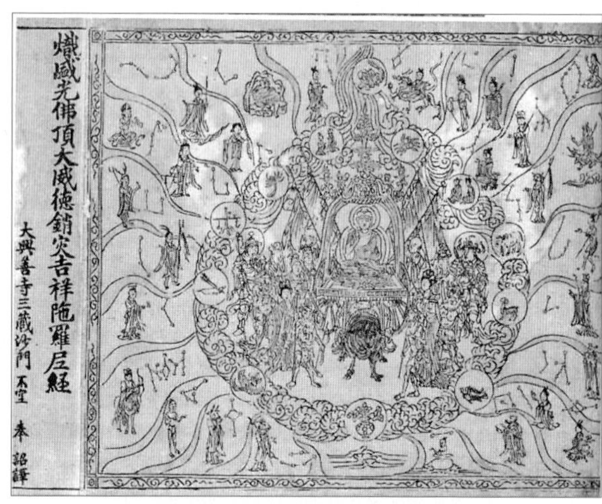

도 6. <熾盛光佛頂大威德銷災吉祥陀羅尼經變相版畫>, 北宋 972년, 日本 奈良米谷町上之坊 소장

11~13세기에 이르면 구요 혹은 십일요의 도상은 고정화 되어 표현되는 모습을 확인할 수 있다. 현재 러시아 상트페테르부르크의 'The Institute of Oriental Manuscripts of the Russian Academy of Sciences'(러시아 과학원 동방고적문헌연구소)에는 『소제재난경』을 도해한 서하시기(1032~1227)의 инв.7038 〈佛頂消除一切災難陀羅尼經變相版畫〉가 전해지고 있다. 이 판화에는 서하어로 『消除災難經』의 또 다른 명칭인 '佛頂消除一切災難陀羅尼經'이라는 經名과 이 경전에 등장하는 여러 존상들의 모습 및 명칭이 방제 안에 뚜렷하게 새겨져있다.[23] 서하의 도읍지 하라호토(Khara Khoto, 黑水城)에서 출토된 〈佛頂消除一切災難陀羅尼經變相版畫〉에는 여래의 앞쪽에는 설법을 듣는 문수보살을 포함한 여러 보살과 십일요가 상하 두 줄로 侍立해 있는 설법장면이 표현되어 있으며, 화면의 상단 중앙에 지팡이를 든 노인의 모습을 취한 진성이 묘사되어 있다(도 7).

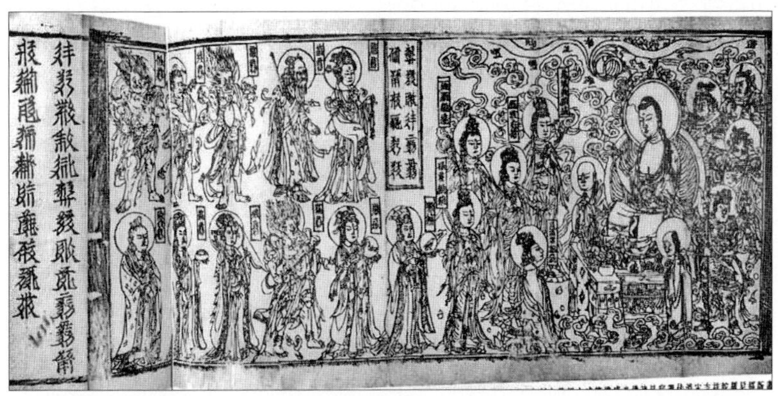

도 7. 西夏文 <佛頂消除一切災難陀羅尼經變相版畫>, 서하시기(1032~1227), 판화, 『中國古代佛教版畫集』 卷1 도 94.

23) 조성금, 「베제클릭석굴 18굴 <消除災難經變相圖> 연구」, 『미술사학연구』 290·291호, 2016, pp. 175~200.

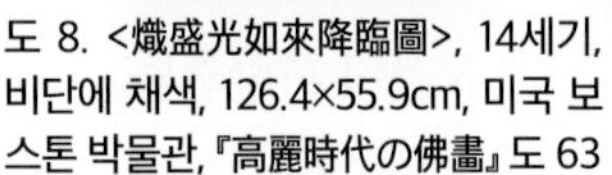

도 8. <熾盛光如來降臨圖>, 14세기, 비단에 채색, 126.4×55.9cm, 미국 보스톤 박물관, 『高麗時代の佛畵』 도 63

도 9. 도 8의 구요 중 왼쪽 아래 진성

한편 고려에서는 치성광여래 관련 그림 중에서 가장 이른 사례가 14세기 경 제작된 미국 보스톤 박물관소장의 〈熾盛光如來降臨圖〉이다. 구름을 타고 강림하는 치성광여래의 우측에 구요가 묘사되어 있는데, 그 중에 머리에 소머리모양의 관을 쓰고 손에는 홀을 든 진성의 모습을 확인할 수 있다(도 8, 9).

위에서 살펴보았듯이 중앙아시아 및 당시의 주변 국가들 심지어 고려말의 불화에서도 『삼국사기』와 『고려사』에 기록된 거울을 판 진성의 모습과 비슷한 도상은 어디에서도 찾아볼 수 없었다.

다음 장에서는 태봉시기 불교에서 치성광여래와 도상의 계승과 전통성을 벗어난 발삽사 진성의 의미에 관해서 살펴보겠다.

Ⅳ. 泰封시기 신앙의 樣相

한반도에 언제 별에 관한 성수 신앙이 유입되었는지 명확히 알 수 없지만, 성수 신앙의 기원을 단순히 천문역법으로만 혹은 불교 또는 도교의 신앙으로만 볼 수는 없다. '星宿'는 기원전부터 동서양에서 신격화되었으며, 다양한 모습과 명칭으로 구체화되어 재앙의 소멸과 구복의 대상이 되었다. 일반적으로 별과 관련된 여러 신들은 바빌론을 중심으로 한 메소포타미아지역의 천문도상이 그리스와 로마 그리고 인도를 거쳐, 불교와 함께 동아시아에 전파되면서 변화와 발전을 거듭하였다고 한다.[24] 따라서 星辰도상은 단순히 신앙의 대상일 뿐만 아니라, 다양하고 복잡한 동서문화와 토속 신앙 사이의 교류의 결과물로 이해해야 할 것이다.[25]

먼저 역사서에 기록된 고경을 전한 진성(=토성)에 관한 내용을 찾아보면 다음과 같다.

『漢書』의 天文志에 의하면 五星은 辰星(水), 熒惑(火), 歲星(木), 太白(金), 鎭星(土)으로서, 鎭星은 塡星으로 표기되어 있는데, 土의 精氣이자 信으로서 다른 별들이 자리를 잃어도 진성은 도리를 지키어 제자리를 운행

24) 孟嗣徽, 「五星及廿八宿神形圖 圖像考辨」, 『藝術史硏究』 2, 中山大學出版社, 2000, pp. 517~556; Lilla Russel-Smith, "Stars and Planets in Chinese and Central Asian Buddhist Art in the Ninth to Fifteenth Centuries", *Culture and Cosmos Vol.10*, 2006, pp. 99~100; 에멀린 M. 플렁켓, 전관수 역, 『고대의 달력과 별자리』, 연세대학교 출판부, 2010, pp. 27~28.

25) 중앙아시아에서 중계무역을 담당했던 소그드상인과 마니교사제가 서양의 별자리와 점성술을 중국에 전달하였다는 역사기록과 다양한 연구가 있다. 『新唐書』 卷217, 回鶻 上, p. 6126; A. ミルババエフ, 「シルクロ-ドの宗教と俗信(五-八世紀)-ソグド·タジクを中心として」, 『アイハヌム2006』, 東海大學出版會, 2006, pp. 45~51; 신양섭, 「페르시아 문화의 동진과 소그드 민족의 역할- 조로아스터교와 마니교를 중심으로」, 『中東史學』 27-1, 2008, pp.18~19; 王新靑, 「唐代漢字對音的波斯詞語考」, 『新疆大學學報』 37-1, 2009, pp. 14~148; 森部豊, 『ソグド人の東方活動と東ユ-ラシア世界の歷史的展開』, 關西大學出版部, 2010, p. 35.

한다고 한다.[26] 그리고 塡星이 위치하는 곳의 아래에 있는 나라들은 吉하고 만물이 풍요롭다고 한다.[27] 또한 『사기』 천관서에 토성은 5방 중 중앙에 속하고 덕을 관장하며 자애로운 왕후의 형상이라고 서술되어 있다.[28]

그리고 신라의 김유신과 관련한 『삼국사기』에 묘사된 진성은 아래와 같다.

> "… 서현(김유신의 아버지)은 경진일 밤에 형혹성(熒惑星)과 진성(鎭星) 두 별이 자기에게 떨어지는 꿈을 꾸었다. 만명 또한 신축일 밤 꿈에 동자가 금으로 만든 갑옷을 입고 구름을 타고 집 안으로 들어오는 것을 보았다. 이윽고 태기가 있어 20개월 만에 김유신을 낳았다. 이때가 진평왕 건복(建福) 12년(595년)으로 수나라 문제(文帝) 개황(開皇) 15년 을묘였다. …"[29]

중국의 역사서와 『三國史記』에 기록된 김유신 관련 내용을 종합해보면 五星을 포함한 별자리는 단순히 점성술적인 면만 강조하고 있는 듯 보이지만, 결론은 제왕을 비롯한 위대한 통치자는 천명에 따라서 결정되며 별에 의한 재난과 구복이 이루어질 것이라는 뜻이다. 그리고 천명을 받은 인물이 출현하는 예언의 상징으로서 진성이 중국과 고대 한반도에 오래전부터 언급되어 왔음을 알 수 있다.

---

26) 李熙德, 「高麗時代의 天文思想—高麗史」, 『國史館論叢』 61, 1995, pp. 196~202

27) 李熙德, 「高麗時代의 天文觀과 儒教主義的 政治理念」, 『한국사연구』 17, 1977, pp. 35~65; 정구복 외, 『역주 삼국사기』 4 주석편 下, 한국정신문화연구원, 2012, p. 649.

28) 이강래, 『삼국사기』 1, 한길사, 1998, p. 232

29) 『三國史記』 卷第四十一 列傳 第一, 金庾信 上 舒玄, "…庚辰之夜, 夢熒或校勘 鎭二星降於己. 萬明亦以辛丑之夜, 夢見童子衣金甲, 乘雲入堂中. 尋而有娠, 二十月而生庾信. 是眞平王建福十二年, 隋文帝開皇十五年乙卯也.…"

한편 천문역법과 도교를 뚜렷하게 분리하기는 어렵지만, 도교에서 구요와 발삽사의 진성이 전해준 거울의 의미를 알아보고자 한다. 『고려사』 태조 7년(924)에 九曜堂이 건립되었다는 기록을 불교의 사원 건축으로 해석할 수 있으나,[30] 최승로가 "산악의 제사와 星宿의 醮는 번독함이 도를 넘습니다."라며 빈번하게 행해지는 도교의 제사인 醮禮를 지적한 기록에서 태조때에 건립한 구요당이 도교의 도관임을 파악할 수 있다.[31] 도교는 이미 신라 말에 유교·불교와 더불어 三教로서 자리잡아 신라의 사상과 종교에 가장 중요한 토대가 되었다. 이러한 도교의 영향력은 신라에 이어 후삼국시대에 까지 이어져 태봉시기와 고려초까지고 신앙의 중요한 토대로 작용하였을 것이다.[32] 더하여 1080년 경 북송의 郭若虛가 저술한 『圖畫見聞誌』에 화가 孫知微는 황로학에 능통하고 불교, 도교의 그림을 잘 그렸는데, 구요를 그릴 때 道經에 근거해 그렸다는 것이다.[33]

또한 진성이 전해준 거울의 의미에 관해서 살펴보면 東晋(317~419)의 葛洪이 저술한 도교서 『抱朴子』에 거울은 요괴가 사람의 눈을 현혹시켜 시험에 들게 할 때 진실한 본모습을 비추는 기능을 한다고 한다. 그래서 도교의 도인들이 산에 수도를 하러 갈 때 반드시 지니고 가는 지물이라고 서술되어 있다.[34] 또한 뇌공이 죄인에게 번개를 칠 때 그의 처 전모가 죄

30) 『高麗史』 卷1, 태조 7년 9월, "…是歲 創外帝釋院九曜堂神衆院.…"; 고려 초 태조시기에 건립된 전각의 명칭을 통해서 불교 전각은 '院', 도교 전각은 '堂'으로 구분하였던 것으로 보인다. 『高麗史』 卷1, 태조 7년 9월, "…是歲 創外帝釋院, 九曜堂, 神衆院."

31) 『高麗史』 卷93, 列傳6 崔承老, "…我朝宗廟社稷之祀尙多, 未如法者其山嶽之祭, 星宿之醮, 煩瀆過度…"

32) 김철웅, 「고려 태조대의 道教와 醮禮」, 『도교문화연구』 44, 2016, pp. 117~142.

33) 『圖畫見聞誌』 卷3, 技藝 孫知微, "…字太古眉陽人, 精黃老學善佛道畫, 於成都壽寧院 畫熾盛光九曜及諸牆壁, (중략) 吾得之於道經…"

인을 거울(雷電鏡)로 미리 알려주었다고 한다. 이처럼 도교에서 거울은 진실을 예언하는 기능을 하였고, 이러한 이야기가 진성이 지물로 거울을 들게 된 이유가 아닐까 생각된다. 따라서 발삽사의 진성은 후삼국시기와 태봉시기 주변에서 흔히 접할 수 있었던 도교 도인의 모습을 묘사한 것으로 추측된다.

한편 밀교에서의 진성은 오성의 중앙이며, 『대일경』을 그림으로 도해한 〈胎藏界曼荼羅〉에서 대일여래를 本地로 삼는 중요한 별로서 자리한다.[35] 밀교사상과 중국의 전통적인 역법에 해박한 지식을 가지고 있던 당나라의 승려 一行은 도교의 구요와 밀교의 구요를 분리하고자 하였다. 그 결과 중국적인 밀교와 천문사상을 체계화하였으며, 정확한 계산과 실측을 통해서 실제적인 구요의 위치와 움직임에 따른 천재지변과 현세이익적인 측면을 추측이 아닌 과학적인 신앙으로 재탄생시켜 그 중심에 진성을 놓았다.[36]

위의 내용을 정리하면 진성은 역사서의 천문지와 도교 그리고 밀교계 경전에서 위대한 군주나 천명을 예언하는 예언자이자 과학적인 천체의 움직임에 따른 별들의 중심이라 정의할 수 있겠다.

비록 진성을 이용하여 궁예의 몰락과 왕건의 찬탈을 정당화하였으나, 관련 기록을 통해서 볼 때 태봉시기에 신앙은 미륵정토의 추구만이 아니라, 이전부터 자리잡은 도교의 성수신앙에 다라니를 외어 별에 의한 환난

---

34) 김종두, 「천태에 수용된 도교의 수행법」, 『한국선학』 25, 2010, pp. 121~145; 葛洪 저/張泳暢 해석, 『抱朴子』, 자유문고, 2003, pp. 186~187.

35) 一行, 『大日經疏』권4, 入漫荼羅具緣眞言品2(大正藏 권39, 617c).

36) 김현남, 「일행아사리의 天文觀 연구」, 『회당학보』 11, 2006, pp. 178~224.

과 구복을 비는 밀교도 수용 하였음을 알 수 있었다.[37)]

이후 왕건의 고려는 왕조의 초기부터 말기에 이르기까지 『消災一切閃電障難隨求如意陀羅尼經』 또는 『消除災難經』 등을 외면서 질병과 天災地變을 없애고 복을 비는 '消災道場'을 열었다. 소재도량은 고려왕조에서 열린 팔관회나 연등회 보다 가장 많은 횟수를 차지하는 도량이 되었을 정도로 치성광여래와 관련된 신앙이 유행하였다고 볼 수 있다.[38)]

V. 맺음말

태봉시기의 불교와 불교미술이 과연 '미륵불'만으로 정의될 수 있을까 하는 의문점에서 시작된 본 연구는 관련 유물이 현존하지 않는 상황에서 『고려사』와 『삼국사기』의 기록을 기반으로 태봉시기의 성수 신앙을 살펴보았다.

불교미술은 소의경전의 내용을 그림으로 도해한 도상을 선택하여 수용하고 계승하는 과정에서, 여러 요인을 반영한 신도상이 창출되는 것이 일반적인 법칙이다. 그래서 이러한 불교미술의 성질을 이용하여 태봉시기의 불화를 추정해 보고자 비슷한 시기인 오대북송 및 주변국가의 불화들과의 도상을 면밀히 비교·분석하였다. 비교의 대상은 『고려사』와 『삼국사기』에 궁예의 나라가 망하고 왕건이 새 왕조를 세울 것이라는 예언이 쓰

37) 김연민, 「신라 하대 다라니신앙과 그 의미」, 『한국고대사탐구』 33, 2019, pp. 443~481.

38) 김수연, 「소재도량(消災道場)을 통해 본 고려시대의 천문기양사상(天文祈禳思想)」, 『韓國思想史學』 45, 2003, pp. 153~194.

여진 거울을 팔았다고 하는 발삽사의 鎭星도상이다. 두 사료에 진성은 熾盛光如來像 앞에 거울과 사발(바루)을 든 노인형상의 塑像으로 묘사되어 있어, 이와 동일한 형상을 찾고자 하였다. 먼저 치성광여래의 소의경전 중에서 가장 많이 쓰이는 『소제재난경』을 충실히 도해한 투르판 베제클릭석굴 18굴의 〈소제재난경변상도〉에 그려진 진성은 소머리 관에 지팡이를 든 노인의 형상이었다. 그리고 돈황 막고굴에서 출토된 897년 그림 역시 베제클릭석굴 18굴의 진성과 같음을 확인하였다. 이후 서하 및 북송 그리고 14세기 고려 치성광여래도에 이르기까지 발삽사의 진성과 같은 도상은 찾을 수 없었다.

그래서 발삽사의 진성을 불교 이외에 려말선초에 유행하였던 도교와 밀교적 측면에서 살펴보았다. 그 결과 진성은 도교 그리고 밀교계 경전에서 위대한 군주나 천명을 예언하는 예언자이자 과학적인 천체의 움직임에 따른 별들의 중심이라 정의하였다.

더불어 태봉의 불교는 단순히 '궁예미륵'이 아니라, 삼국시대부터 유행한 도교 위에 선종과 화엄종 그리고 밀교의 새로운 다라니가 유입되어 다양한 종파의 불교가 어우러졌음을 알 수 있었다. 이러한 태봉시기의 불교 성향은 고려에 전해져 고려초부터 말까지 이어진 300여 회의 소재도량으로 나타났다고 보았다.

참고문헌

1. 經典 및 史料

『大方等大集經』 T0397

『大方廣菩薩藏文殊師利根本儀軌經』 T1191

『大聖妙吉祥菩薩說除災教令法輪』 T0966

『文殊師利菩薩及諸仙所說吉凶時日善惡宿曜經(=宿曜經)』 T1299

『梵天火羅九曜』 T1311

『佛說大威德金輪佛頂熾盛光如來消除一切災難陀羅尼經』 K1171, T0964

『七曜攘災決』 T1308

『難儞計濕嚩囉天說支輪經』 T1312

권자훈 외 역, 『大方廣菩薩藏文殊師利根本儀軌經 外』(동국역경원, 1999)

김성구(월운), 『大方廣菩薩藏文殊師利根本儀軌經 外』(동국역경원, 1999)

『高麗史』

『三國史記』

『松京廣攷』

『舊唐書』

『新唐書』

2. 報告書 및 圖錄

上原芳太郎 編, 『西域雜記』, 有光社, 1937.

黃文弼, 『吐魯番考古記』, 中科院考古究所, 1954.

Stein, Marc Aurel, *Ruins of Desert Cathay vol. II*, London: Macmillan, 1912.

____, *Serindia vol. Ⅲ*, London: Oxford, 1921.

____, *Innermost Asia vol. Ⅳ*, London: Oxford, 1928.

____, *On Ancient Central Asian Tracks*, London: Macmillan, 1933.

Albert Grünwedel, *Altbuddhistische Kultstäatten in Chinesisch-Turkistan. Berichtüuber archäaologische Arbeiten von 1906 bis 1907 bei Kuča, Qarašahrund in der Oase Turfan*, Berlin: Druck Und Verlag Von George Reimer, 1912.

Albert von Le coq, *Chotscho*, Berlin, 1913.

______, *Die buddhistische Späantike in Mittelasien I-Ⅶ*, Berlin, 1922-1933.

С. Ф. ОльденбУрг, *Русская ТуркІестанская Экспедция 1909-1910 года*, Санктпе тербург, 1914.

Samosyuk K.F, *Buddiyskaya zhivopis iz Hara-Hoto XII-XIV vekov. Mezhdu Kitaem i Tibetom*, ST.Petersburg: Ermitazh, 2006.

Albert Grünwedel, 趙崇民·巫新華 譯, 『新疆古佛寺』, 中國人民大學出版社, 2007.

Albert von Le coq, 趙崇民 譯, 『高昌-吐魯番古代藝術珍品』, 新疆人民出版社, 1998.

遼寧美術出版社·新疆美術撮影出版社 編, 『中國新疆壁畫全集』 6, 1995.

3. 單行本

葛洪 저/張泳暢 해석, 『抱朴子』, 자유문고, 2003.

에멀린 M. 플렁켓, 전관수 역, 『고대의 달력과 별자리』, 연세대학교 출판부, 2010.

정성권, 『태봉과 고려-석조미술로 보는 역사』, 학연문화사, 2015.

조성금, 『실크로드의 대제국 천산 위구르왕국의 불교회화』, 진인진, 2019.

賈應逸, 『新疆佛教壁畫的歷史學研究』, 中國人民大學出版社, 2010.

馬小鶴,『摩尼教與古代西域史硏究』, 中國人民大學出版社, 2008.
劉穎 編著,『中國古代物質文化史-繪畵 石窟寺壁畫 高昌』, 開明出版社, 2014.
巫新華 主編, 賈應逸 編著,『吐魯番壁畵』, 山東美術出版社, 2013.
森部豊,『ソグド人の東方活動と東ユ-ラシア世界の歷史的展開』, 關西大學出版部, 2010.
吐魯番地區文物中心 主編,『高昌壁畵輯佚』, 新疆人民出版社, 1995.
Lilla Russel-Smith, *Uygur Patronage in Dunhuang*, BRILL, 2005.

4. 論文

김두진,「궁예의 토착 불교사상」,『한국학논총』 30, 2008.
김일권,「불교의 북극성 신앙과 그 역사적 전개-백제의 북진 묘견과 고려의 치성광불 신앙을 중심으로」,『불교연구』 18집, 한국불교연구원, 2002.
김철웅,「고려 태조대의 道敎와 醮禮」,『도교문화연구』 44, 2016.
김현남,「일행아사리의 天文觀 연구」,『회당학보』 11, 2006.
신양섭,「페르시아 문화의 동진과 소그드 민족의 역할- 조로아스터교와 마니교를 중심으로」,『中東史學』 27-1, 2008.
정진희,「중국 불교의 구요도상 연구-당·송대 치성광여래도상을 중심으로-」,『CHINA 연구』 8, 2010.
______,「中國 熾盛光如來 圖像 考察 I- 信仰의 成立과 展開에 관하여」,『열린정신 인문학 연구』 13-1, 2012.
______,「中國熾盛光如來圖像考察 II- 圖像의 成立과 時代的變에 관하여」,『불교학보』 63, 2012, p. 375.
조성금,「天山 위구르王國의 佛敎繪畵 硏究」,동국대학교 미술사학과 박사학위논문, 2013.

______, 「摩尼教與冥府系圖像」, 『第三屆吐魯番學研究』, 上海古籍出版社, 2010.

______, 「베제클릭석굴 18굴 〈消除災難經變相圖〉 연구」, 『미술사학연구』 290·291호, 2016.

최성은, 「나말려초 중부지역 철불의 양식 계보」, 『강좌미술사』 8, 1996.

______, 「羅末麗初 抱川出土 鐵佛坐像 研究」, 『미술자료』 61, 1998

______, 「나말려초 중부지역 석불조각에 대한 고찰-궁예 태봉(901~918)지역 미술에 대한 시고-」, 『역사와 현실』 44, 2002.

최연식, 「후고구려 불교의 재검토」, 『普照思想』 40, 2013.

孟嗣徽, 「熾盛光佛變相圖圖像研究」, 『敦煌吐魯番研究』第2卷, 1997.

______, 「五星及廿八宿神形圖 圖像考辨」, 『藝術史研究』 2, 中山大學出版社, 2000.

______, 「十一曜星神圖像考源-以西夏時期〈熾盛光佛與十一曜星神宮宿圖〉爲例」, *Дуньхуановедение: перспективы и проблемы второго столетия исследований*, Slavia Publishers. St. Petersburg, 2012.

______, 「文明與交匯-吐魯番龜玆地區熾盛光佛與星神圖像的研究」, 『敦煌吐魯番研究』, 第15卷, 2015.

沙武田, 「西夏儀式佛教的圖像—莫高窟第61窟熾盛光佛巡行圖的几点思考」, 『四川文物』, 2020-03, pp. 92-111.

沈伯承, 「熾盛光佛繪畵作品研究」, 台湾藝術學院-藝術史与藝術評論研究所, 碩士學位論文, 2006.

廖旸, 「熾盛光佛构圖中星曜的演變」, 『敦煌研究』, 2004-4.

王新靑, 「唐代漢字對音的波斯詞語考」, 『新疆大學學報』 37-1, 2009.

李樹輝, 「十二生肖的起源及其流變」, 『喀什師範學院學報』, 1999-1.

鈕衛星,「唐宋之際道教十一曜星神崇拜的起源和流行」,『世界宗教硏究』, 2012-1.

崔紅芬,「從星宿神灵崇拜看西夏文化的雜糅性」,『江漢論壇』, 2010-10.

A. ミルババエフ,「シルクロードの宗教と俗信(五-八世紀)-ソグド・タジクを中心として」,『アイハヌム2006』, 東海大學出版會, 2006.

Lilla Russel-Smith, "Stars and Planets in Chinese and Central Asian Buddhist Art in the Ninth to Fifteenth Centuries", *Culture and Cosmos Vol.10*(1 and 2), 2006.

철원 도피안사 삼층석탑의 미술사적 검토

오호석

단국대학교 석주선기념박물관 학예연구사

목차

Ⅰ. 머리말

강원도 철원군 동송읍 관리 화개산에 있는 도피안사는 대한불교조계종 제3교구 본사 신흥사(神興寺)의 말사이다. 도피안(到彼岸)은 범어 바라밀(婆羅密)의 한역으로 열반(涅槃)에 이르고자 하는 보살의 수행을 의미한다.

도피안사가 있는 철원군은 고구려의 철원군(鐵圓郡) 또는 모을동비(毛乙冬非) 지역으로 경덕왕 16년(757)에 한주(漢州)의 27개 군 가운데 철성군(鐵城君)이 되었다. 신라 말 궁예가 송악(개성)을 근거로 하여 후고구려를 건국하였다가 904년 국호를 마진(摩震)으로 고치고 905년 도읍을 철원으로 옮겼으며, 911년 국호를 다시 태봉(泰封)으로 바꾸었다. 그러나 궁예의 불교 광신과 폭정으로 신하들로부터 배척받아 왕건이 추대됨으로써 고려왕조가 성립되었고 태조 2년(919)에 수도를 다시 송악으로 옮기면서 철원은 동주(東州)로 지명이 바뀌었다.[1] 따라서 철원의 태봉도성은 16년 만에 왕도에서 주치(州治)가 되었다.

태봉도성으로부터 10km 정도 떨어진 도피안사는 『금강대본산유점사본말사지(金剛大本刹楡岾寺本末寺誌)』에 수록된 「도피안사지(到彼岸寺誌)」에 따르면,[2] 신라 경문왕 5년(당 함통 6년, 865)에 도선국사와 향도 1천여 인으로 개산하여 불상을 조성봉안하였다고 한다. 현재 남아있는 도피안사 철조비로자나불좌상은 명문을 통해 865년에 조성된 것은 틀림없으나, 도선의 이름은 확인되지 않고 있다. 때문에, 도피안사와 도선과의 관계를 직접적으로 파악하기 어려운 상황이다. 다만, 궁예가 철원에서 도읍을 세웠기 때문에 도피안사에 남아있는 불교 유물을 통해 통일신라와 태봉 그리고 태봉과 고려의 불교 양식을 비교 검토할 수 있는 단서가 될 수 있을 것으로 판단된다.

도피안사는 일제강점기 이후 도피안사 삼층석탑이 언론에 소개되고, 불상의 명문이 확인되면서 편년의 중요한 자료로 인식되었다. 또 신라시대 조성된 탑상이 함께 원위치를 지키고 있는 드문 일례로서 주목되어 왔다.[3] 그러나 한국전쟁과 민통선지역에 포함되면서 오랫동안 접근이 어려웠기 때문에, 철조비로자나불좌상과 삼층석탑의 학술적 중요성에 불구하

1) 불교문화재연구소, 『철원 안양사지』, 2018, p.24.

2) 權相老, 「到彼岸寺誌」, 『金剛大本刹楡岾寺本末寺誌』, 1942.

3) 黃壽永, 『黃壽永全集 3. 한국의 불교 공예·탑파』, 1998, p.63.

고 개별 주제로서 심층적인 연구는 미비한 것도 사실이다.

이에 본 글에서는 도피안사의 연혁을 살펴보고, 그동안 단편적 연구에 머물렀던 도피안사 삼층석탑에 대하여 그동안 지적된 양식상의 특징적 요소를 검토·분석해 보고자 한다. 이를 통해 도피안사 삼층석탑의 성격을 분명히 할 수 있을 것으로 생각되며, 부족하나마 태봉국의 석조유물을 연구하는 기초자료로서 철원지역의 석조 미술에 대한 이해와 미술사적 의의에 대해 생각해 보는 기회가 되길 바란다.

Ⅱ. 도피안사의 연혁

1. 도피안사 창건

도피안사의 창건과 관련하여 『금강대본산유점사본말사지』에 신라 경문왕 5년 도선국사(道詵, 827~898)와 1,500여인의 신도들이 공동으로 발심(發心)하여 금동(金銅) 불상과 뜰에 석탑과 사원 전부를 창건하였다고 한다.[4] 이때 조성된 도피안사의 철조비로자나불좌상은 원래 도선이 철원의 안양사(安養寺)에 봉안하려고 하였으나, 운반 도중 불상이 없저져 찾았더니 도피안사 자리에 안좌하고 있었으므로 사찰을 창건하고 불상을 봉안한 것이라 한다.[5]

선각국사(先覺國師) 도선은 지리산 화엄사로 나아가 『화엄경』을 공부하고 전국을 유람하며 수행 정진한 신라 말기의 고승으로 국왕이나 정치

4) 權相老, 「到彼岸寺誌」, 『金剛大本刹楡岾寺本末寺誌』, 1942.

5) 사찰문화연구원, 『전통사찰총서2』 강원도 2, 1992, p.229.

권과 밀접한 유대 관계를 형성하지는 않았지만 도가 높고 역술에 밝아 일찍부터 많은 문도들이 문집하였다.[6] 도선은 38세가 되는 864년 희양현(曦陽縣, 현재 전남 광양) 백계산에 옥룡사(玉龍寺)를 중수하고 35년간 상주하며 연좌망언(宴坐忘言)하였다. 한때, 헌강왕(재위 875~886)의 궁중에서 현언묘도(玄言妙道)로 왕을 계발키도 하였으나 곧 옥룡사로 돌아왔다. 그리고 875년에 왕륭(王隆, ?~897)의 집터를 잡아주며 왕건(877~943)의 출생과 고려의 건국을 예언하였으며, 왕건이 17세 되던 해에는 직접 송악으로 가서 출사치진(出師置陣), 지리천시(地理天時)의 법과 망질산천(望秩山川) 및 감통보우(感通保佑) 하는 이치를 알려주었다.[7] 이와 같은 도선의 행적으로 볼 때, 도선이 광양 옥룡사를 창건하고 이듬해에 바로 도피안사를 창건하였다는 것은 선뜻 납득하기 어려운 점이다. 물론 도피안사의 도선창건설을 완전히 배제할 수 없지만, 원래 철조여래좌상을 봉안하고자 했던 안양사(安養寺)의 창건이 사굴산문(闍堀山門)의 범일국사(梵日 또는 泛日, 810~889)라는 점이 주목된다.

『금강대본산유점사본말사지』에 따르면, 안양사는 신라 경문왕 때인 863년 사굴산문의 개산조인 범일국사에 의해 창건되었다. 비록 2016년 시굴조사 결과 확인된 유구와 유물 가운데 창건기로 알려진 통일신라시

---

6) 崔炳憲, 「道詵의 生涯와 羅末麗初의 風水地理說-禪宗과 風水地理說의 관계를 중심으로 하여-」, 『韓國史硏究』 11, 1975. 『유점사본말사지』에 실린 「도피안사지」의 도피안사사적에 따르면, 도선은 13세에 낭주(朗州, 영암)의 월암사(月巖寺)로 출가하였으며, 23세에 도천사(道穿寺)에서 구족계를 받았다고 한다. 이는 1743년 지어진 『도선국사실록』에 등장하는 월암사(月岩寺)와 같은 것으로 판단된다. 한편, 영암 도갑사비(1653)에는 월남사로 출가하였다고 하는데, 이처럼 도선의 출가와 관련된 사찰에 대한 기록이 후대로 내려올수록 도선의 고향인 영암과 가까운 곳으로 옮겨지는 특징을 보인다(成春慶, 「道詵國師와 관련한 遺物, 遺蹟-全南地方을 중심으로」, 『先覺國師 道詵의 新硏究』, 1988, pp.389~395).

7) 崔昌祚, 「韓國風水地理說의 構造와 原理-道詵風水를 중심으로」, 『道詵國師와 韓國』, 1996, p.286.

대의 것은 확인되지 않았지만, 전면적인 발굴조사가 실시되지 않았고 역사적 배경이나 지리적 조건으로 볼 때, 범일의 안양사 창건은 여전히 유효하지 않을까 한다. 그러나 863년 범일에 의해 창건된 안양사에 이어 2년 뒤에 도선이 철조철불여래좌상을 조성 봉안할 이유를 찾기는 쉽지 않다. 아마도 도피안사 사적(事蹟)의 중요성을 강조하는 과정에서 도선에 대한 내용이 첨가되었을 가능성도 배제할 수 없다고 하겠다. 이는 898년 도선이 입적 후에 박인범(朴仁範)으로 하여금 그의 비문을 찬술하도록 한 효공왕의 명이 이루어지지 않았고, 사후 252년이 지난 고려 인종대에 가서야 도선에 대한 선양 사업이 추진되었기 때문에 도선에 대한 사실이 많이 윤색되거나 부회되었을 가능성이 매우 높다.[8)] 「도피안사 사적」 역시 1653년 도갑사에 건립된 이경석(李景奭) 찬의 도선국사비문과 1743년 작성된 『도선국사실록』 등을 주로 참조하였다. 한편, 안정복(安鼎福, 1712~1791)이 쓴 『순암선생문집』에는 철원 보개산 안양사 앞에 입석(立石)이 있는데 큰 돌로 덮어 놓은 모습으로, 믿을 수는 없지만 전하는 이야기에 궁예(弓裔)의 국사(國史)가 들어 있다는 내용이 있다.[9)] 사실 여부를 떠나 안양사가 궁예와 관련되어 있는 점은 주목된다. 다만 범일이나 도선 모두 선승(禪僧)이었고, 신라하대의 구산선문의 성립과정과 여러 사찰의 창건 사실에서 도피안사가 선종과 밀접한 관련이 있었음은 분명하다고 하겠다.

8) 崔炳憲, 「道詵의 風水地理說과 高麗의 建國理念」, 『道詵國師와 韓國』, 1996, p.254.

9) 『順菴先生文集』 卷之七, 「與李廷藻 家煥 書 乙酉」, "又聞鐵原寶盖山安養寺前有立石 覆以大石 亦相傳云弓裔國史所藏 此言雖未可信."

도 1. 태봉도성과 도피안사의 위치(지도 출처: 近世韓國五萬分之一地形圖, 下)
① 도피안사 ② 봉상리석등 ③ 태봉도성 외성 ④ 풍천원석등 ⑤ 태봉도성 내성

2. 도피안사의 事蹟

865년 도피안사의 창건 이후 관련된 기록이 처음 등장하는 것은 대한광무2년(1898)년에 이임재(李霖宰)가 쓴 「화개산도피안사중건기」이다. 마당에는 늙은 회화나무(槐)가 있는데, 화재로 전각이 불타 불상이 노처(露處), 즉 한데에 있었다는 기록이 확인된다. 이때의 화재는 회록(回祿)으로 기록되었고, 이를 계기로 주지 홍월운과 단신(檀信) 강대용(姜大容)의 재건이 이루어졌다.

1926년 작성된 「철원군화개산도피안사사적(鐵原郡花開山到彼岸寺事蹟)」에는 주지 홍월운을 '영주산인(靈珠山人) 월운소하(月運素荷)'로, 강대용을 '본읍중군장(本邑中軍將)'이라 하고 있어 흥미롭다.[10] 1914년 황기연(黃琦淵)이 쓴 「도피안사중수기」의 말미에 "군수 유홍종(劉泓鍾), 주사(主事) 강대용(姜大容), 찬무(贊務) 황오연(黃五淵), 와타나베 사쿠이치(渡邊作市)외 25인"으로 기록되어 있어, 철원군청의 담당 주사였음을 알 수 있다. 또한 이를 통해 당시 불사가 철원군과 일본인 와타나베 사쿠이치 등 민관이 주도하였음을 알 수 있다. 와타나베는 1927년 1월 1일부터 1932년 1월 5일까지 매년 「조선신문」에 신년 광고를 하였던 인물로 철원역 앞에서 토목건축청부업을 하던 건설업자임이 확인된다.

현경병호(玄鏡炳湖)가 1926년 작성한 「강원도철원군동송면관우리화개산도피안사사적」에는 도선이 도피안사를 창건한 것이 39세 때의 일이며, 주지 전의권(全義權) 대덕은 전주지 홍월운선사의 신족(神足)인데, 우바이(優婆夷) 윤심행(尹深行) 보살과 함께 6~7년 동안 노심진력(勞心盡力)하여

10) 소하는 월운과 도반이었던 대은소하(大隱素荷, 1894~1989)스님을 말하는 것으로 보이므로 권상로의 착오가 있었던 것이 아닌가 한다.

왔다고 기록하고 있다.

『금강대본산유점사본말사지(金剛大本刹楡岾寺本末寺誌)』「도피안사지(到彼岸寺誌)」에 수록된 도피안사의 연혁은 다음과 같이 정리할 수 있다.[11)]

【표 1】 도피안사의 연혁

연도		내용	비고
865.1	신라 경문왕 5	도선국사와 향도 1천여 인으로 개산(開山), 불상을 조성 봉안	
1898.	조선 고종 광무 2	회록(回錄)의 화를 입어 주지 홍월운이 단신 강대용으로 재건하고 탱화불사로 회향(回向)함	후불탱, 칠성탱 조성
1914.봄	-	강대용이 화주로 자임하여 칠성각과 산신각을 중수	독성탱, 산신탱, 현왕탱, 신중탱 조성
1927.8	-	주지 전의권이 사우를 일신수즙(一新修葺)	
1933.4	-	주지 전의권이 당국과 교섭하여 사문까지 자동차로 통행하도록 함	

도피안사는 1928년 7월에는 김용옥(金溶玉)이 불장(佛粧)을 시주하였으며, 1933년 4월 9일에는 주지 전의권이 화주를 맡아 주사 허섭(許燮)이 주도하여 자동차 도로를 개척하였다.

1942년 권상로(權相老)에 의해 사지가 편찬된 무렵 도피안사에는 석탑을 비롯하여 비로전, 신산각과 요사 등의 전각이 있다고 기록하였다. 따라서 강대용이 주도한 1914년 중수된 칠성각은 1942년 남아있지 않았음을 알 수 있다.

일제강점기에 촬영된 국립중앙박물관 소장 건판18379의 사진은 도피안사의 법당에 현판 2개가 걸린 모습이다. 사진에 보이는 시주자 명단의

11) 權相老, 『金剛大本刹楡岾寺本末寺誌』, 1942 및 退耕堂權相老博士全書刊行委員會, 『韓國寺刹事典』 上, 1994, 참조.

현판이 쓰여진 연도가 소화 6년 또는 8년일 가능성이 있는데, 이는 서기 1931~1933년에 해당한다. 그리고 비로자나불상에 대한 현판으로 볼 때 사우를 일신수즙한 1927년의 중수기록을 담은 내용일 가능성이 매우 높다. 또 두 개의 "도피안사" 현판 중에서 흰색 테두리에 대나무와 난초가 새겨진 편액은 해강 김규진(金圭鎭, 1868~1933)이 글을 쓰고 죽농 안순환(安淳煥, 1881~1950)이 그림을 그려 조선불교 31본산의 사찰에 모두 동일한 형식으로 만들어 걸었다고 하는 현판의 형식과 일치한다. 아마도 이마니시 류(今西龍)가 1931년 8월 도피안사를 재방문하여 철조여래좌상의 명문을 조사하였을 때 촬영된 사진일 가능성이 높다. 따라서 해당 사진은 1933년 이

도 2. 건판18379, 도피안사 법당_1931~3년 추정(출처: 국립중앙박물관)

도 2-1. 건판18379 부분
(비로자나불 관련 현판)

도 2-2. 건판18379 부분
(시주자 명단 현판)

도 3. 강화 전등사 현판
(김규진 글씨, 안순환 그림)

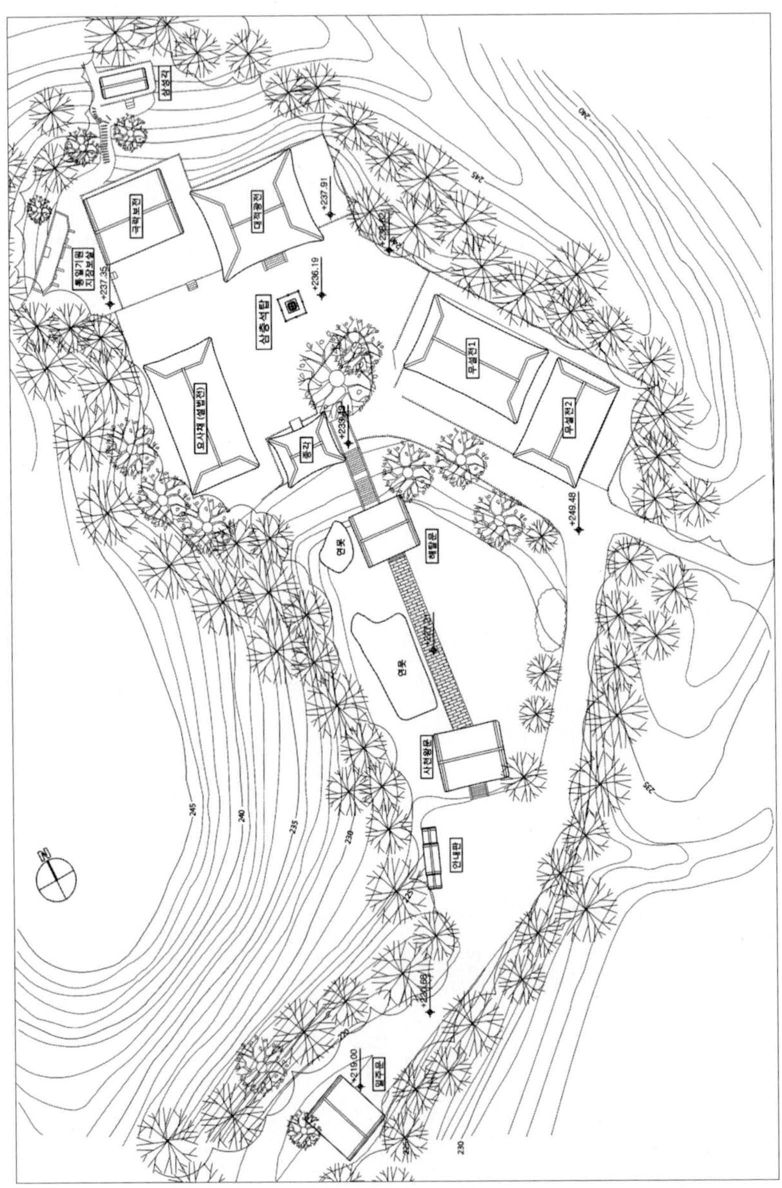

도 4. 도피안사의 가람배치(출처: 철원군, 2017)

전의 모습으로 판단된다.

이후 도피안사는 한국전쟁 때 소실되었으나 1957년 육군15사단 고주찬 연대장에 의해 철조비로자나불좌상이 다시 발견되었고, 사단장 이명재 소장을 비롯한 장병들에 의해 재건되었다. 1972년 석탑을 춘천으로 이전하려는 시도가 불허되면서 철조비로자나불좌상과 보호각의 개축공사가 진행되었다. 1971년 민통선 지역 내 조사와 1984년 전국사찰현황조사가 실시되었으며, 1987년 다시 대웅전(대적광전) 개축공사가 준공되었다.[12)] 이후 1990년대에 들어와 철불 주변 보수정비공사가 본격적으로 시작되어 현재는 일주문, 사천왕문, 해탈문, 종각, 대적광전, 극락보전, 요사 등의 당우가 건립되어 있다.[13)] 일제강점기 호분에서 금박으로 개금되었던 철불좌상은 2006년 금박을 벗었다.

3. 사진으로 보는 도피안사 유물의 변화

도피안사와 관련하여 1915년 「매일신보」에 실린 사진이 가장 앞서는 것이다. 「매일신보」 에는 1915년 4월 이전의 도피안사 삼층석탑 모습을 살필 수 있다. 사진에 대한 설명은 없지만, 도피안사의 유물에 대해 2회에 걸쳐 소개되었으며, 도피안사 철조비로자나불좌상의 경우에는 초파일 특집 기사의 사진으로 사용된 점이 매우 특이하다.

일제강점기 일본인 학자 이마니시 류(今西龍, 1872~1932)는 1913년 세키노 타다시(關野貞, 1867~1935)를 수행하여 철원을 조사하면서 도피안사를 조사하였다. 이 당시 조사 사진이 1916년 『조선고적도보』 4권에 실린 것

12) 1987년 당시 대적광전은 현재 천불전으로 사용되고 있다.

13) 국가기록원, https://www.archives.go.kr/ 참조.

으로 추정되지만 그 선후 관계를 명확히 판단할 수 없다. 한편 1917년 『조선고적도보』 제5권에 실린 철조비로자나불 사진은 「매일신보」의 사진과 비교할 때, 뒤의 불화가 동일한 것으로 판단되는데 위치가 1915년 사진보다 위쪽에 걸려 있음이 확인된다.

도리이 류조(鳥居龍藏, 1870~1953)는 1911년부터 1915년 사이에 조선총독부 학무국 고적조사과 촉탁으로서 5회에 걸쳐 사료조사를 실시하였으며, 도피안사는 1915년 제5회 조사를 통해 촬영하였다. 그가 제출한 사진원판목록에는 '252. 도피안사 철불'과 '253. 동(同) 측면 사진' 등 2매의 사진이 제출되었다. 현재 남아있는 유리원판사진으로 볼 때, 건판 '3371'과 '3372'번 사진이 도리이 류조에 의해 촬영된 것으로 추정된다.

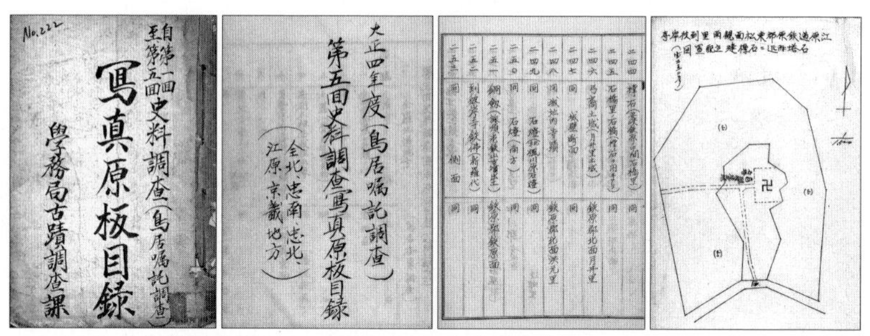

도 5. 도리이(鳥居)의 1911~1915년 사료조사 사진원판목록 (출처: 국립중앙박물관)

도 5-1. 석탑부근표석건립배치도(출처: 국립중앙박물관)

1915년 「매일신보」나 1917년 『조선고적도보』 제5권에 실린 도피안사 철조비로자나불좌상의 사진에서 불상 뒤편에 걸려있던 불화가 1915년 촬영된 사진(건판 3371~3372)에는 뒤가 아니 우측면에 확인된다.

또한, 도피안사 삼층석탑 사진에는 일제강점기 조선총독부 보물 표석이 확인되지 않는다. 이와 관련하여 일제강점기 문서, 「보물고적명승천연

도 6. 「매일신보」 1915.4.9.
(출처: 한국역사정보통합시스템)

도 7. 『조선고적도보』 4
(출처: 『조선고적도보』 4)

도 8. 小川敬吉 사진2-40
(출처: 문화재연구소, 1994)

도 9. 건판34887
(출처: 국립중앙박물관)

도 10. 건판18380
(출처: 국립중앙박물관)

도 11. 건판18383(부분)
(출처: 국립중앙박물관)

기념물 석표(石標) 건립에 관한 건 3. 강원도 철원군, 회양군 석표(石標) 건립 배치 도면」을 보면 도피안사 석탑 부근 석표를 건립한 위치가 확인된다.

한편, 이마니시는 1913년 조사에서 불상의 명문을 조사하지 못했다. 1915년 매일신보 사진에 보이는 것과 같이 매우 두껍게 호분이 칠해져 있었거나 자세히 조사하지 않았기 때문으로 짐작된다. 그가 1931년 8월 도

도 12. 「매일신보」 1915.5.21.
(출처: 한국역사정보통합시스템)

도 13. 1917년 『조선고적도보』 제5권
(출처: 『조선고적도보』 5)

도 14. 건판3371
(출처: 국립중앙박물관)

도 15. 건판37372
(출처: 국립중앙박물관)

도 16. 건판18381
(출처: 국립중앙박물관)

피안사를 재조사하게 된 이유는 직전에 명문이 발견되었기 때문이다. 이와 관련하여 「동아일보」 1931년 5월 8일 기사가 주목된다.

기사에 따르면, '숨은 민속학자'였던 송석하(宋錫夏, 1904~1948) 선생은 도피안사 불상에서 8행의 명문을 확인하고 많은 학자의 자유로운 연구 재료로 삼으라는 뜻에서 명문을 공개하였다.[14] 아마도 이마니시는 직접 명문을 확인하기 위해 다시 도피안사를 찾았고, 송석하 선생의 판독을 근거로 명문을 추가 판독하였던 같다.

貴重한 史料등에진

鐵原의 老鐵佛

숨은 민속학자 宋錫夏씨가

到彼岸寺에서 發見

숨은 민속학자 송석하(宋錫夏)씨는 일전 강원도 철원(鐵原)에서 남으로 五리쯤되는 신라 고찰 도피안사(到彼岸寺)의 철불의 등에잇는 중요한 배명을 발견하엿다 발견자 송석하씨의말에 의하면 이 배명은 조선에 발견된 불상배명중에 최고한것으로서 조선력사에 중요한 사실인 한주(漢州)의경계, (契), 향도(香徒)의세가지에대한최고한 전거가 되는것이다

송씨의 긔록에 의하건대 이 철불은 그배명에 의하면 당나라 함통(咸通)六년 을유년에 향도 一천五백인이 세운것이라하엿스니 지금부터 一천六十년전 신라 경문왕 때것이오불상은 로사나불로 련화대에안즌 노피二척반의 등신대의 전체좌상이오 문체의 배명은 양각 八행으로『香徒佛銘文』이라고한것이다

송씨는 말하기를

『이 재료를 발표하는것은 여러 학자의 자유로운 연구재료를 삼으라는 뜻입니다 『契』와『香徒』의 긔원이 신라에잇다는 최초의 전거를 어든것이 깃봅니다』

到彼岸寺盧舍那佛背銘文

香徒佛銘文

夫釋迦佛晦□□眞□□□□□
□□不□二 千光□一千八百六
寂□□斯□斯彫此金□□□□
□□立願之唯願□姓□遂躄□□
□□□ □覺長□□□□□契眞
□□以□□□□見 唐天子咸通
六年乙酉正月日新羅漢州北界
鐵員郡到彼岸寺成佛之信士□□
岳堅□于□□覓居士結緣一千五
百餘人堅金石不動不覺□□

도 17. 민속학자 송석하의 명문 발견 기사(출처: 한국역사정보통합시스템)

즉, 이마니시 류는 1931년 8월 15일 도피안사를 재조사하여 「도피안사 불상조사기(到彼岸寺佛像調査記)」를 작성하였다.[15] 그는 불상의 명문을 판독하였으며, 석탑에 대한 간략한 기록도 함께 남겼다.

---

14) 「동아일보」, 1931.5.8. "貴重한 史料 등에진 鐵原의 鐵佛, 숨은 민속학자 宋錫夏씨가 到彼岸寺에서 發見"

15) 今西龍, 「到彼岸寺佛像調査記」, 『新羅史研究』, 1970, pp.577~580.
"到彼岸寺五重の石塔は朝鮮古蹟圖譜にも收載せられたれば今之を說明するまでもなく優秀の作品なり. 同じく新羅時代の物なるべし. 現今寺宇を改構し, 此の塔の位置, 樹蔭の低地となりしを以て甚しく見劣りするの感あり."

"도피안사 오층석탑은 『조선고적도보』에도 실려있는, 지금 설명을 할 것도 없는 우수한 작품이다. 동시에 신라시대의 것이다. 현재 법당을 고쳐 세우니, 이 탑의 위치가 나무 그늘진 낮은 곳에 있어 그렇게 보이지 않는다."

비록 이마니시는 석탑을 오층석탑으로 잘못 기록하였으나,[16)] 법당을 고쳐 세움으로써 석탑의 모습이 변화되었음을 기록하였다.

해방이후 도피안사 삼층석탑에 대한 조사는 1971년 민통선 북방지역내 문화재 조사와 1984년 1월 전국 사찰현황 실태조사가 진행되었다. 당시 전경 사진과 삼층석탑의 사진을 보면 변화는 확인되지 않는다.[17)]

도 18. 1971년 민통선지역내문화재조사(정영호 교수 촬영)

16) 『사탑고적고』(동국대학교 도서관 소장본)에는 함통(咸通) 6년 도피안사 건립시에 건립된 높이 26척, 폭 2척~4척 5촌의 4각형 삼중탑으로 기록되었다(『寺塔古蹟攷』, p.71~2. "鐵原, 石塔, 東松面觀南里. 咸通六年(凡千四百年前)到彼岸寺建立時代ニ設置セルモノナリト云フ高廿六尺乃至四尺五寸四角三重塔ナリ").

17) 1980년대 이후 도피안사 삼층석탑 및 사찰환경의 변화 양상은 철원군, 『철원도피안사 삼층석탑 정밀실측조사보고서』, 2017 참조.

도 19. 1984년 전국 사찰현황 실태조사(출처: 국가기록원)

2006년 2007년 2019년

도 20. 도피안사 전경

Ⅲ. 도피안사 삼층석탑의 양식과 특징

1. 석탑의 양식

도피안사 삼층석탑은 공식적으로 2단의 기단(基壇) 위에 3층의 탑신(塔身)을 올린 석탑이며, 형식상으로는 이형 양식의 특수형 석탑이다.

지대석은 정사각형으로 하대면석이 놓이는 자리를 8각으로 살짝 오목하게 치석하였다. 기단은 8각형으로 하층기단석은 2매의 석재로 구성되었는데, 각 측면에 안상을 새겼으며, 상부 갑석 부분은 외부로 돌출된 형태이다. 상층기단을 구성하고 있는 부재 역시 모두 8각으로 16엽의 연화문을 새긴 복련석에는 윗면에 2단의 받침단을 마련하였다. 그 위에 아무런 장식이 없는 면석을 놓았는데 면석은 아래가 넓고 위가 좁은 형태로 평균 2.4cm 정도 차이가 확인된다. 상층기단의 갑석 역할을 하는 앙련석은 아래에 2단의 받침을 마련하였으며, 역시 16엽의 연화문을 새겼다. 다만 상면에는 굽형괴임석을 4각형으로 치석하였는데, 하부에 2단의 받침을 조출하고 굽형 괴임단을 조성하여 3단을 이루고 있다.

1층 탑신석은 평면 사각형으로 가로-세로-높이의 평균 실측지로 볼 때 정육면체에 가까운 형태이다. 우주가 새겨져 있을 뿐 다른 장식이 없다. 1층 옥개석은 아랫부분에 4단의 옥개받침과 물끊기홈[18]이 마련되어 있으며, 윗부분에 1단의 탑신괴임이 마련되어 있다. 2층 탑신은 양우주가 표현되었고, 평면 정사각형 탑신석은 높이(30cm)가 너비(45cm)의 2/3로 줄어들었다. 2층 옥개석 역시 옥개받침(물끊기홈)과 옥개, 탑신괴임으로 이루어졌는데 옥개받침이 3단으로 줄어든 것 이외에는 1층 옥개석과 동일한 치석 수법을 보이고 있다. 3층 탑신은 1, 2층 탑신과 달리 윗부분이 살짝 좁아드는

도 21. 도피안사 삼층석탑

18) 석탑 옥개석에서 나타나는 물끊기홈은 758년경 건립된 갈항사지 동서삼층석탑에서 처음 등장하지만 8세기 석탑의 일반적인 특징은 아니며, 9세기 이후 성행한 수법이다. 9세기에 많은 석탑들이 물끊기홈을 마련하지만 경주지역에서는 조성된 석탑의 수에 비해 의외로 이용되지 않은 양식이었다(김지현, 「경주 구황동 塔址의 石塔材 고찰: 異形石塔說에 대한 再論을 중심으로」, 『불교미술사학』 20, 2015, pp.28~29).

형태를 보이고 있으나, 그 외의 치석 수법은 동일하다. 탑신석 높이(23.9~24cm)는 아랫너비(40cm)의 3/5 정도 크기를 보이고 있다. 3층 옥개석은 3단의 옥개받침과 옥개, 그리고 윗면에 1단의 받침을 마련하여 노반석을 받치고 있다.

옥개석은 모두 옥개받침이 둥글게 치석되었으며, 모서리 부분에는 풍탁을 달았던 것으로 추정되는 못구멍이 남아있다. 낙수면은 평박하고 모서리의 전각 부분에 반전이 뚜렷하며, 각 면은 중심에서 양 끝으로 휘어지는 완만한 안허리곡을 보이고 있고, 앙곡 역시 각 면의 중앙에서 추녀 끝까지 점점 높아지는 곡선을 보이고 있어 전체적으로 경쾌한 느낌을 주고 있다.

상륜부에는 노반석만 남아있는데, 쪼개져 있다. 중앙에는 찰주공이 관통하고 있다.

2. 삼층석탑의 특징

통일신라의 석탑은 방형의 평면에 상하로 구성된 2층의 기단을 갖추고 그 위에 탑신과 상륜부를 장식한 것이 대부분이며 이를 정형양식을 거쳐 성립된 신라 전형적인 양식의 석탑으로 분류한다. 그러나 8세기 중엽 이후에 기본 양식과 형태를 달리하는 '이형적인 석탑'이 출현하였고 다수는 아니지만 경주

도 22.『조선고적도보』4에 게재된 도피안사 삼층석탑과 경주 석굴암 삼층석탑

지역뿐만 아니라 전국적인 분포양상을 보인다. 이러한 '비건축적인 장식적 석탑'의 유행은 일반적인 신라 중대 이후 문화의 동향이었으며,[19] 이형양식, 또는 특수양식의 석탑은 신라 문화의 황금기를 맞이하는 경덕왕대를 중심으로 이룩된 새로운 양식의 전개 과정에서 나타난 신라 불교미술의 또 하나의 개가였다.[20]

도피안사 삼층석탑에서 보이는 특이점, 즉, 8각 기단, 굽형괴임 등은 이석탑을 이형양식의 특수형 석탑으로 분류하는 주요한 근거가 되었다.

이 석탑은 일제강점기부터 주목되었다. 1916년판 『조선고적도보(朝鮮古蹟圖譜)』에는 도피안사 삼층석탑과 함께 석굴암 삼층석탑을 1면에 편집하여 동일한 유형의 석탑으로 구분하였다. 이후 도피안사 삼층석탑과 석굴암 삼층석탑은 대좌형 기단을 갖춘 삼층석탑으로 분류되었다.[21]

【표 2】 도피안사 삼층석탑의 유형 분류(연구자별)

연구자	유형 구분	기원	동일 석탑
고유섭	이형석탑	선종, 석조승탑	-
杉山信三	臺座形基壇	팔각형 불상대좌	-
진홍섭	기단부변형(불대좌형기단)	불상 대좌	경주 석굴암 삼층석탑
정영호	특수형석탑(기단부 변화)	불상 대좌	경주 석굴암 삼층석탑
김희경	기단부를 다른 형식으로한 탑	-	경주 석굴암 삼층석탑
박경식	기존 양식에서 일부만 변형	탑=불체 인식	경주 석굴암 삼층석탑
신용철	팔각석탑	8세기 기술 발전과 新형식 석탑 출현	경주 석굴암 삼층석탑

19) 정영호, 『석탑』, 1989, p.90.

20) 張忠植, 『新羅石塔硏究』, 1987, p.145.

21) 朝鮮總督府, 『朝鮮古蹟圖譜』 4, 1916, p.436.

이순영	기단부가 변형된 석탑(불대좌형기단)	팔각형 목탑, 고구려 國系의식	-

우현(又玄) 고유섭(高裕燮, 1905.2.2.~1944.6.25) 선생은 도피안사 삼층석탑에 대해 8세기 이후에 발생한 이형(異型) 석탑으로 분류한 최초의 한국인 학자이다. 그러나 선생은 다각원탑류(多角圓塔類)의 석탑의 등장에 대해 고려시대에 들어서 비로소 출현하였다고 보았고, 또 북선(北鮮)지방에 많으므로 요금계 탑파의 영향으로 생각하였다. 하지만 이러한 이형 석탑이 발생한 원인에 대해서는 신라 중기 이후의 현상으로 신라 선종의 발전과 더불어 조사(祖師)의 묘탑인 승탑의 조성과 장식성에 있다고 보았다.[22)]다시말해, 신라 중기 이후 나타나는 장식적 의욕의 발전이 이형탑파를 발생하게 하였으며, 재래의 전형적 탑과 양식에 준칙(準則)한 변화, 즉, 간략화와 부분적인 장식화가 진행된 것으로 정리할 수 있다. 또 지역적으로는 신라의 영토지역에 해당하는 강원도와 경상도에만 한정되어 나타나는 점 등을 지적한 것은[23)] 당시 열악한 연구 환경에서 이루어낸 의미있는 결과라고 할 수 있다.

이에 대해 일본인 학자로서 한국 석탑을 연구한 스기야마 노부조(杉山信三, 1906~1997)는 도피안사 삼층석탑에 적용된 8각 기단에 대하여 당초 8각형 대좌에서 유래했을 가능성이 높은 것으로 보았다.

스기야마 선생은 "이 대좌형 기단이 석탑에 사용된 당시에는 방형보다 팔각형이었을 가능성이 많지 않았다는 것일까? 도피안사 3층석탑은

22) 高裕燮, 『韓國塔婆의 硏究』, 1975, p.272. 한편, 경주 석굴암 삼층석탑의 경우 층탑식에 의한 묘탑으로 보았다.

23) 高裕燮, 『韓國塔婆의 硏究』, 1975, p.273.

탑신이 방형을 이루지만, 기단은 이 대좌의 형식에서 팔각형으로 만들어진 것이 예가 된다. 물론 불상에 있어서 대좌도 방형을 이루는 예도 많이 있으므로 그것의 영향이 전혀 없다고는 생각할 수 없지만, 이 대좌형 기단을 사용한 예로서 팔각다층탑이 모두 포함되는 것을 보더라도, 팔각다층탑에 이용된 대좌형 기단이 방형탑에도 응용되었고, 도피안사와 같은 예가 생겨, 이 기단도 방형으로 바뀌게 된 건 아닐까?"라고 하였다.[24)]

도 23. 경주 석굴암 삼층석탑

도 24. 경주 천관사지 삼층석탑

도 25. 양양 진전사지 도의선사탑

진홍섭 선생은 이러한 불대좌 형식의 기단부 출현에 대해 탑신부는 전형적인 방형을 유지하면서 기단부만을 팔각으로 만들고 연화를 장식한 것은 탑신부에 봉안된 불사리를 의식한 결과로 보았다.[25)]

24) 杉山信三, 『朝鮮の石塔』, 1944, p.75. "その臺座形基壇が石塔に使はれる當初にあつては方形のものより八角形にあらはれる可能性が多くはなかつたのであらろか. 到彼岸寺三層石塔は塔身方形となるのであるが, 基壇はこの臺座の形式で八角形に作られそれが例となる. 勿論佛象に於ける臺座も方形になる例も多くあるのであつてそれが影響全然無いとは考へられないが, この臺座形基壇を使ふ例として八角多層塔總てが含められるのを見ても, 八角多層塔に用ひられた臺座形基壇が方形塔にも應用され, 到彼岸寺の如き例な生み, この基壇も方形に改まることになるのではなからろか."

25) 秦弘燮, 「統一新羅時代 特殊樣式의 石塔」, 『考古美術』 158·159, 1983, p.20.

정영호 선생은 이형탑파의 발생 동기에 대해서 신라 중대 후기인 8세기 중엽 이후에 건축적 결구 의사가 단일된 조각적인 의사로 기울어져 가는 동시에 탑파, 그 자신에 농후한 장식 의사가 가미되어 들어가 전대에서 볼 수 없는 비건축적인 장식적 탑파의 유행을 보게 된 것으로 파악하였다.[26)]

박경식 선생은 도피안사 삼층석탑에서 보이는 불좌(佛座) 형식의 팔각형 기단이 9세기 후반 석탑의 양식적 변화 양상, 즉 시대성을 잘 보여주는 것으로 보았다. 다시 말해 도피안사 삼층석탑의 기단부는 9세기에 들어와 탑의 지위가 불체와 동등의 가치로 인정되고 있음을 강력히 시사하는 것으로 판단하였다.[27)]

이처럼 도피안사 삼층석탑은 넓은 의미에서 보면 팔각당의 석탑으로 분류할 수 있다. 팔각당 탑은 고구려시대에 주종을 이루고 있지만 신라의 경우는 도피안사 삼층석탑을 비롯하여 불국사 다보탑, 석굴암 삼층석탑, 천관사지 석탑 등에서 8각이 확인된다. 그러나 이들 석탑들은 평면상 모든 부분에서 8각을 채택하지 않고 부분적으로 8각을 채용한 예이다.[28)] 이에 대하여 신용철 선생은 8세기 이후 석조기술의 발전과 함께 다양한 형식의 석탑이 조성되는 과정에서 출현한 것으로 석재의 입면 또는 평면구조에 의해 특수형 석탑을 분류하고, 다시 특수형 석탑을 팔각석탑과 이형

26) 鄭永鎬, 「韓國塔婆의 特殊樣式 考察」, 『단국대학교논문집』 제3집, 1961, p.42.

27) 朴慶植, 「新羅下代의 石塔에 관한 硏究 -9世紀 石塔을 中心으로-」, 단국대학교 석사학위논문, 1985, pp.66~67.

28) 천관사지 삼층석탑은 일반형석탑의 기단부 구조에 팔각의 탑신부를 갖춘 경우이고 도피안사 삼층석탑과 석굴암 삼층석탑의 경우는 기단부에서 팔각을 보이고 탑신부는 일반형 석탑과 같은 방형인 석탑인 차이점이 있다.

석탑으로 분류하여 도피안사 삼층석탑을 팔각석탑으로 분류하였는데, 천관사 석탑이나 석굴암 삼층석탑을 같은 형식으로 분류하기도 하였다.[29)]

한편, 도피안사 삼층석탑의 건립이 신라의 전통적인 일반형 석탑의 영향에서 상대적으로 자유로운 신라의 변방이었다는 것과 상대적으로 철원 지역에 고구려 국계의식이 강하게 남아있던 지역이었기 때문에 고구려 불탑의 영향이 일정정도 반영되었을 것으로 추정되기도 하지만, 도피안사 철조비로자나불좌상의 명문에 보이는 "신라국 한주 북계"[30)]의 향도들이 과연 고구려 국계의식을 바탕으로 고구려 불탑에 대한 이해가 있었는가에 대해서는 의문이 남는다. 도피안사 철불의 조성에 참여한 1,500명의 사람들이 지방의 일반 신도들이었다는 점에서 당시 신앙 내용의 일면을 보여주고 있는데,[31)] 이들은 신라국 한주에 방점을 두고 있는 것이 분명하므로 고구려 국계의식의 영향이라는 견해에 대해서는 추가적인 검토가 필요할 것으로 판단된다.

이상과 같이 도피안사 삼층석탑에서 보이는 대좌형 석탑 기단은 형식상 불상 대좌의 양식과 그 궤를 함께 한다고 할 수 있다. 9세기 중엽부터 하대석 상면에 중대석을 받치는 고임석이 등장하고 하대석 받침이 분리되는 변화가 반영된 것으로 도피안사 불좌상의 대좌, 대구 동화사 비로암 석조비로자나불좌상(863), 봉화 축서사 석조비로자나불좌상(867), 임실 용

29) 申龍澈,『統一新羅 石塔 硏究』, 동국대학교 박사학위논문, 2006, p.79.

30) "香徒佛銘文並序, -중략- 新羅國漢州北界鐵員郡到彼岸寺成佛之信士○龍岳堅○, 于時○貧居士結緣 一千五百餘人, 堅金石志勤不覺勞困."

31) 최성은,『철불』, 1995, p.38.
崔仁善,『韓國 鐵佛 硏究』, 1997, 한국교원대학교 대학원 박사학위논문, p.62.
이숙희,『통일산라시대 밀교계 불교조각 연구』, 2009, p.195.

도 26. 도피안사 철조비로자나불좌상 / 도 27. 봉화 축서사 석조비로자나불좌상 / 도 28. 영주 부석사 자인당 석조여래좌상 / 도 29. 의성 만장사 석조여래좌상

암리사시 석조비로자나불좌상, 영주 부석사 자인당 석조여래좌상, 의성 만장사 석조여래좌상, 예천 청룡사 석조여래좌상 등과 함께 그러한 양식을 대표하는 예가 된다.[32)] 따라서 도피안사 삼층석탑에서 나타나는 하대석 하단의 하대 받침석과 굽형 탑신괴임 역시 위와 같은 시대성을 반영하고 있다고 하겠다.

도피안사 삼층석탑에서 주목되는 또 하나의 특징은 굽형괴임이다. 여러 형태의 탑신괴임 가운데 한 유형인 굽형괴임은 목조건축의 주두 굽과 같은 모양으로 조출된 형태의 받침을 의미한다. 도피안사 삼층석탑의 경우 기단 상대갑석 윗면에 일반형 석탑에서 보이는 각형의 받침을 마련한

32) 임영애, 「삼단팔각 연화대좌의 통일신라 수용과 전개」, 『신라문화』 38, 2011.
도피안사 철조비로자나불좌상과 축서사 석조비로자나불좌상 등에서 보이는 평행 띠주름의 의문이 새겨진 통견식 대의에서도 조형적 유사성이 강하게 확인된다(崔聖銀, 「羅末麗初 抱川出土 鐵佛坐像 硏究」, 『美術資料』 61, 1998, pp.14~15).

포항 법광사사지 삼층석탑

대구 동화사 비로암 삼층서탑

광주 약사사 삼층석탑

도 30. 굽형괴임 석탑

다음 그 상부에 굽형괴임을 조출하고 있다. 도피안사 삼층석탑에 보이는 탑신괴임은 포항 법광사지 삼층석탑(828)의 별석받침 형태의 괴임 수법 출현을 9세기 후기 석탑의 초층탑신에서 확인되는 주요한 변화 가운데 하나로 주목되고 있다.[33] 또한 대구 동화사 비로암 삼층석탑(864)의 초층탑신괴임과 형식이 매우 유사한 점은 일찍부터 지적되었다.[34] 이와 같이 이러한 굽형괴임은 구례 화엄사 구층암 삼층석탑, 광주 약사사 삼층석탑 등에서도 확인되는 것으로 통일신라시대의 새로운 양식임을 보여주고 있다고 할 수 있다.[35]

굽형괴임은 석등의 경우 고복형 석등에서 주로 확인되는데, 이 가운데 화사석 아래에 굽형 괴임이 적용된 예는 담양 개선사지 석등(868), 임실 용암리사지 석등, 구례 화엄사 각황전 앞 석등, 양양 선림원지석등 등

33) 朴慶植, 앞의 논문, 1985, p.39.

34) 秦弘燮, 앞의 논문, 1983, p.24.

35) 김명주, 「新羅 末-高麗 初 金剛山 地域의 石造美術 硏究」, 『미술사학』 35, 2018, p.231.

이 있다. 이들 석등의 굽형괴임은 상대석과 함께 한돌에 치석하여 도피안사 석탑의 굽형 괴임과 수법이 동일하다.

담양 개선사지 석등　임실 용암리사지 석등　구례 화엄사 석등　양양 선림원지 석등

도 31. 굽형괴임 석등

곡성 태안사 적인선사탑　화순 쌍봉사 철감선사탑　양양 선림원지 승탑

도 32. 굽형괴임이 있는 석조승탑

굽형괴임은 곡성 태안사 적인선사탑(861 추정) 탑신괴임, 쌍봉사 철감선사탑(868 추정)의 중대석 받침, 양양 선림원지 승탑(886)의 중대 받침과 탑신괴임에서 확인된다.

이와 함께 도피안사 삼층석탑의 하층기단에서 보이는 수법, 즉 하층기단 갑석 아래 부분이 기단 갑석보다 안으로 들어가게 만든 방법은 탁자형 탑신괴임[36]으로 분류되는데, 역시 태안사 적인선사탑이나 울주 망해사지 승탑(875~886), 남원 실상사 수철화상탑(893)의 탑신괴임에서도 유사하게 나타나고 있다. 이와 같은 형태는 양양 진전사지 도의선사탑에서 별석의 탑신괴임이 채용되었고, 원주 흥법사지에 있던 염거화상탑(844)에서 등장한 별석 받침의 변화된 것으로 추정해 볼 수 있다. 즉, 9세기 중엽 이후에 등장하는 석조 승탑의 요소와 밀접한 관련이 있다고 하겠다.

이상에서 살펴본 도피안사 삼층석탑은 불상대좌형 기단부를 갖추고 있는 점에서 매우 독특한 조영 수법을 보이고 있지만 굽형괴임의 사례에서 보듯이 신라하대 특히 9세기 중엽 이후에 등장하는 많은 석조미술에서 일반적으로 채용된 수법임을 알 수 있다. 특히 도피안사 삼층석탑의 탑신괴임은 그 구성과 형태로 볼 때, 별석형 탑신괴임의 선행양식을 보여주고 있다.[37]

염거화상탑

남원 실상사 수철화상탑

울주 망해사지 승탑

도 33. 탁자형 탑신괴임

도피안사 삼층석탑의 여러 수법 가운데 굽형괴임은 인접한 태봉 도성 내에 남아있는 풍천원 석등과 비교 대상이 될 수 있는데, 두 유물 간에는

36) 엄기표, 『신라와 고려의 석조부도』, 2004, p.176.

37) 朴慶植, 앞의 논문, p.70.

조성 시기에 있어서 40년이라는 시간 차이가 나고 있기 때문에 직접적인 비교는 무리가 따른다.[38] 앞서 지적하였듯이 굽형 받침이 9세기 중엽이후에 나타나는 신라시대의 석탑이나 고복형 석등, 승탑 등에서 쉽게 찾아볼 수 있는 점에서도 철원 지역의 특색으로 보기 어렵다.

한편, 도피안사 삼층석탑에 대해 고려시대 중기 이후에 건립된 석탑이라는 견해가 북한에서 제기되었다. 도피안사 삼층석탑이 탑의 폭에 비해 기단이나 탑신이 높고 수직성이 강조된 측면에서 고려탑의 채취를 풍기고 있으며, 옥개석에 표현된 옥개 받침의 경우 가운데가 둥근 호형을 이루는 것은 고려 중엽의 탑으로 추정되는 평창 월정사 팔각구층석탑과 통하는 것으로 보았다. 또한, 기단에 표현된 연화문과 안상의 수법이 고려 중기 이후의 수법에 가까울 뿐만아니라, 대좌형 기단을 갖춘 탑들이 대부분 북한지방에 주로 남아있는 점을 근거로 들고 있다.[39] 그러나 기단이나 탑신이 높게 조성되면서 부각되는 수직성이 고려 탑의 채취를 풍긴다는 것은 이미 9세기 석탑에 등장하는 요소로서 도피안사 삼층석탑을 그러한 9세기의 시원적 작례로 보는 것이 타당하다고 판단된다. 또 옥개받침의 가운데 단이 둥근 호형을 이루는 것 역시 8세기 중반에 등장하는 연화문 옥개받침 석탑,[40] 예를 들어 천관사지 삼층석탑 등의 옥개받침 변화에서 찾을 수 있으며 이후 선림원지 석등이나 망해사지 승탑의 옥개석 등 다양한

38) 정성권, 『태봉과 고려 석조미술로 보는 역사』, 2015, p.29. 풍천원 석등은 선림원지 석등 및 굴산사지 부도와 매우 밀접한 친연성을 보이고 있어 동일한 장인 집단에 의해 건립되었을 가능성이 높은 것으로 파악되고 있다(정성권, 위의 책, p.61).

39) 조선문화보존사, 『우리나라 중세탑』, 2004, p.87.

40) 신용철, 「統一新羅 二重基壇石塔의 形式과 編年」, 『동악미술사학』 9, 2008, p.206. 경주 천관사지 석탑은 4각형의 2층 기단 위에 8각형의 탑신부를 올린 특수한 형태로서 8세기 중반에 건립된 것으로 편년하고 있다.

대상으로 확대되었을 가능성이 크다. 따라서 도피안사 삼층석탑의 고려시대 건립설은 북한의 고려시대 석탑을 우위에 놓으려는 정치적 의도가 다분히 가미된 의견으로서 학술적 근거가 미약하다고 하겠다.

Ⅳ. 맺음말

도피안사는 865년 철조여래좌상과 삼층석탑을 건립하면서 창건된 사찰이다. 도선의 창건설은 후대에 첨가된 것으로 판단되며, 오히려 철원 안양사를 창건한 것으로 알려진 범일을 대표로 하는 굴산산문의 확대와 관련이 깊을 것으로 추정된다.

도피안사 삼층석탑에서 보이는 요소는 9세기 중엽부터 나타난 신라하대의 미술사적 특징을 보여준다. 당시 신라 영역의 최북단에 건립된 신라의 석탑으로서 도피안사 철조비로자나불좌상의 명문에 보이듯이 철불과 삼층석탑을 건립한 도피안사의 향도 1,500여명은 자신들을 신라인, 한주 사람으로서 북계를 책임지는 입장을 견지하였음을 알 수 있다. 이처럼 9세기 중엽 신라의 지방민들이 대규모 향도 조직을 조성한 것은 당시 불교가 지방 기층민에게 널리 퍼져 있었기 때문에 가능한 일이었다. 따라서 도피안사의 유물과 이후 건국되는 태봉의 도읍 내에 조성된 석등 등 태봉국 석조미술품과는 시간적 거리감이 크며, 상호 직접적인 영향 관계를 설정하기에는 무리가 따른다.

9세기 중엽부터 나타나는 석탑 건립의 지방화와 전국화, 석조 승탑 건립의 유행이라는 새로운 시기에 출현한 도피안사 삼층석탑은 상층기단의 상하 갑석을 앙복련으로 대체하여 마치 불상의 대좌와 같은 형태를 취하고 굽형괴임을 채용하는 등 철원 지역 신라인들의 창의성과 예술성을 보여준다고 하겠다.

참고문헌

『寺塔古蹟攷』

『順菴先生文集』 卷之七

高裕燮, 『韓國塔婆의 硏究』, 1975.

權相老, 「到彼岸寺誌」, 『金剛大本剎楡岾寺本末寺誌』, 1942.

文化財硏究所, 『小川敬吉調査文化財資料』, 1994.

불교문화재연구소, 『철원 안양사지』, 2018.

사찰문화연구원, 『전통사찰총서2』 강원도 2, 1992.

杉山信三, 『朝鮮の石塔』, 1944.

엄기표, 『신라와 고려의 석조부도』, 2004.

이숙희, 『통일신라시대 밀교계 불교조각 연구』, 2009.

張忠植, 『新羅石塔硏究』, 1987.

정성권, 『태봉과 고려 석조미술로 보는 역사』, 2015.

정영호, 『석탑』, 1989.

______, 『한국의 석조미술』, 1999.

朝鮮總督府, 『朝鮮古蹟圖譜』 4, 1916.

朝鮮總督府, 『朝鮮古蹟圖譜』 5, 1917.

조선문화보존사, 『우리나라 중세탑』, 2004.

철원군, 『철원도피안사 삼층석탑 정밀실측조사보고서』, 2017.

최성은, 『철불』, 1995.

退耕堂權相老博士全書刊行委員會, 『韓國寺刹事典』 上, 1994.

黃壽永, 『黃壽永全集 3. 한국의 불교 공예·탑파』, 1998.

朴慶植, 「新羅下代의 石塔에 관한 硏究 -9世紀 石塔을 中心으로-」, 단국대학교 석사학위논문, 1985.
申龍澈, 『統一新羅 石塔 硏究』, 동국대학교 박사학위논문, 2006.
李順英, 『統一新羅 石塔의 造形과 特性 硏究』, 동국대학교 대학원 박사학위논문, 2018.
崔仁善, 『韓國 鐵佛 硏究』, 한국교원대학교 대학원 박사학위논문, 1997.

今西龍, 「到彼岸寺佛像調査記」, 『新羅史硏究』, 1970.
김명주, 「新羅 末-高麗 初 金剛山 地域의 石造美術 硏究」, 『미술사학』 35, 2018.
김지현, 「경주 구황동 塔址의 石塔材 고찰: 異形石塔說에 대한 再論을 중심으로」, 『불교미술사학』 20, 2015.
成春慶, 「道詵國師와 관련한 遺物, 遺蹟-全南地方을 중심으로」, 『先覺國師 道詵의 新硏究』, 1988.
신용철, 「統一新羅 二重基壇石塔의 形式과 編年」, 『동악미술사학』 9, 2008.
임영애, 「삼단팔각 연화대좌의 통일신라 수용과 전개」, 『신라문화』 38, 2011.
鄭永鎬, 「韓國塔婆의 特殊樣式 考察」, 『단국대학교논문집』 제3집, 1961.
秦弘燮, 「統一新羅時代 特殊樣式의 石塔」, 『考古美術』 158·159, 1983.
崔聖銀, 「羅末麗初 抱川出土 鐵佛坐像 硏究」, 『美術資料』 61, 1998.
崔昌祚, 「韓國風水地理說의 構造와 原理-道詵風水를 중심으로」, 『道詵國師와 韓國』, 1996.
崔炳憲, 「道詵의 生涯와 羅末麗初의 風水地理說-禪宗과 風水地理說의 관계를 중심으로 하여-」, 『韓國史硏究』 11, 1975.
______, 「道詵의 風水地理說과 高麗의 建國理念」, 『道詵國師와 韓國』, 1996.

국가기록원, https://www.archives.go.kr/

국립중앙박물관, www.museum.go.kr/

한국고전번역원 한국고전종합DB, https://db.itkc.or.kr/

한국역사정보통합시스템, http://www.koreanhistory.or.kr/

왕건 사저와 봉선사

심재연
한림대학교 한림고고학연구소 학술연구교수

목차

Ⅰ. 들어가는 말

철원 DMZ에 존재하는 태봉국 철원도성은 남북 분단 상황에서 동질성을 확인하기 위한 중요한 기재로 인식되어 왔다. 때문에 도성 체제에 관한 연구의 필요성이 지속적으로 언급되어 왔다. 그러나 DMZ 내 분포하는 도성은 현지 조사의 제약으로 과거 조사 내용을 답습하는 수준으로 진행되고 있다. 이에 대한 대안으로 철원 도성 체계에 관한 연구 필요성이 제시(조인성 2019)되고 2022년 이에 대한 검토가 진행(태봉학회 2022)된 바 있다. 그리고 도성 방어체제에 관한 연구는 적어도 남측지역에 대한 조사는 가능하다는 전제하에 논의된 것이다. 그렇지만 도성 방어체제에 대한 유의미한 조사는 지금까지도 진행되지 않았다.

이와 함께 궁예 태봉국의 도성 체제에 속해있었을 것으로 보이는 고려 태조 왕건과 관련된 사저(유재춘 2005a,b ; 강원대학교 중앙박물관 2008)와 고려의 건국과 관련되었을 것으로 보이는 봉선사에 대한 견해(도유호 1950 ; 심재연 2019a,b)가 제기되어 태봉국 도성 체제와 경관에 대하여 살펴볼 필요가 제시되었다. 특히, 태봉국의 형성 과정에서 출현하는 다양한 지방 세력의 존재는 심도 있게 살펴볼 필요는 있다고 생각된다.

이중 문헌 자료에서 확인되는 왕건 구택지(舊宅地)는 남측에 위치할 가능성이 있어 확장성 있는 논의가 가능하다고 판단된다. 적어도 왕건 구택지는 태봉국의 정치 체제 구조와 관련하여 철원 도성의 체제와 중심 관료의 세거지(世居地)에 대한 다양한 논의를 진행할 수 있을 것으로 생각된다.

필자는 철원 향교지에 대한 발굴조사를 통하여 촉발된 왕건 구택지(궁성에서 남쪽 약 11㎞)와 철원 도성 남성벽 부근에 존재하였다고 주장되는 봉선사에 대한 검토를 진행하고자 한다. 그리고 왕건과 관련한 다른 지역 사례를 통하여 향후, 철원지역의 궁예 및 왕건 관련 문화유산의 확인과 활용에 대해 제언을 하고자 한다.

이를 통하여 향후, 태봉국 철원 도성과 중심 관료의 세거지, 그리고 고려 건국 이후에 조성된 것으로 보이는 봉선사에 대한 실질적인 조사의 시금석을 마련하고자 한다.

Ⅱ. 왕건의 구택지에 대한 문헌과 발굴조사

1. 왕건 구택지에 대한 문헌

왕건 구택지는 유재춘(2005a,b;강원대학교 중앙박물관 2008)에 의하여 처음 제기되었다. 유재춘은 李景奭의 「鐵原府鄕校重新記」(1657년 작성) 내용[1]을 근거로 왕건 구택지가 옛 철원 향교 부지라고 주장을 하면서 『여지도서』,[2] 『철원부읍지』 등의 사료를 추가하였다. 이 자료는 이경석의 기사를 전재하고 있다. 이경석의 『철원부향교중신기』는 『백헌집(白軒集)』에 수록[3]되어 있어 쉽게 접근할 수 있다.

그런데 이 문헌과 함께 이른 시기에 편찬된 『신증동국여지승람』에도 왕권의 구택지와 관련된 기사를 확인할 수 있다.

A-1. "고려 태조가 삼한(三韓)을 통일하고 그 사가(私家)를 광명(廣明)·봉선(奉先) 두 절로 만들었으니 나라를 이롭게 하려 함이었다."(한성부 불우조[4])

A-2. "광명사(廣明寺) 연경궁(延慶宮) 북쪽 송악산 기슭에 있다. 세상에서

1) 향교는 즉 고려태조의 龍潛 때 유기이다.
校卽高麗太祖龍潛時遺基也

2) 『輿地圖書』 江原道 鐵原府 壇廟 "文廟在府南三里五十四間本高麗太祖仕弓裔時舊宅墻垣遺北尙存."

3) 『白軒集』 白軒先生集卷之三十一○文稿 〉 記 〉 "此乃弓裔舊國。 而校卽高麗太祖龍潛時遺基也."(한국고전종합DB)

4) 『新增東國輿地勝覽』 第3卷 漢城府 佛宇 興德寺。"在東部燕喜坊。是爲敎宗"。權近 『德安殿記』: "建文三年夏, 太上王命相地于潛龍舊邸之東, 別構新殿。秋功告訖, 乃命臣近若曰 : '高麗太祖統一三韓, 以其私第爲廣明,奉先二寺, 圖利國也(한국고전DB).

전하기를, "고려 태조가 옛 집을 희사하여 절을 만들었다."한다. 목종(穆宗)의 진영(眞影)이 있다."(개성부 불우조[5])

A-3 "【학교】 향교 부의 남쪽 3리에 있다. 본래 고려 태조가 궁예에게 벼슬하고 있을 때에 살던 옛집이다. 담장의 남은 터가 아직도 남아 있다."(철원도호부 학교조[6])

즉, 한성부 불우조에는 고려 태조가 사가를 광명사와 봉선사로 새로 지은 것이 확인되고 개성부 불우조에 광명사에 있는 목종의 진영 관련 기사를 확인할 수 있다. 한성부 불우조의 기사는 권근(權近)의 양촌집(陽村集)[7]에 실린 「덕안전기」의 내용으로 볼 때 1401년에 고려 태조의 광명사와 봉선사 창건 내용을 알 수 있는 가장 이른 기사이다.

다만, 『신증동국여지승람』 A-1, A-2 기사는 봉선사의 위치를 특정할 수 없다는 한계가 있다. 한편 A-3 기사는 왕건의 사저가 향교터임을 밝히고 있다. 같은 책자에 "봉선사"와 "왕건 사저"가 나오는 것으로 보면, 책 찬술 당시, 왕건 사저에 대한 인식의 차이가 있을 가능성이 컸던 것으로 생각된다.

---

5) 『新增東國輿地勝覽』 第4卷 開城府 上 佛宇 "廣明寺。在延慶宮北松嶽山麓。世傳高麗太祖舊宅, 捨爲寺。有穆宗眞."(한국고전DB)

6) 『新增東國輿地勝覽』 第47卷 江原道 鐵原都護府 學校, "在府南三里。本高麗太祖仕弓裔時舊宅。垣墻遺址尙存."(한국고전DB)

7) 『양촌집』 양촌선생문집 제13권 덕안전기(德安殿記)에 구체적인 사실이 기록되어 있다. "건문(建文) 3년 여름에 태상왕께서 옛날 잠저(潛邸)의 동쪽에다 자리를 잡고 다른 새 집[殿]을 세우라 명하였는데, 가을에 공사가 끝나자 곧 신(臣) 권근에게 명하기를, "고려 태조가 삼한(三韓)을 통일하고 그 사제(私第)로 광명사(廣明寺)·봉선사(奉先寺) 두 절을 만든 것은, 국가에 이롭기를 도모한 것이다. 하략". (한국고전종합DB)

이와는 달리 1657년 李景奭이 작성한 「鐵原府鄕校重新記」[8]에는 왕건의 구택지가 지금의 철원 향교지임을 밝히고 있다.

결국, 권근의 기록에 의하면 왕건의 사저에 두 개의 사찰이 건립된 것을 파악할 수 있다. 그렇지만 자세히 살펴보면 철원에 있었을 것으로 생각되는 왕권의 사저와 봉선사를 연결할 수 있는 내용은 보이지 않는다.

지금의 철원 향교지와 연결한 기록은 李景奭의 「鐵原府鄕校重新記」가 처음이다. 향교 중수과정에 왕건의 사저라는 것은 알리고 있지만, 이후에 진행된 사건은 기록하지 않았다. 그리고, 조선시대 대부분 관·사찬서는 이 기록을 따랐던 것으로 보인다.

2. 왕건 구택지에 대한 발굴조사

구택지는 강원대학교 박물관이 철원군과 발굴조사 계약을 체결하여

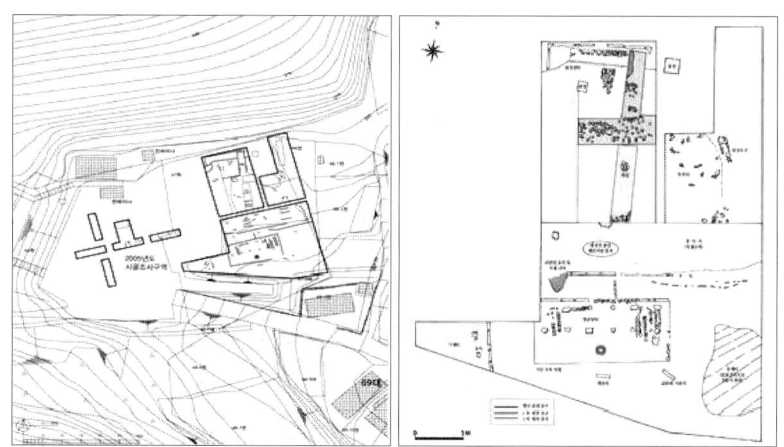

도 1. 철원 향교지 발굴 결과 유구 배치도(강원대학교 중앙박물관 2008)

8) 『白軒集』 白軒先生集 卷之三十一 ○ 文稿, 記 "此乃弓裔舊國。而校卽高麗太祖龍潛時遺基也."(한국고전종합DB)

두 차례 실시하였다. 조사 결과, 향교와 관련된 유구의 잔존, 하층에 다른 건물지의 존재, 출토 유물로 볼 때 고려시대 이전의 유물이 출토되는 것으로 보아 통일신라시대 사원지의 관련성을 확인하였다.

아울러 그 시기의 유물이 출토됨에 따라 가능성을 타진할 수 있을 필요성이 제기되어 2005년 발굴조사를 시행하게 된 것이다.[9)]

발굴조사를 통하여 향교의 건물 배치를 파악할 수 있는 자료와 선대 유구의 존재를 확인하는 성과를 얻었다. 발굴 보고서에 수록된 유구 배치도와 유물을 통하여 살펴보면 다음과 같다.

1) 고려 태조 왕건 사저인 증거는?

평기와는 기존 통일신라시대 것으로 비정하던 것들이 최근 고려 초까지 유행하는 것으로 알려져 있다. 이 때문에 이 지역이 신라 하대(下代) 이후, 중요 건물이 있었을 가능성이 크다. 그런데 조사 범위의 한계로 생각되지만, 통일신라말~고려 초로 비정할 수 있는 막새류가 보이지 않는다는 점이다. 이 시기의 기와는 중원지역 자료를 통하여 검토한 결과 확인된 고려 초기의 통일신라계 연화문 수막새[10)]나 춘천 소양로 유적(한백문화재연구원 2020 : 한국문화재재단 2021)처럼 지방 세력의 존재를 보여주는 자료조차도 확인되지 않는다.

다만, 보고 자료에 통일신라시대 경주를 중심으로 확인되는 인각와(유

9) 강원대학교 중앙박물관, 『(舊)鐵原鄕校址 試·發掘調査報告書』, 2008, p.21.

10) 최정혜는 고려 초기의 통일신라계 연화문수막새는 고려적인 정체성과 문화가 확립되는 11세기 후반 무렵까지 존속하며, 통일신라 양식의 연화문 수막새와 전혀 다른 고려적인 일휘문 수막새가 출현하면서 사라지는 것으로 보고있다(최정혜, 「신라 말·고려초 중원지역의 연화문 수막새 검토」, 『중원지역 기와연구와 전환기』, 국립중원문화재연구소, 2018).

환성 2011)가 소개되고 있다. 그러나 보고된 유물로는 자세한 제작 기법과 인장 기법을 파악하기 어렵다는 한계가 있다. 그런데도 이 인각와를 근거로 궁예가 거주하거나 방문하였을 가능성을 언급(박동호 2022, 22쪽)한 연구도 있다.

보고된 물질 자료를 중심으로 살펴본다면 적어도 이 지역이 조사보고서에서 주장하는 사찰을 증명하는 물질 자료는 석등 좌대에 불과하다. 즉, 고려 태조 대에 사찰을 지었다면 이 시기에 해당하는 와전류의 확인이 필요하다. 아울러 사저로 사용된 시기의 유물도 필요하다.

결국, 후삼국시대를 특정할 수 있는 유물은 보고서에서 잘 확인이 되지 않는다. 아울러 어느 정도의 규모가 왕건 사저의 존재를 증명할 수 있는지에 대한 고고학적 개념 설정도 어렵다.

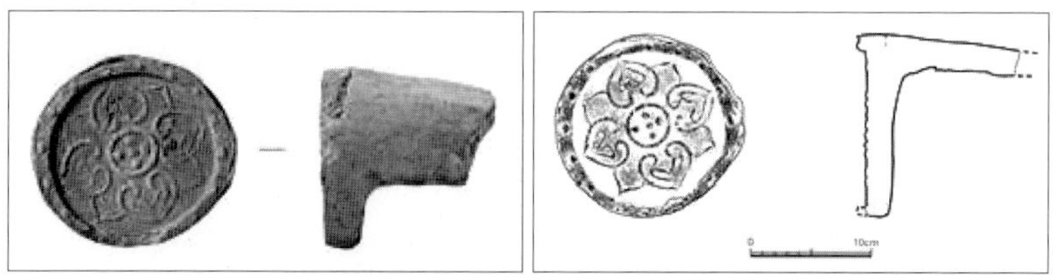

도 2. 춘천 소양로1가 92-26번지 유적 출토 막새(한국문화재재단 2021))

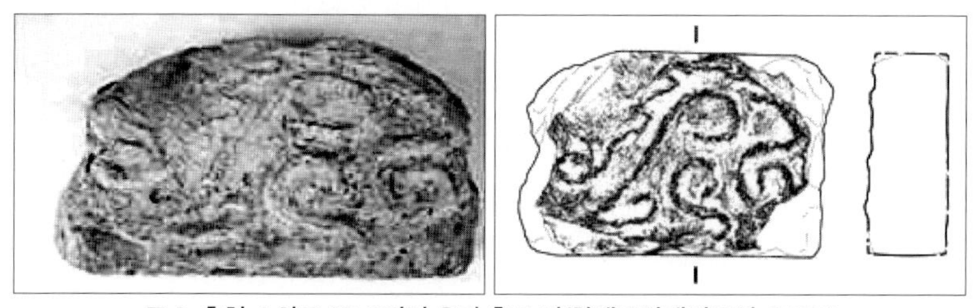

도 3. 춘천 소양로 93-8번지 유적 출토 전(한백문화재연구원, 2020)

2) 고려 전형 양식 와당이 존재하는가?

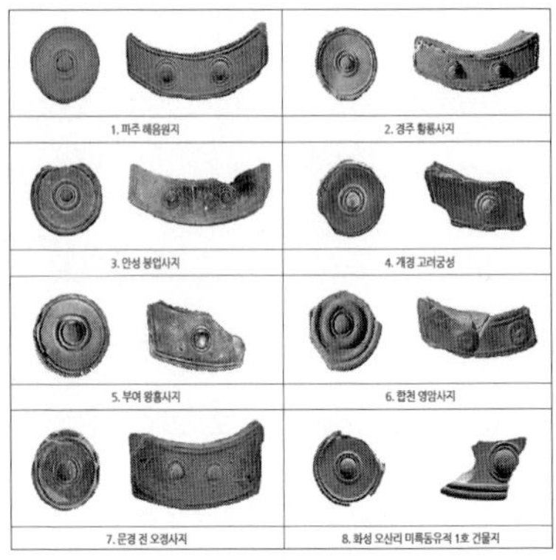

도 4. 고려시대 전형형식(I)의 일휘문막새(최정혜 2020)

고려 태조 대 이후, 고려의 건축 자재의 물질문화 변화와 관련하여 각종 권위 건물에 사용되는 막새류의 변화(최정혜 2020)를 살펴볼 필요가 있다. 고려는 文宗 이후, 기와의 양식상의 변화를 비교해 보면, 조사지역의 조사 결과는 의문시되는 것이 있다. 만약 이곳에 고려 태조의 사저와 관련된 곳이라면 고려시대 대표적인 기와 양식인 일휘문(괴목문) 막새가 확인되지 않는다는 것이다. 적어도 문종 대에 대대적인 사찰의 건축이 진행되었다면 이곳에 존재하던 사찰 또는 왕건 사저에 대한 국가 차원의 행위가 있었음을 보여주어야 하지 않을까 생각된다.

3) 향교지

향교터는 발굴조사를 통하여 해당 시기의 동반 유물이 보고되었다. 특히, 보고서에 수록된 수막새 1점은 범어문자가 양각(강원대학교 중앙박물관 2008, 화보 22, 192쪽)되어 있다고 기술되어 있으나 범어문으로 본 문자는 불로초문(도 6) 또는 거미문으로 불리는 것이다. 이 문양이 시문 된 막새는 주로 조선시대 왕실(國立文化財硏究所 1995 ; 국립문화재연구소 2008), 관청, 향교 등에서 확인된다. 따라서 다른 동반된 평기와 보다는 지방에 있는 권위 건물의 존재를 증명하여 주는 유물이다.

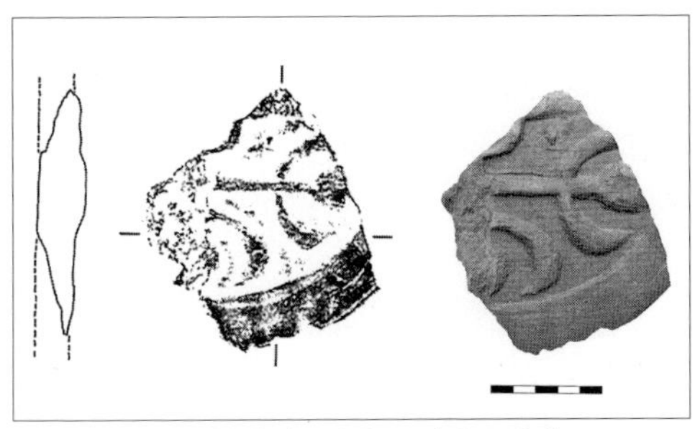

도 5. 철원 향교지 출토 거미문 막새
(강원대학교 중앙박물관 2008)

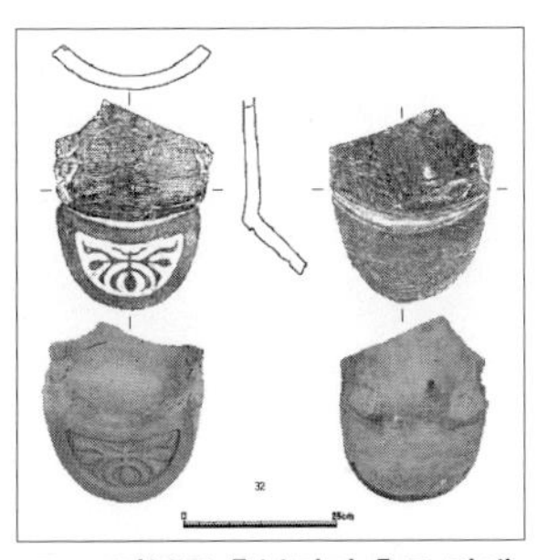

도 6. 경복궁 흥복전지 출토 막새
(국립문화재연구소, 2008)

4) 발굴조사 결과와 주변 상황

결국, 발굴조사 자료로 보면 왕건 사저와 관련된 고고학적 증거는 명쾌하게 제시되지 않았다는 한계가 있다. 이러한 한계로 인하여 조사자도 "이번 발굴조사에서 그러한 내용을 입증할 만한 명확한 유물이 출토되지는 않았지만, 문헌조사와 발굴조사, 향교 주변에 대한 지표조사를 통하여 조선시대까지 이곳에는 향교터 이외에 어떤 다른 유적이 있었던 것은 확실하여 이를 당시에 왕의 구택유적(구택유지)라고 믿고 있었다는 사실이다. ---- 중략 ---- 아직 향교 건축 시기 이전의 유구가 존재하는 향교터 하부에 대한 정밀 조사가 진행되지 않았으나 여기에 대한 추가적인 조사가 이어진다면 더욱 명확하게 판단할 수 있는 자료가 나타날 것으로 기대되며, 사찰의 이름도 밝혀질 가능성이 대단히 크다고 할 수 있다(강원대학교 중앙박물관 2008, 125쪽)."라는 견해를 내고 있다. 그리고 주변 지표조사 결과(강원대학교 중앙박물관 2008, 121~122쪽)를 소개하고 있다. 왕건의 사저로 볼 수 있는 가장 강력한 증거는 토성(도 7)으로 추정되는 부분이다. 그러나 이 부분에 대한 발굴조사가 진행되지 않아 더 이상의 논의는 불가능

철원향교터 주변의 토성 원경(향교터 남서쪽)

철원향교터 주변의 토성 근경(내측)

철원향교터 주변의 토성 근경(외측)

철원향교터 주변의 토성(동쪽 봉우리 지점)

도 7. 왕건 사저 주변 추정 토성(강원대학교 중앙박물관 2008)

하다.

다만, 장원(墻垣)을 토성으로 해석하기 보다는 현재 남아 있는 구릉지에 대한 조사를 진행하고 장원은 본래 의미인 담장으로 보아도 무방할 것으로 생각된다. 왕건 또는 지방 세력의 세거지에도 담장은 필요한 것이다.

5) 발굴에서 확인된 하층 유구에 대한 대안

하층 유구는 2개 층이 확인된 것으로 보고되어 있으나 조사 범위가 매우 협소하여 진전된 논의를 진행하기는 어렵다. 그러나 왕건 사저와 관련되어 논의한다면 다른 측면에서도 검토할 수 있지 않을까 생각한다. 이 지역에서 남동쪽으로 약 1㎞ 떨어진 지역에 철원 도피안사가 위치하고 있다. 그리고 주지하다시피 도피안사 경내는 국보와 보물로 지정된 철원 도피안사 철조비로자나불좌상(鐵原 到彼岸寺 鐵造毘盧遮那佛坐像)과 철원 도피안사 삼층석탑(鐵原 到彼岸寺 三層石塔)이 있다. 이중 철불은 신라 하대 함통 6년(865)에 조성된 것으로 철불에 조성된 명문의 검토를 통하여 철원지역에 존재하는 사찰 후원 세력(居士, 村主)의 존재(조인성 1993 20~21쪽 : 2007 73~74쪽 ; 곽승훈 2005 ; 최연식 2022)를 알 수 있다. 적어도 도피안사의 후원 세력의 존재가 인정되고 있는 상황에서 이를 증명하는 고고학적 물질 증거도 검토할 필요가 있다. 즉, 현 향교지가 태조의 사저라는 검토보다는 신라말 철원지역에 존재하던 지방 세력 중 유력자 즉, 호족의 거주지일 가능성이 높다고 판단된다.

다만, 조사 범위가 협소하고 동반 유물의 양상도 자세하지 못하기 때문에 더 이상의 논의는 어렵다.

Ⅲ. 태봉국 철원도성 남쪽 봉선사

앞서 살펴본 것처럼 고려 태조가 건국 이후, 개경과 철원에 있던 사저(私第)에 사찰을 창건하였고 철원지역 사찰은 봉선사일 것으로 짐작된다. 그러나 철원지역 어느 지역에 위치하는지에 대한 구체적인 비정은 한계가 있었다.

필자는 일제강점기에 조사된 봉상리 석등의 검토를 통하여 봉상리 석등이 위치하는 지역을 봉선사지로 비정한 바 있다.

1. 봉선사설[11)]

봉상리 소재 석등이 위치한 지점은 도성 체계와 어울리지 않는 양상을 보여주고 있다. 즉, 봉상리 석등은 남대문 동쪽, 남성벽 남쪽에 사찰 성격을 갖는 건축군의 존재를 증명하는 것이었다.

이 건축군에는 석등과 귀부가 존재한다(朝鮮總督府 1942)는 것이 알려지고 일제강점기 지형도에 석탑이 표시되어 있지만, 석등을 석탑으로 오기한 것으로 규명한 바 있다. 즉, 『조선보물고적조사자료』에 별종(種別)이 석등이지만 내용은 탑으로 인쇄되고 높이가 약 2.1m에 이르고 연화문이 장식되어 있다고 기술되어 있어서 석등의 오자(誤字)라는 점을 확인하였다. 그리고 연유는 『조선보물고적조사자료』의 기초 자료가 1916~1917년 사이, 조선총독부 식산국(殖産局) 산림과(山林科)에서 작성한 「古蹟臺帳」

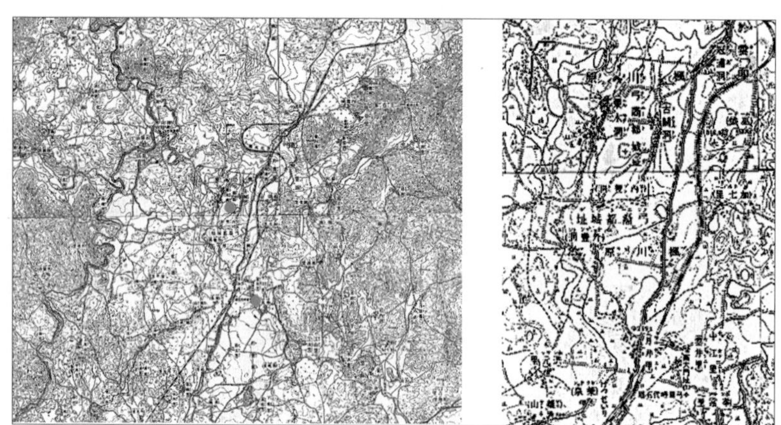

도 8. 일제강점기 지형도에 보이는 석등(고궐리, 봉상리)

11) 다음의 글에 언급한 내용을 종합하여 기술하고자 한다. 심재연, 「일제강점기 태봉국 철원성 조사와 봉선사지」, 『문화재』 52-1; 국립문화재연구소, 2019, pp.258~271; 심재연, 「일제 강점기 풍천원의 고적 조사」, 『고고학』 18-1, 중부고고학회, 2019, pp.5~31.

을 수록하였기 때문이었다. 그리고 유리건판을 보면 석등인 것이 확실해진다.

특히, 오가와 게이키치는 국립문화재연구소에서 발간(文化財管理局 文化財硏究所, 1994)한 자료를 보면 봉선사(奉先寺)로 특정하였다. 하지만 오가와가 봉선사로 특정한 구체적인 이유는 파악하기 어렵다.

도 9. 봉선사 정비(文化財管理局 文化財硏究所, 1994 ; 국립문화재연구소, 1997)

이후, '봉선사' 사명은 1950년 도유호에 의하여 확인되었다. 도유호는 1950년 5월 화천지역 고분을 조사하고 돌아오는 길에 풍천원 고도지를 방문하였다. 당시, 도유호는 석등 2기가 존재하는 사실을 인지하고 있었고 그 위치를 구체적으로 기술하였다. 그중 월정리역 앞에서 철로 동편으로 약 1.5㎞ 떨어진 곳에 있는 석등을 조사하였다. 현지 조사 결과 목조대건물이 남겨놓은 초석이 널려 있고 이외에 귀부(龜趺)가 있는 것을 확인하였다. 도유호는 귀부가 남아 있는 곳에서 약 50m 떨어진 지역을 지표 조사한 결과 '봉선사(奉先寺)', '인봉선사(寅奉先寺)' 명문이 있는 암기와, '임인(壬寅)' 명문이 있는 수키와를 수습하였다. 이 유물은 지금까지 외성 남대문 동쪽 성벽 앞에 있던 문제의 석등이 '봉선사'와 관련되었음을 보여주는 것이다. 따라서 일련의 조사지역은 '봉선사'임에 틀림없다. 일제강점기 오자와가 문서에 남겨놓은 봉선사의 위치가 구체적으로 확인된 것이다.

그리고 도유호는 『동국여지승람』의 기록을 인용하면서 왕건의 구저(舊邸)가 개성과 철원에 있었고 후에 개성에는 광명사(廣明寺), 철원에는 봉선사(奉先寺)를 창건하였다고 주장하고 있다. 그리고 '임인'명 기와를 근거로 고려 태조 25년에 봉선사가 존재하였는데 이 기와가 창건연대인지 개수한 연대에 해당하는지는 알 수 없다고 하였다.

이 봉선사 및 왕건 구저(舊邸)가 외성 남벽 부분 즉, 토성 밖이라는 점에 의문(조인성 2019)이 제시되기도 하였다. 현장에 대한 구체적인 조사가 진행되지 않았다는 점에서 향후 이 부분에 대한 정밀 조사가 필요하다. 다만, 귀부(龜趺)가 있다는 점에서 관련 비신(碑身)이 확인된다면 이 건물군에 대한 내력은 더욱 자세히 파악될 것으로 보인다.

이상의 사실은 외성 남대문 남쪽에 존재하는 석등이 봉선사 경내에 있는 것이고 왕건의 사저와 관련되었을 것이라는 가능성을 검토할 필요가 있다고 주장한 것이다.

그런데 왕건 사저로 보는 것에는 고려시대 석등, 도리이 류죠가 수습한 전(塼) 편, 선문기와 편, 귀목문(일휘문) 막새 편, 도유호의 봉선사명 기와의 수습이었다.

도리이 류조가 수습한 전(塼), 선문기와 편, 일휘문 막새편은 시기가 구분될 수 있을 것 같다. 즉, 도 9에서 보는 것과 마찬가지로 전과 일휘문 막새편은 선문기와 편과는 시기를 달리하여 볼 수 있다. 즉, 일휘문 막새 편과 전의 존재는 도리이가 유물을 수습한 지역에 고려시대 중요 권위 건물이 있었다는 것을 증명하여 주는 것이다.

도 10. 도리이 류조 수습 유물(출처 : 이뮤지엄)

도유호가 수습한 봉선사명 기와편은 그가 추정하는 것처럼 태조가 봉선사를 창건한 25년이 상한 연대일 가능성이 있다고 생각된다. 하지만 도리이가 수습한 일휘문 막새는 고려 문종 대를 획기로 하여 출현하는 고려 기와이다. 일휘문 막새는 최정혜의 견해에 의하면 고려 궁성, 혜음원지, 황룡사지, 봉업사지 등 고려 궁성이나 왕실 관련 사찰유적에서 전형양식이 출현하는데 시적으로는 11세기 중반부터 12세기 초로 집중되는 현상을 보여준다(최정혜 2020, 47~81쪽)고 한다. 결국, 고려 문종대 태조의 선양 사업의 목적으로 철원 도성 전면에 새로운 불사를 진행하고 이와 관련된 내력을 적은 비석을 세운 흔적이 일제강점기 유리건판에서 보이는 귀부일 가능성이 크다고 생각한다.

따라서 국사편찬위원회 소장 사진과 도리이 류죠의 사료조사, 오가와 게이키치의 야장, 도유호의 조사 기록으로 볼 때 태봉궁 철원도성의 외성 남쪽에는 고려시대에 조성된 별도의 권위 건물이 존재하였다고 판단된다.

2. 봉선사의 위치는

그러면 이 귀부가 있다고 추정되는 부분은 어디인가! 구고에서는 대략적인 위치를 제시한 바 있다. 그런데 국립문화재연구원에서 제공한 일제

도 11. 국사편찬위원회 소장 유리건판(심재연 2019)

강점기 지적도 통합본이 중요한 검토 대상이 된다. 그동안 일제강점기에 제작된 지적도는 철원 도성의 배치를 파악하는 중요한 자료로 이용됐다. 하지만 완성된 지적도를 보면 철원 도성 외성 남단이 주목된다.

지적도와 구글 지도를 편집한 그림을 보면 일제강점기 지형도와 유사한 위치에 별도 필지를 부여한 부지가 확인된다. 이 부지는 도유호가 월정리역에서 내려 봉선사지의 위치를 설명한 내용과 일치하고 있다. 또한 서쪽에서 이 부지로 진입하는 소로가 확인된다.

지적도는 이 귀부가 있는 해당 대지의 고저(高低)는 확인되지 않지만, 국사편찬위원회에 소장 유리건판 사진을 보면 논으로 경작되는 부분보다 높은 단이 조성된 상태의 대지에 오가와 게이키치의 사진에 보이는 일련의 석조물들이 보인다. 따라서 이 부분이 봉선사로 추정된다.

도 12. 태봉궁 철원도성(국립문화재연구원 제공), 도유호 수습 명문와,
추정 봉선사 원경(2009년 촬영)

Ⅳ. 왕건 사저와 봉선사로 본 제언

문헌에서 확인되는 유적의 위치를 지표조사나 제한된 조사를 통하여 위치를 특정하는 것은 쉽지 않다. 철원 왕건 사저의 경우도 철원에 사저가 있었고 고려 태조 등극 이후, 사찰을 창건하였다는 사실이 조선시대에는 철원 향교지로 구체적인 위치가 비정되는 것을 볼 수 있다.

하지만, 문헌 사료를 통하여도 왕건 사저와 봉선사 그리고 철원 향교를 유기적으로 연결한 자료는 고려시대와 조선시대에 차이가 보인다. 철원 향교지에 전승된 기록은 봉선사의 존재가 언급되어 있지 않다. 이에 비하여 고려시대에 저술된 이승휴의 『제왕운기』,[12] 조선시대 태조의 덕안전과 관련되어 저술된 권근의 「덕안전기」, 『신증동국여지승람』에 언급되어 있다.

그러나 철원 향교지에 대한 발굴조사 결과, 향교 위치는 특정할 수 있었지만 왕건 사저와 관련한 고고학적인 증거는 확인하지 못하였다. 적어도 향교지 하층유구는 신라말 철원지역에 세거하던 호족의 거주지일 가능성이 높다고 판단된다.

이에 비하여 철원 도성 남쪽에 위치할 것이라고 추정하는 봉선사의 위치는 오가와 게이키치의 야장, 도리이 류죠의 사료조사, 국사편찬위원회 소장 유리건판, 도유호의 조사 기록을 통하여 추정할 수 있었다. 그리고 지적도를 통하여 봉선사의 구체적인 위치를 추정할 수 있었다. 문제는 이 지점에 대하여 도유호의 조사 이후에 실제 조사가 전혀 이루어지지 않았다는 점이다.

그동안 국립춘천박물관, 국립문화재연구원과 MOU 체결 기관 등이 철원 도성에 대한 조사를 진행한 바 있다. 그렇지만 이 지점에 대한 실질적인 조사는 진행된 바 없다. 향후, 이 부분에 대한 정밀 조사가 진행될 필요가 있다.

한편, 왕건 사저와 관련하여 철원 향교지가 주목받은 바 있다. 그러나 일회적인 발굴 이후에 지금까지 의미있는 후속 조사는 진행되지 않고 있다. 조사 결과, 향교터와 선대 유구가 존재한다는 사실은 철원지역에 새로운 해석이 가능한 고고학적 물질 증거가 확인되었다는 것을 알려준다. 적어도, 왕건 사저 긍정론의 입장에서 본다면 주변 일부 지역에서 확인된 구릉지대에 대한 조사와 함께 진행하여 신라말~고려 초 문화 양상을 파악할

12) 「제왕운기」에 수록된 봉선사 관련 기사는 2022년 발표 당시에 토론자의 교시로 인지하였다(김태욱 2022).

필요가 있다.

따라서 이 지역에 대한 학술 발굴조사의 지속적인 추진이 필요하다. 과거 철원군은 태봉국 복원에 대한 많은 관심을 보여 왔다. 그러나 철원 향교지에 대한 관심 이후, 선대 유구의 확인을 위한 지속성 있는 조사가 진행되지 않고 있다.

필자는 철원 향교지를 중심으로 주변에서 확인되는 문화유산은 철원의 과거 적어도 통일신라시대부터의 과거를 복원할 수 있고 철원만의 특징적인 역사적 정체성을 확인시켜 주는 미래문화유산이 되리라 생각한다.

일련의 상황과 비교하여 천안시는 왕건과 관련하여 다양한 정체성 규명 사업을 진행(가경고고학연구소·천안시 2017)하고 있다. 사실 이 사업은 2016년 천안 목천에서 출토된 청동상의 성격 논의로 시작된 것으로 지금

도 13. 천안 목천 동리 수습 청동상(가경고고학연구소 2017)

은 고려시대 천안의 역사성을 규명하는 작업으로 발전하여 진행되고 있다. 이를 위하여 세미나(가경고고학연구소·천안시 2017), 기본계획 수립, 발굴 조사(충청문화재연구원 2021; 고운문화재연구원 2023) 등이 진행되고 있다.

따라서 철원도 DMZ 내 태봉국 철원 도성에 대한 논의와 함께 실질적으로 철원의 고대 문화를 밝힐 수 있는 확장성 있는 노력을 하여야 한다. 철원 향교지가 이전에 왕건 사저였다는 이야기는 사실 여부를 떠나서 철원지역의 후삼국시대의 정체성을 보여주는 또 하나의 미래문화유산이기 때문이다.

설사, 발굴조사를 통하여 다른 고고학적 증거가 나타난다고 하여도 이 사실 또한 철원의 미래자원으로 자리매김할 수 있다고 생각한다.

최근 양주 대모산성 원형집수시설에서 태봉의 연호인 政開가 묵서된 목간이 확인(기호문화재연구원 2023)되었다. 이처럼 지방 호족 집단과 관련하여 중요한 자료가 확인되듯이 철원지역에서도 고고학적 조사가 지속될 필요가 있다.

참고문헌

『陽村集』

『輿地圖書』

『白軒集』

『新增東國輿地勝覽』

가경고고학연구소·천안시, 「왕건, 신도시 천안을 건설하다.」, 천안지역역사문화 학술대회, 2017.

강원대학교 중앙박물관, 『(舊)鐵原鄕校址 試·發掘調查報告書』, 2008.

郭丞勳, 「신라 하대 지방에서의 佛事活動과 村主」, 『신라사학보』 3, 2005.

국립문화재연구소, 『경복궁 흥복전지 발굴조사보고서』, 2008.

국립문화재연구소, 『북한문화재해설집 I 』, 1997.

고운문화재연구원, 『「천안 천흥사지-천안 천흥사지 정비사업부지 내(2차)』, 2023.

기호문화재연구원, 「양주 대모산성 발굴조사 현장 공개 설명회 자료집 2023」, 2023.

김태욱, 「「왕건 사저와 봉선사」에 대한 토론문」, 『태봉국 수도 철원의 관방유적 태봉학술대회 자료집』, 태봉학회, 2022.

도유호, 「奉先寺址考」, 『문화유물』 제2집, 조선물질문화유물조사보존위원회, 1950: 태봉학회·철원군, 『태봉학회총서1, 태봉 철원도성 연구』, 주류성, 2019.

文化財管理局 文化財硏究所, 『海外所在文化財調査書 第5冊, 小川敬吉調査文化財資料』, 1994,

文化財管理局 國立文化財硏究所, 『景福宮 寢殿地域發掘調查報告書』, 1995.

박동호, 「후삼국 강원지역 와전 문화 연구」, 『한국기와학보』 5, 한국기와학회, 2022.

심재연, 「일제강점기 태봉국 철원성 조사와 봉선사지」, 『문화재』 52-1(통권 83호), 국립문화재연구소, 2019.
심재연, 「일제 강점기 풍천원의 고적 조사」, 『고고학』 18-1, 중부고고학회, 2019.
유재춘, 「철원 월하리 유적의 조사 결과와 성격 검토」, 『궁예의 나라 태봉』, 일조각, 2005.
유재춘, 「철원의 高麗太祖 王建 舊宅址說에 대한 검토」, 『江原文化史研究』 10, 강원향토문화연구회, 2005.
유환성, 「경주 출토 통일신라시대 인각와의 검토」, 『考古學誌』第17輯, 國立中央博物館, 2011.
朝鮮總督府, 『朝鮮寶物古蹟調査資料』, 1942.
趙仁成, 「弓裔의 勢力形成과 建國」, 『震檀學報』 75, 震檀學會, 1993.
趙仁成, 「弓裔의 後高句麗 건국과 관련한 두 문제」, 『신라문화』 27, 2006.
조인성, 『태봉의 궁예정권연구』, 푸른역사, 2007.
조인성, 「태봉 철원도성 연구의 현황과 과제」, 『신라 왕경에서 고려 개경으로-월성과 만월대』, 국립경주문화재연구소, 2019.
충청문화재연구원, 『天安 天興寺址-천안 천흥사지 정비사업부지 내 유적-』, 2021.
최연식, 「신라 하대 철불 명문의 재검토」, 『木簡과 文字』 28, 2022.
최정혜, 『고려시대 평기와의 편년연구』, 경성대학교 대학원 석사학위논문, 1996.
최정혜, 「고려~조선시대 중원지방의 수막새 편년」, 『중원문화와 기와』, 한국기와학회, 2012.
최정혜, 「신라 말·고려초 중원지역의 연화문 수막새 검토」, 『중원지역 기와연구와 전환기』, 국립중원문화재연구소, 2018
최정혜, 「삼국시대 중원지역의 연화문수막새 검토」, 『한국기와학보』 5, 한국기와학회, 2022.

최정혜, 「고려 막새의 변화양상과 의미」, 『한국중세고고학회 2020년 춘계학술대회-한국 중세기와의 생산과 사회구조-』, 한국중세고고학회, 2020.

태봉학회, 『태봉국 수도 철원의 관방유적 학술대회 자료집』, 2022.

한국문화재재단, 「춘천 소양로1가 92-26번지 유적」, 『2019년도 소규모 발굴조사 보고서XX』, 2021.

한백문화재연구원, 『춘천 소양로 93-8번지 유적』, 2020.

국립중앙박물관 누리집(https://www.museum.go.kr/site/main/home)

한국고전번역원 한국고전종합DB(https://db.itkc.or.kr/)

이뮤지엄(www.emuseum.go.kr/)

태봉학회 총서 5

제2부

관방유적

태봉의
문화유산

CULURAL HERITAGE OF
TAEBONG KINGDOM

泰封國 文化遺産

철원의 관방유적

이 재

(재)국방문화재연구원 원장

목차

Ⅰ. 철원일대의 성곽 현황

관방(關防)이란 주변의 세력으로부터의 침입을 막아내어 영토와 주민을 안전하게 보호하는 군사적 행위이다. 우리나라의 역사에 전해져 오는 관방유적으로는 목책(木柵), 성(城), 진(鎭), 보(堡), 돈대(墩臺), 포대(砲臺), 봉수(烽燧)시설 등이 이에 해당된다. 성은 삼국시대 이래 가장 핵심적인 관방시설로 산성, 평지성, 평산성, 도성, 행성(行城), 장성(長城) 등으로 성의 위치나 기능에 따라 구분되며 진은 지방의 요새를 지키는 전국적 군사행정

시설이며 보나 돈대는 해안이나 강가 등 접근로상에 설치한 소규모의 침입 차단 시설 등을 말한다. 조선후기 화약병기의 보급으로 인해 진이나 보 및 돈대 등에는 화포를 엮어 포대를 만들어 놓기도 하였다. 봉수시설은 변방의 침입을 연기와 불꽃으로 사전에 알리는 군사정보시설로 우리나라에서는 독특하고 탁월한 봉수망을 구성하였다.

관방유적도 가장 전형적인 역사적 산물이다. 그것도 지정학적 여건에 따라 그 시대에 적합한 방어시설들을 수시로 조성하여 나아갔다. 철원군은 우리나 중앙부의 넓은 용암지대의 평야지대를 중심지역으로 하고 있다. 북동쪽은 태백준령들에 이어지고 남동쪽은 남서로 뻗은 광주산맥에 이어져 오성산, 대성산, 금학산, 명성산, 운악산 등 천미터 이상의 산이 지나고 있으며 서쪽으로는 연천지역의 지장산이 지나고 있다. 철원평야는 평강서쪽의 오리산의 화산폭발로 분출된 무른 용암이 평강, 김화, 철원, 연천 일대까지 넓게 형성된 현무암 용암대지의 중심부에 해당된다.

이 용암대지에 형성된 철원평야는 높이가 철원은 200m 내외, 평강은 300m 내외로서 일찌기 풍화작용으로 토양층이 형성되어 농경에도 좋은 조건을 갖추고 있다.

뿐만 아니라 철원 일대는 예로부터 사통팔달의 중심지로서 주변과의 교통이 탁월한 중심부였다. 북쪽으로는 평강, 회양을 지나 안변으로 통하고 서쪽으로는 연천 방면으로, 동쪽으로는 김화를 통해 자등령을 넘어 포천 방향으로 그리고 남부로는 운천 지역으로 교통이 쉬운 곳이었다. 그리하여 철원 일대는 예로부터 외부의 침입이 잦았으며, 정치세력도 자주 바꾸게 되었고 이민족의 침입도 허다하게 받아왔다. 철원은 삼한의 변방세력으로 출발하여 백제가 일시 지배했으나 고구려의 남진정책으로 고구려의 '모을동비'가 된 후 신라의 통일로 철원으로 되었는가 하면 궁예에 의해 태봉이 땅이 되고 그 후 고려, 조선의 지배를 받았다. 이렇듯 철원은 삼국의 각축장이었고 궁예의 활동 중심지였다. 철원지역은 이민족의 침입이 매우 많았다. 고려말 거란족의 침입이 수 차 있었으며, 그 후 몽고의 침입을 받아 동주산성과 철원 일대가 몽고의 수중에 들어갔는가 하면 심지어 동해안으로부터 왜구의 침입도 받았고 조선에 들어와서는 임란시 일본의 침입과 그 후 청나라의 침입을 김화에서 물리쳤다. 심지어 6.25시에 철원은 철의삼각지로 남북의 최대 격전장이 되기도 하였다. 철원지방의 이러한 정치세력의 각축과 숱한 이민족의 침입은 이 지역에 많은 관방유적이 만들어지게 되었다.

우선 철원 일대의 성곽을 요약하면 다음표와 같다.

〈철원일대의 성곽〉

번호	명칭	규모	축성시기	특징	위치
1	철원도성 (궁예도성)	외성: 12.5km 내성: 7.7km	905년 전후	이중도성 평지토석혼축성	철원군 홍원리 (풍천원)
2	중어성	둘레: 200m	궁예시대(?)	현무암 평지 석성 (기록 없음)	대마리 역곡천 281m 고지 앞
3	동주산성	둘레: 800m	신라시대	철원의 피난성 타원형 복합산성 몽고의 침입	철원읍 중리
4	월하리토성	둘리: 600m	통일신라시대	왕건의 사저를 애워싼 토축산성	철원읍 월하리
5	할미산성	둘레: 250m	신라~통일신라 시대(?)	계단식 석축산성 기록없음	동송읍 장흥4리
6	성모루토성	둘레: 150m	청동기시대(?)	평지토성. 일자형 차단성 중도식 토기 출토	동송읍 양지리 오목동
7	고석성	둘레: 850m	궁예시대(?)	포곡식 석성 한탄강, 고석정과 유관	동송읍 한탄강변

8	명성산성	둘레: 2,000m	후삼국시대	복합식 대형 석성 궁예 패주전설	갈말읍 신철원리
9	어음성	둘레: 400m	삼국시대	테뫼식 석성, 기록없음 철제마, 도·토제마 출토	갈말읍 문혜리
10	토성리토성	둘레: 600m	삼국시대 이전	평지토성, 우세 부족의 치소 호위성	갈말읍 토성리
11	성산성 (성제산성)	둘레: 980m	삼국~통일신라	복합식 석성. 김화현의 진산 산성	김화읍 읍내리 성재산
12	운악산성	둘레: 3,000m	후삼국시대	복합식 석성. 전략적 거점역할 궁예 패주 전설	포천시 화현면
13	보개산성	둘레: 4,200m	후삼국시대	복합식 석성. 전략적 거점역할 궁예 패주 전설	포천시 관인면

위의 13개 성곽 중 운악산성과 보개산성은 포천시에 있으나 철원평야의 외곽에 있으면서 궁예 패주 전설과 관련된 높고 험준한 산과 계곡을 포함하고 있어 철원지역의 성으로 편입시켰다. 이제 이 보고서를 바탕으로 특징적인 성들을 검토해 보자.

위의 성곽 중 운악산성, 성재산성, 동주산성, 보개산성에 대해서는 육군사관학교 조사단이 정밀지표조사 보고서를 단행본으로 편찬한 바 있으며, 나머지 성곽들에 대해서도 『철원군 군사유적 지표조사 보고서』(1996)에서 상세히 다루는 등 수년간 철원군 관방유적 조사를 실시한 바 있다.

① 성모루토성은 일단 청동기시대에 한탄강 돌출부에 출입을 차단하기 위해 만든 판축을 이용한 토성으로 보인다. 철원군에서나 다른 곳에서 그 유형을 찾기 어려우며, 중도식 토기가 다수 출토되었음이 특이하다. 앞으로 유물 등으로 보아 연구가 필요한 토성으로 보인다.

② 토성리토성은 삼국시대 이전 삼한시대나 그 이전의 지배세력의 치소(治所)

를 둘러싼 토성으로 연천의 초성리토성, 육계토성 및 한강 하남 일대의 몽촌토성 등과 기능이 흡사한 판축토성이다. 한탄강 이남의 넓고 비옥한 철원평야의 평지에 토성을 쌓았던 것이다.

③ 다음으로는 삼국시대나 후삼국시대에 축조된 것으로 보이는 동주산성과 성산성이다. 이 두 고성은 지표조사 결과 모두 철원과 김화 인근의 진산(鎭山)에 쌓은 산성으로서 성 내에 넓은 주거공간과 건물지 등이 확인되었다. 현재 두 성 또한 이민족의 침입을 받아 격전장이 되었던 성들이다. 동주산성은 한때 몽고의 침입으로 폐허화 되었으나, 그 후 조선시대 등에서는 증축이나 복원을 하지 않은 것으로 보인다. 동주산성이라고 불리고 있지만 삼국시대의 유물이 다수인 점을 고려할 때 삼국시대나 그 후 후삼국시대에 축조한 철원산성으로 보아야 할 것이다.

현재는 이 두 산성에 군사시설이 들어서 있어 성이 다소 붕괴되어 있지만 구철원의 고도(古都)인 철원산성은 반드시 발굴조사를 실시하여 규모를 밝혀야 할 것이다. 포천이 반월산성을 십 여차 발굴하여 이를 정비하고 활요하는 노력을 철원도 참고하여야 할 것이다.

④ 다음으로 삼국시대에 자그만 피난성 역할을 한 성으로는 할미산성, 어음성을 들 수 있다. 이 두 성은 문헌기록이 없는 테뫼식 석성임으로 자세히 더 규명하기는 어렵다. 다만 내부가 좁아서 단기적인 피난을 목적으로 축조했던가 아니면 다른 특수한 목적으로 쌓았을 가능성이 있다. 이런 점에서는 할미산성 정상의 봉수와 관련성이나 어음성에 수습된 철제마, 토제마, 도기마 등이 다수 수습된다는 점 등을 참고로 할 수 있겠다.

⑤ 철원일대에 있는 명성산성, 운악산성 그리고 보개산성은 여러 가지 면에서 유사점이 있다. 우선 이 세 산성이 있는 산이 매우 험준하고 웅장하여 성을

쌓기가 매우 힘든 지역이라는 점이다. 그럼에도 불구하고 이 세 성은 정상부와 계곡을 아우르는 대규모 석성을 쌓았다는 점이다. 따라서 이렇게 크고 험준한 산성을 쌓기 위해서는 국가적 도움이 필요했을 것이다. 그리고 이 성들 안에는 넓은 평지와 건물지들이 확인되어 유사시 피신하여 비교적 장기간 저항하기 위해 쌓은 성으로 일단 보인다.

또한 이 세 성에는 공통적으로 궁예 패주 전설 등이 비슷하게 전해져 온다는 점이다. 궁예가 왕건에게 축출된 후 이 곳으로 부하들을 이끌고 들어와 항전하면서 궁궐터를 지었으며 궁예가 그 안에서 활동했던 여러 가지 전설이 남아있다. 그 중에서도 보개산성은 궁예 패주 기록과 전설에 잘 부합되고 있어 궁예가 험한 명성산으로 피할 것이 아니라 보개산성으로 피신한 것이 아닌가 하는 생각을 갖게 한다.

그동안 운악산성 조사보고서나 보개산성 조사보고서는 우리 육사 조사단이 별도의 지표조사보고서를 출판한 바 있으나 명성산성은 철원군 군사유적 지표조사 보고서(1996)에서 정확한 측량을 하지 않은 채 개략적인 규모를 제시했다. 명성산성에 대한 지표조사는 2016년 강원문화재연구소에서 『철원 명성산성 학술조사보고서』라는 이름으로 나왔으나, 보고서를 구하기도 어려웠고 조사내용이 공개적으로 발표된 바 없었다. 오늘 같이 철원의 관방유적을 논의하는 자리에서 명성산성 발표가 있었으면 하는 아쉬움이 남는다. 그리고 이 세 산성을 정밀답사 조사하고 이들을 비교 연구하여 이들 산성과 궁예와의 관계 등을 좀 더 구체적으로 밝혀보기를 기대해 본다.

철원에는 이 지역을 지켜온 많은 관방유적이 있지만 국가가 위기에 봉착했을시 이 나라를 구하는데 앞장서온 위대한 명장들도 적지 않았으니 그 대표적인 인물은 김응하 장군이나 유림 장군일 것이다. 그 중 유림 장군이 병자호란시 침입한 청군을 김화 백전에서 궤멸시킨 김화백전대첩은 이미 2011년과 2013년 두 차례의 학술대회에서 충분히 재조명되었으며, 전쟁무대였던 백동산 일대는 역사적 전승지인 만큼 남아있는 유적과 전투지역을 당연히 국가사적으로 지정하여 이를 보존정비해 나가야 할 것을 수 차 논의하고 건의한 바 있다.

그러나 그 후 이러한 논의들이 시행되고 있다는 이야기를 들은바 없다. 오늘 이와같은 관방유적 학술대회를 하면서 다시 한번 김화백전대첩지의 유적과 시설들에 대해 새로운 관심을 갖는 계기가 되길 기대해 본다.

결론적으로 우선 동주산성으로 알려져오고 있는 철원산성에 대한 정밀발굴조사를 통해 철원산성의 실체를 밝히고 필요시 부분적인 정비·복원 사업을 하는 일이 철원으로서는 무엇보다 중요한 사업이 되어야 할 것이다. 다음으로 철원에서 궁예 및 태봉국이 차지하는 위상은 과거는 물론 현재까지도 대단하다 그런점에서 궁예와 가장 깊은 관계를 맺고 있는 명성산성, 운악산성, 보개산성은 답사 및 조사를 통해 동시에 비교연구가 이루어지길 바란다.

그리고 끝으로 국가의 위기를 구했던 유림 장군의 백전대첩의 유적지나 기타 시설 등은 국가사적으로 신청하여 정비·복원하여 국가적 차원의 안보관광지로 활용해야 할 것이다.

Ⅱ. 우리나라 봉수제의 기원과 발전

봉수(烽燧)는 야간에 횃불을 올려서 의사를 전하는 방식(烽)과 주간에 연기를 피워 정보를 전달하는 방식(燧)을 합한 주연야화(晝煙夜火)의 통신 수단으로서 우리나라 뿐만이 아니라 세계 여러나라에서 여러 가지 방식으로 활용하였다. 전기통신을 이용한 현대의 통신수단으로 보면 낡은 방식이고 비능률적으로 보이겠지만 고대의 전쟁터에서나 원거리 통신수단으로서는 탁월한 통신수단이었다고 보아야 할 것이다.

일찌기 아메리카 원주민인 인디언들은 주간에 연기를 피워서 이를 담요로 덮었다 열었다 하는 방식으로 의사를 전달했는가 하면 중국에서는 만리장성에 봉화를 설치하여 흉노의 침입에 대비하여 활용했으며, 고대 그리스에도 알파벳 배열을 달리하면서 글자에 따라 다른 불꽃을 피우곤 하였다.

우리나라에서도 일찌기 AD48 가락국의 수로왕과 허왕후 설화에서 보듯이 상호 봉화를 올려 황후를 맞아들였다는 전설이 있는가 하면 백제 온조왕이 BC9년에 변방을 침입한 말갈족을 봉현(烽峴)에서 패퇴시켰다는 기록이 있고 그 후 삼국간의 전투에서 봉화를 이용한 사실들이 다수 확인되어 삼국시대에 전쟁에서 봉수활용이 일상적이었음을 알 수 있다.

그러나 삼국시대에는 잦은 전투로 인한 변경의 변화, 수도의 이전 등으로 수도에 까지 이르는 체계화된 봉수제도는 갖추기는 어려웠을 것이고 1거(炬)에서 2거(炬) 정도의 봉화가 활용되었을 것으로 보인다. 고려시대에는 5도 양계 체제와 개경을 수도로 한 안정된 통일국가를 운영하면서 이민족의 침입에 확고하게 대응하여야 할 국가방위와 그에 따른 안정된 봉수제도 확립이 요구되었다. 기록상으로는 의종3년(1149) 북계의 서북면 병마사 조진약의 건의에 따라 봉수제도의 기본 규칙들을 마련한 것으로 나타난다. 주야에 따라 야화주연(夜火晝煙)으로 구분하고 봉수의 거화방식을 4가지로 하고(四炬火) 봉화대마다 인원수를 확정하는가 하면 토지를 지급하게 하였다. 그후 충정왕 3년(1351)에는 송악산에 봉수소를 설치하여 전국에서 올라오는 군사정보를 수집하는 중앙봉수소 역할을 하게 하였다. 이렇게 잘 정비된 봉수제는 북방의 북계 지방 뿐만이 아니라 왜구의 침입이 잦은 남쪽 해변의 봉수를 보강증설 하는데에도 심혈을 기울였다.

그러나 고려시대의 봉수노선이 구체적으로 어떻게 편성되었는지 또 직봉노선이 어떻게 구성되어 있는지 등은 자세히 알려져 있지 않다. 고려시대에는 남서쪽 해변을 통한 왜구의 침입이 가장 빈번하였다. 북쪽으로는 천리장성을 국경으로 하였음으로 북방의 여러 민족이 혼재하는 압록강 상류지역이나 함경도 일대는 고려의 통제에서 벗어나 있었다. 다만 북계 지역을 통해 몽고족, 여진, 거란 등의 이민족이 내침이 있었음으로 봉수제도도 압록강 하변과 황해도 일원을 통한 이민족의 침입에 대비하였을 것이며, 강화도를 통한 침입에도 대비하였을 것이다.

그 외 함경도와 강원도의 동해안을 포함하는 동계 지역으로부터 왜구의 침입도 고려하지 않을 수 없었을 것이다. 이렇게 볼 때 고려시대에는 최소한 북계에서 개경으로 향하는 봉수노선과 남서해안을 통해 올라오는 봉수노선은 직봉으로 구성했을 것으로 생각된다. 그러나 13세기 몽고의 잦은 침입으로 몽고의 지배를 받았던 시기의 고려의 봉수제도는 제기능을 수행할 수 없었다.

Ⅲ. 조선시대의 봉수지

고려시대에 기본구조를 마련한 우리나라의 봉수제가 체계적이고 본격적인 발달을 통해 세련된 봉수체계를 수립한 것은 조선의 세종대에 이르러서이다. 세종은 고려시대 말 왜구의 극심한 침구에 시달렸던 점을 고려하여 즉위 후 남해안 및 서해안에 봉수시설을 강화하여 연대를 늘려 연변봉수를 확장하고 정비하였다. 이어서 세종은 4군 6진의 개척을 추진하여 압록강과 함경도 일대를 우리영토로 편입시키는 북방정책을 추진하여 우리의 영토를 압록강과 두만강까지 확대하였다. 그러나 새로이 개척한 4군 6진의 북쪽 땅을 지키기 위해서는 야인들의 침입을 사전에 탐지하고 이에 대비하여야만 했으며, 이에 따라 세종은 이 일대에 봉수제도를 개발하여 활용하지 않으면 안되었다.

세종이 정비한 조선시대 봉수제는 경국대전에 잘 정리되어 있는데 우선 거화수는 고려의 4거화를 5거화로 하여 이민족의 침입을 더욱 세밀하게 관찰토록 하였으며, 변경에서 한성까지 이르는 봉수는 연변봉수, 내지봉수, 경봉수 등 세 형태로 나누어 연결되도록 하였다. 연변봉수는 국경지역이나 해안가나 강가 및 중요 요충지의 봉수로서 주변에 석재로 연대를 넓게 쌓고 그 위에 5개의 연조를 두었으며, 그 옆에 건물을 지어 그 안에 봉수 연소자료나 화기 및 병기 등을 두어 짐승의 침입이나 외부에 침입에 대비하였다. 내지봉수는 연변봉수와 경봉수 사이의 봉수로서 특별히 연대는 쌓지 않고 5개의 연조만을 설치하였다. 경봉수는 한양의 목멱산에 설치한 중앙봉수로서 비교적 크고 높은 연조를 만들어 5개 직봉노선에서 올라오는 봉수를 잘 접수하게 하였다.

봉수운영에 종사하는 인원은 대체로 오장(伍長)과 봉수군(봉졸,봉군)으로 구성되었는데 오장은 봉수군을 지휘감독하였으며, 봉수군은 봉수를 관리하고 유지하며 봉화불이나 연기가 일어나는가를 끊임없이 관찰하여야 했다. 그 인원수는 대개 연변봉수는 오장 2인, 봉군 10인, 내지봉수는 오장 2인, 봉군 6인, 경봉수에는 오장 2인, 봉군 20명으로 구성되고 매 10일마다 교대로 근무하였다.

전국의 봉수노선은 전국 변방에서 5개의 노선이 경봉수로 집결하도록 되어 있는데 이 봉수를 직봉이라 불렀으며, 이 직봉 외에도 내륙지역의 험지나 제주도 등에서 시작하여 직봉노선에 이르는 보조적인 간봉이라는 봉수노선도 있었다.

5개의 직봉노선 중 제1직봉 노선은 북동지역의 두만강 끝지점에서 시작하여 함경도, 강원도, 포천 등을 거쳐 목멱산 봉수에 이른다. 따라서 철원군을 관통하는 봉수노선은 제1직봉노선 상의 내지 봉수들이다. 이 노선에는 직봉 122개소, 간봉이 58개소로 구성되었다. 북서지방에서 시작하는 직봉은 제3로와 제4로의 노선이다. 제3로선은 강계 일대에서 시작하여 압록강변을 거쳐 평안도 내륙지역과 송악을 거치고 도라산 무악동봉을 거쳐 목멱산 3봉수에 이른다.

제4노선은 의주에서 시작하여 평안도, 황해도 해안선을 거쳐 무악동봉을 지나 목멱산 4봉수에 이른데. 제2직봉노선은 경상도 동래에서 시작하여 경주, 안동, 충주 등 경상도와 충청도를 거쳐 천림산 봉수를 지나 목멱산 2봉수에 이른다. 제5봉수는 전라도 남해안 돌산도에서 시작하여 남해안과 전라도 서해안을 거쳐 충청도와 강화도를 지나 목멱산 제5봉수에 이른다.

위의 모든 직·간봉 노선 수는 『세종실록지리지』(1454)에서는 549개소로 나타나고 『증보문헌비고』(1903)에서는 673개소로 나타난다. 시기에 따라 봉수의 수가 바뀌는 것은 시대의 필요에 따라 봉수를 폐기하거나 다시 신설했기 때문인 것으로 보인다.

조선정부는 세종시 봉수제를 확립한 후 수 백년간 봉수를 정상적으로 운영하기 위하여 연변봉수를 특히 확충, 강화해 나아가고 내지봉수도 그 수를 늘리거나 위치를 변경하는가 하면 봉수군에 대한 경제적 지원책으로 둔전을 지급하면서도 이들에 대한 감독을 강화해 나아가는 등 온갖 노력을 해왔음을 조선실록이나 봉수관련 문헌에서 확인할 수 있지만 실제로 봉수제는 시작 때부터 제대로 작동되지 않았다. 특히 삼포왜란(1510)이나 니탕개의 난(1583)은 물론 임진왜란에서도 봉화는 제기능을 발휘하지 못했다. 그리하여 성종, 중종, 명종 및 선조에 이르러서 봉수제는 유명무실하게 되었다.

조선정부는 봉수제의 허구성, 비현실성을 인정하고 이에 대치하여 선조 말에 파발제를 시행하였지만 파발제는 근본적으로 봉수제와 달리 중앙에서 지방으로 내려가는 통신체계여서 봉수제의 기능이 파발제의 시행으로 보완될 수는 없었다. 비록 봉수제가 유명무실하게 되었지만 조선후기에 와서도 조선정부는 봉수제를 완전히 포기하지는 않았다. 숙종에 이르러 봉수제를 다시 정비하였으나, 큰 효과를 보지 못한 채 갑오개혁시 전기통신제도의 도입으로 폐지되었다.

Ⅳ. 봉수제의 붕괴

역사적으로 봉수제는 우리나라에서는 피해갈 수 없는 통신체제라 하지 않을 수 없다. 당시 봉수제는 가장 현실적이면서 지리·지형상으로도 남북의 침입세력을 방비하는데 적합한 유일한 군사정보 통신체계였으며, 비교적 원거리인 한양으로 전하는 데에도 적절한 수단이었다. 그러나 봉수는 노선구성이나 제도면 등 이론적인 면에서는 탁월해 보였다 하더라도 노선의 어느한 봉수에서 실수를 하면 봉수제는 아무런 쓸모가 없을 수밖에 없게 되는 등 현실성에서는 많은 문제가 있었다. 그리하여 세종시 봉수를 국가의 핵심군사 정보제도로 정착시키고 제도화할 당시부터 봉수제의 실효성에 대한 부정적 의견이 대두되고 봉수제를 정착시키기 어려운 여러 가지 문제점들도 논의되었다. 그럼에도 불구하고 세종시 봉수제를 국가적 군사정보 통신망으로 제도화 시킬수 있었던 것은 봉수제를 제도화하고 이를 성공적으로 수행하는 일이 당시 조선에서는 가장 중요하고 필수적인 군사정보망이라는 강한 인식과 비록 봉수제 운영에 많은 문제점이 있다 하더라도 이를 시정하고 관리하여 봉수제를 확실히 성공시킬 수 있다는 국가적 차원의 능력을 갖추고 있었기 때문이었다 볼 수 있다.

봉수제도는 고려시대로부터 조선시대에 까지 수백년 동안 국가가 우리영토와 우리민족을 이민족의 침입으로부터 보호하기 위하여 어떠한 노력을 해왔는지를 잘 보여주는 군사정보 통신망이었다. 봉수제도 자체가 현실적으로 지니고 있는 문제점과 시행상의 어려움으로 끝내 소기의 목적을 달성하는 데에는 실패했다 하더라도 우리 선조들이 수백 년간 끊임없이 봉수제를 개선하고 발전시키려 노력했던 도전과 노력은 실로 위대

했다고 말할 수 있겠다.

봉수제는 폐지됐지만 많은 연봉수와 내지봉수지들이 남아 있어 이를 통해 봉수제에 대한 이해를 넓힘은 물론 남은 봉수지의 정비와 복원을 통해 이를 귀중한 관방유적으로 관리해야 할 것이다. 이와 같이 남은 봉수지 시설들은 문화재적 중요성이 큰 문화유산이 아닐 수 없다.

V. 철원지역의 봉수체계

1996년 육군사관학교의 관방유적 조사단은 철원일대의 봉수에 대하여 현장답사를 바탕으로 하여 조사를 실시한 바 있다. 조선시대 지리서나 대동여지도, 그리고 증보문헌비고 등 문헌에 나타난 봉수는 물론 문헌에는 나타나 있지 않지만 구전이나 철원군지 등에서 언급하는 모든 봉수들을 모두 조사하였다. 그 결과 휴선선 이남지역에 8개의 봉수지를 확인하여 『강원도 철원군 군사유적 지표조사 보고서』(1996)에 소개하고 분석한 바 있다.

이들 8개의 봉수지는 ①소이산 봉수(철원읍 소재) ②할미산 봉수 ③적골산 봉수 ④상사봉 봉수 ⑤소이산 봉수(계웅산 봉수) ⑥덕령산 봉수 ⑦삽송봉 봉수 ⑧상해암 봉수 등이다. 그 외 철원일대의 봉수지와 대응했던 북한지역의 봉수로는 평강 남쪽 토빙 봉수와 진촌산 봉수 등을 지도상으로 확인하였다.

위 봉수들의 답사와 분석을 통해서 확인할 수 있었던 것은 철원일대의 봉수는 조선시대의 제1직봉노선인 경흥노선 상에 위치한다는 점이다.

제1로선은 함경북도 두만강이 동해로 들어가는 지역 서수라에서 두만강변을 따라 서진하다가 회령에서 함경도 내륙지방으로 노선을 바꾼 후 동해안을 따라 남진하다가 안변에서 태백산맥을 넘어 강원도 내륙을 거치고 철원과 포천일대를 지나 아차산 봉수를 거쳐 목멱산 제1봉수에 이르게 된다.

이 노선상에 직봉은 모두 122개처이고 간봉은 58개처이다. 증보문헌비고를 통해보면 간봉은 대부분 함경도 일원에 분포하며 다른 곳에는 간봉이 없는 것으로 되어 있다. 철원일대의 8개 봉수지 중에서 세종실록지리지, 대동여지도에서나 증보문헌비고 등에서 확인할 수 있는 봉수는 북으로부터 평강의 토빙산 봉수에 이어 소이산 봉수 – 할미산 봉수 – 적골산 봉수이고 적골산 봉수는 포천의 미로곡 봉수로 연결된다. 다만 신증동국여지승람(1530)이나 동국여지(1656)에서는 소이산 봉수가 적골산 봉수로 대응하는 것으로 설명하고 있다. 즉 소이산 봉수에서 가까운 할미산 봉수를 거치지 않고 할미산 봉수보다 아래에 떨어져 있는 적골산 봉수로 직접 대은한다는 뜻이다.

할미산 봉수가 문헌에 나타나는 것은 여지도서(1759), 대동지지(1864), 대동여지도, 증보문헌비고(1903)에서이다. 이로 보아 처음에는 소이산 봉수에서 적골산 봉수로 연결시켰으나, 거리가 멀기 때문에 18세기에 이르러 할미산 봉수가 추가로 건립된 것이 아닌가 생각된다.

위의 세 봉수들은 답사 결과 봉화의 연조들은 찾아볼 수 없었고, 할미산 봉수지 정상에서 다수의 석재들을 확인할 수 있었다. 봉수의 형태는 전형적인 내지봉수로 보였다. 특별히 정상부분에 넓게 연대를 조성한 흔적은 없었으나, 할미산 봉수의 경우 주위에 테뫼식 석성이 축조되어 있다.

이중에서도 소이산 봉수는 평강의 토빙봉수로부터 오리산에서 분출되어 형성된 넓은 철원평야에 있는 평강의 토빙봉수로부터 연결되고 있어 철원일대의 대표적 봉수라고 볼 수 있다.

이 제1로선과 관련하여 특별히 관심을 갖게 되는 것은 진촌산 봉수와 김화의 소이산 봉수에 관한 부분이다. 신증동국여지승람과 동국여지지에서는 소이산 봉수는 남쪽으로는 적골산 봉수에 대응하지만 동쪽으로 평강현 남쪽의 진촌산 봉수에 대응한다고 기술하고 있다. 그리고 신증동국여지승람에서는 이 진촌산 봉수가 동쪽으로는 김화의 소이산 봉수에 대응하는 것으로 기술하고 있다. 뿐만 아니라 소이산 봉수는 다시 동쪽으로 금성의 아현봉수에 대응하고, 아현봉수는 다시 동쪽으로 금성의 구을파산 봉수로, 그리고 구을파산 봉수는 금성의 기성북산 봉수로, 그리고 기성북산 봉수는 회양의 개탄산 봉수로 대응하는 것으로 적고 있다. 또 개탄산 봉수는 여이파산 봉수로, 여이파산 봉수는 동쪽의 추지령 봉수로 추지령 봉수는 끝으로 동해의 금란산 봉수에 이르게 되는데 또 한편 추지령 봉수는 서쪽으로는 장미산 봉수로 연결되고 장미산 봉수는 제1로선의 소산봉수로 연결된다.

이렇게 볼 때 조선전기 철원지역의 봉수망은 두가지 노선으로 볼수 있겠다. 그 하나는 함경도 내륙으로 내려와 안변의 철령과 소산봉수를 거쳐 평강의 토빙을 지나 철원의 소이산으로 들어오는 노선이고, 다른 하나는 동해안의 금란산에서 시작하여 태백산맥을 올라와 추지령 봉수를 지나 금성과 김화 지역으로 내려와 소이산 봉수(계웅산 봉수), 진촌산 봉수, 소이산 봉수로 연결되는 별도의 노선이다. 이 두 봉수노선은 상당한 거리를 두고 내려오지만 일단 추지령 봉수에서 서쪽으로 장미산 봉수를 거쳐 제1봉노선의 소산봉수로 처음 연결되기도 하나 두 노선이 완전히 합해지는 것은 진촌산 봉수를 지난 후 철원의 소이산 봉수에서이다. 그러나 중요한 점은 대동여지도나 증보문헌비고 등 조선후기의 제1봉 노선에는 별도의 봉수들은 일체 없다는 점이다.

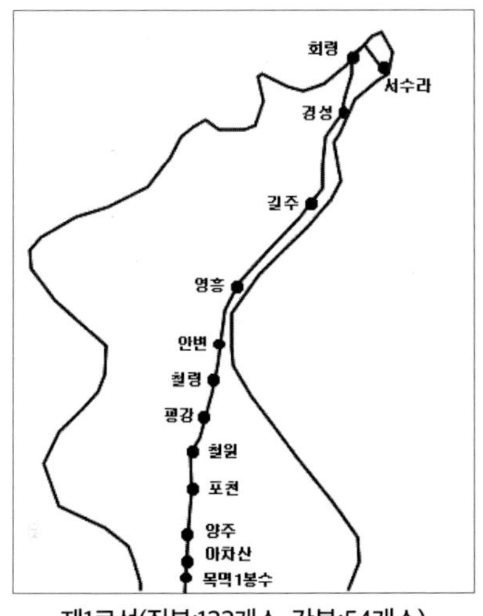

제1로선(직봉:122개소, 간봉:54개소)

별도노선(12개)

그런데 금란산에서 시작되는 별도의 노선은 제1경흥노선의 무산과 철원의 소이산으로 연결되고 있기도 하다. 이렇게 볼 때 별도의 노선은 조선전기에 동해안으로부터 영서지방으로 침입하는 왜구 등에 대비하여 설치한 봉수로 생각할 수 있으나 실제로는 활용이 되지 않아 일찌기 폐지된 노선이 아닌가 생각해 볼 수 있다. 이 별도 노선은 일찌기 경국대전에서도 언급된 바 없고 조선후기의 지도나 지리서에도 찾아볼 수 없다.

한편으로는 이 별도 노선을 제1로선의 간봉노선으로 볼 수도 있겠다. 간봉은 주로 압록강, 두만강 등 북변 지역이나 남해안 등에서 시작하여 직봉노선으로 연결되는 경우가 제일 많다. 이런 점에서 별도의 노선을 동해안에서 시작하여 강원도 내륙을 거쳐 제1로선으로 합해지는 12개 봉수로 구성된 간봉으로 볼 수도 있겠으나, 조선후기 봉화관련 문헌에는 일체 나타나 있지 않다. 이 별도 노선은 모두 철원일대에 있지 않고 비무장지대 이북 강원도 지역에 해당된다. 그러나 이 노선이 처음에는 제1로선의 소산으로 연결되지만 통천, 금성, 김화지역을 거쳐서 김화의 소이산을 거쳐 진촌산 봉수를 지나 철원의 1노선상의 소이산 봉수로 연결된다. 이런 점에서 철원군에서는 이 별도 노선에 대한 조사와 연구가 장차 필요할 것으로 생각된다.

다음으로 관심을 갖게되는 봉수지는 비록 1노선인 영흥노선이나 별도 노선 상에는 대응하지 않는 봉수지 4곳, 즉 상사봉 봉수, 덕령산 봉수, 삽송봉 봉수 및 상해암 봉수 등이다. 이 봉수들의 공통된 특징은 철원군지에 언급되고 있거나 구전으로 전해져 오고 있으나 조선시대나 봉수지도상에 아무런 기록이나 표시가 없다는 점이다. 이들 중 문헌기록에 나와있는 것은 상사봉 봉수인데 일제시대에 제작한 조선보물고적 조사자료와 문화유적총람에서 최초로 언급하고 있다. 그 중 문화유적총람에서는 상사봉 봉수의 대응관계를 밝히고 있는데 북쪽으로는 덕령산 봉수, 서쪽으로는 삽송봉 봉수 그리고 동남방에 구수봉 봉수(할미산 봉수)와 각각 대응한 것으로 설명하면서 덕령산 봉수, 삽송봉 봉수를 처음으로 언급하고 있으며 철원군지는 이 내용을 단지 그대로 기술하고 있을 뿐이다. 따라서 덕령산 봉수나 삽송봉 봉수는 상사봉 봉수 이외에 다른 봉수와의 대응관계는 없다. 그리고 자등령(516m)에 있다는 상해암 봉수는 문화유적총람에서도 조차 언급이 없고 철원군지에서만 언급하고 있을 뿐이다. 이렇게 볼 때 상사봉 봉수나 덕령산 봉수 및 삽송봉 봉수는 일제시대 일본인들이 철원지역의 유적과 봉수를 조사할 때 정상에 남아있는 화구나 주변 석재 등을 봉수로 간주하고 특히 이들과 가까운 제1로선이나 별도노선과 연결시켜 봉수로 기술한 것으로 생각된다.

우리나라의 마을 인근 야산 정상에는 대보름 때 불놀이를 하거나 마을의 행사를 위해 화구를 만들어 쓰고 있다. 이러한 화구들은 대개 한 개의 불구덩이 일 뿐이다. 그러나 조선시대 내지봉수의 경우는 다섯 개의 연조가 나란히 있어야 하며 이들이 구덩이 형태가 아니라 평탄한 지역이나 위로 돌출되어 있는 경우가 많아. 이런 점에서 철원군 내에 있는 위 네 개의 봉수는 봉수지가 아닐 가능성이 적지 않다. 따라서 이 또한 철원군에서 정밀조사를 추진하는 것이 바람직하다.

앞에서도 언급한 바와 같이 우리나라 봉수는 시작부터 어려움이 많고 실제 많은 외침시에도 제대로 한번 작동한 바 없었다. 이는 봉수를 성공적으로 운영하기 위해서는 수많은 난관들을 극복해야 가능했기 때문이다. 이렇게 봉수의 운영, 관리가 힘들어 유명무실해졌음에도 조선후기에서조차 조선정부는 봉수제에 대책을 갖고 다시 재정비 복원, 활용하기도 하였다.

어떻게 보면 봉수제는 우리 한반도를 위해 만들어진 것으로 보였다. 비록 이렇게 현실적으로 큰 효과를 보지 못했음에도 불구하고 봉수제도에 관한 정비, 연구, 봉수의 이설, 증축 등의 노력은 결코 무의미한 것으로 볼 수 는 없다. 근래 각 지방자치단체에서도 봉수에 관해 많은 관심을 가지고 연구, 복원·정비를 시도하고 이를 지정화하여 중요한 관방유적으로 관리하고 있는 점은 실로 다행이다. 철원에서도 이러한 노력이 있어야 할 것이며 적절한 봉수지를 선정하여 이를 지정·관리하는데 관심을 가져야 할 것이다.

철원 한탄강변 성곽 유적의 성격 연구

유재춘

강원대학교 교수

목차

Ⅰ. 머리말

1980년대 이후 강원지역의 성곽 유적에 대한 여러 연구가 있었지만[1) 역사고고학적 측면에서의 연구는 1990년대 후반부터이다. 원주의 영원산성에 대한 연구를 비롯하여 강원지역의 여러 성곽유적과 지역적 방어체제의 변화 등에 대한 연구가 이루어졌다.[2) 이러한 연구를 통하여 개별적

1) 玉漢錫, 「강원도 城址分布와 山勢考」, 『강원문화연구』 7집, 1987; 李俊善, 「강릉지역의 고대산성」, 『지리학』 제25호, 1982; 元永煥, 「穆祖와 紅犀帶考」, 『강원사학』 제9집, 1995.

2) 유재춘, 「원주 영원산성고」 『향토사연구』 제9집, 1997; 유재춘, 「조선시대 강원지역의 축성 연구」 『강원문화사연구』 제2집, 1997; 유재춘, 「조선전기 강원지역의 성곽 연구」, 강원대학교 대학원 박사

인 성곽유적의 성격에 대한 파악과 함께 시대별로 유사 성격을 갖는 성곽유적에 대한 검토가 이루어져 왔다. 연구 논문외에도 성곽유적에 대한 지표조사와 비록 강원도내 전체 102개 정도 되는 성곽 유적수에 비해 소수이기는 하나 정양산성(영월), 영원산성(원주), 호산리산성(삼척), 강문동토성(강릉), 고성리산성(정선), 강릉읍성, 양양읍성, 석성산성(양양), 속초리토성(속초), 봉의산성(춘천), 삼척읍성 등에 대한 발굴조사가 이루어진 바 있다. 또한 고려성(강릉)을 비롯한 여러 성곽유적에 대한 지표조사가 이루어져 유적에 대한 기본적인 현황은 파악이 되었고,[3] 최근에는 그간의 강원도 지역 성곽유적에 대한 조사성과를 바탕으로 『강원의 성곽과 봉수』가 발간되기도 하였다.[4] 그러나 전체 성곽유적의 보다 명확한 성격을 규정하는 데에는 여러 가지 문제점이 놓여 있으며, 특히 초축시기나 운영시기 문제

학위논문, 1998; 유재춘, 「북한강 유역의 전란과 성곽 연구」『강원문화사연구』 제4집, 1999; 유재춘, 「麗末鮮初 東界地域의 변화와 治所城의 移轉 改築에 대하여」『朝鮮時代史學報』 제15호, 2000; 김흥술, 『강릉지역의 성곽연구』, 관동대 석사논문, 2000; 유재춘, 「강원지역 관방유적의 연구현황과 과제」『학예지』 제8호, 2001; 유재춘, 「中世 山城의 특징적 유형과 변천」『강원사학』 제17·18합집, 2002; 권순진, 「동해 심곡리성지에 대하여」, 『박물관지』 2·3합집, 관동대 박물관, 2002; 홍영호, 「삼척시 하장면 숙암리 산성의 발견과 역사성 검토-『三國史記』 지리지의 삼척군 竹嶺縣과의 관련성을 중심으로-」, 『江原史學』 19·20 합집, 2004; 유재춘, 「고려시대 외침과 강원지역의 성곽방어체제 재정비」, 『강원사학』 32, 2019. 이외에도 다수의 연구 논문이 있으나 이하 생략함.

3) 강원대학교 박물관, 『한계산성지표조사보고서』, 1986; 춘천시, 『춘천봉의산성지표조사보고서』, 1993; 강원고고학연구소, 『홍천 석화산성 지표조사 보고서』, 1996; 육군사관학교 육군박물관, 『江原道 鐵原郡 軍事遺蹟 地表調査報告書』, 1996; 충북대 호서문화연구소, 『旌善 古城里 山城과 松溪里 山城 및 古墳群』, 1997; 강원고고학연구소, 『홍천 대미산성 지표조사 보고서』, 1997; 관동대 박물관·동해문화원, 『東海 頭陀山城 地表調査 報告書』, 1997; 충북대 중원문화연구소, 『원주 영원산성·해미산성 지표조사 보고서』, 1998; 강릉대 박물관, 『강릉 정동진 고려성지 지표조사보고서』, 1998; 충북대 중원문화연구소, 『영월 왕검성』, 1999; 윤경오·김남돈, 『평창군의 성곽』, 평창문화원, 1999; 육군사관학교 육군박물관, 『철원성산성지표조사보고서』, 2000; 충북대 중원문화연구소, 『춘천 삼악산성』, 2001; 육군사관학교 육군박물관, 『江原道 華川郡·春川市 軍事遺蹟 地表調査報告書』, 2001. 이외에도 애산리산성(정선), 동주산성(철원), 노산성(평창), 명주성(강릉), 금구도성(고성), 명성산성(철원), 비봉산성(양구) 등에 대한 조사보고가 있으나 이하 생략함.

4) 유재춘·홍형우·김흥술·이상수·홍영호, 『강원의 성곽과 봉수』, 강원도, 2019.

에 있어서는 논란의 여지가 있는 유적이 많아서 이에 대한 정리는 성곽유적의 성격을 파악하는데 필수적인 사항이다.

철원지역 성곽 유적에 대한 연구는 개별 유적으로 본다면 성산성, 동주산성, 태봉 도성에 대한 것 정도이고, 철원 지역에 소재하는 성곽 유적의 성격을 연구한 성과가 있다.[5] 또한 최근의 삼국시대 6세기 중반 이후 한강유역과 임진강 유역이 주요 격전지가 되면서 신라의 임진강 유역 진출과 고구려와의 경계 형성에 주목한 연구가 나와 신라의 한강유역 진출 이후 임진강 유역을 둘러싼 고구려와 신라간의 공방전을 유적을 통해 보다 합리적으로 해석하고자 하였으나 주요 유적 분석이 임진강변 유적에 한정된 것이 다소 아쉬움이 있다.

철원 한탄강변에는 여러 성곽 유적이 소재하고 있으며, 이 가운데 비교적 성격이 분명한 것은 소수에 불과하다. 본고에서는 철원 한탄강변에 소재하는 할미산성, 내대리성, 고석성, 성모루토성, 토성리토성 등 5개 성지의 현황을 검토하여 그 성격을 제시해 보고자 한다.

5) 유재춘, 「임진왜란시 일본군의 조선 성곽 이용에 대하여-철원 성산성 사례를 중심으로-」, 『조선시대사학보』 24, 2003; 차재동, 「철원 동주산성에 대한 고찰」, 『강원인문논총』 15, 2006; 태봉학회, 『태봉 철원도성 연구』, 2019; 육군사관학교 화랑대연구소·철원문화원, 『철원의 성곽과 봉수』, 2006; 심재연, 「일제강점기 태봉국 철원성 조사와 봉선사지」 『문화재』 52, 2019; 권순진, 「철원지역 신라산성의 성격」, 『군사연구』 135, 2013; 권순진, 「철원지역 성곽의 특징과 성격」, 『인문과학연구』 제75집, 2022.

Ⅱ. 철원 한탄강변 성곽 현황

한탄강은 한반도 중심의 강원도 철원, 경기도 연천, 포천 지역을 흐르면서 영평천, 신천 등 여러 하천을 합수하면서 연천군 군남면 남계리에서 임진강 본류와 합류하게 된다. 한탄강은 대부분의 구간이 협곡으로 이루어져 있어서 비록 하천수가 적다고 하여도 자연적인 장매물을 제공하기에 충분한 지형적 특성을 가지고 있다. 철원지역 한탄강에는 그 본류와 지류변에 모두 5개소의 성곽유적이 소재하고 있는데, 이를 개별적으로 살펴보면 다음과 같다.

1. 할미산성

할미산성은 철원군 동송읍 장흥 4리 구수동과 포천시 관인면 냉정1리 사이에 위치한다. 이곳에는 해발 205m 정도 되는 속칭 할미산이 있는데, 이곳의 8~9부 능선에 위치한다. 북쪽으로는 대교천이 흐르고, 서편으로는 대교천으로 합류하는 작은 개천이 흐르고 있다. 동남쪽으로는 냉정저수지가 위치하고 있고 주변은 평야지대이나 고대에는 이 일대가 습지였을 가능성이 크다.

이 산성에 대한 기록은 전혀 없고, 단지 조선후기에 제작된 『여지도서(輿地圖書)』에 이곳은 할미산봉수로 기록되어 있다. 철원 소이산에서 남쪽으로 연결되는 봉수는 조선초기에는 소이산 —> 혜재곡 —> 영평 미로곡으로 연결되었다가[6] 16세기 전후에는 소이산 —> 적골산(현재의 중군봉) -

6) 『세종실록』 지리지 / 경기도 / 철원도호부.

—>영평 미로곡으로 변경되었고,[7] 조선후기에 와서는 소이산—>할미산—>적골산으로 재차 노선이 변경되었다.[8] 할미산이 추가된 것은 소이산에서 적골산까지 직선거리 약 17km에 달하여 비교적 거리가 멀어서 날씨에 따르는 장애를 최소화하고자 그 두 봉수 사이에 위치하는 할미산에 한 곳을 더 설치한 것이다. 할미산은 평지에 오똑한 산지여서 시야가 사방으로 트인 지점이어서 이 할미산성터를 이용하여 봉수를 만든 것으로 여겨진다.

할미산은 전체적으로 오똑한 산지여서 경사가 급한 곳이며, 특히 북서쪽과 북동쪽은 급경사를 이루고 있어서 접근이 어렵고 남쪽 공간만이 상대적으로 완만한 지형을 이루고 있어서 산성으로의 주 출입은 이 구간을 활용하였을 것으로 판단된다. 산성 내부는 비교적 평탄한 상태이나 평탄지 경사면을 따라 군 진지가 조성되어 유적 주변이 훼손되어 있다.

도 1. 할미산성 성벽(『철원의 성곽과 봉수』)

성벽은 대부분 붕괴되어 축조방식을 정확하게 파악하기는 어려운 상태이나 일부 성벽이 남아있는 구간이 있어서 축조방식을 가늠해 볼 수 있는 정도이다. 전체 둘레는 약 250m 정도이며, 성문이나 건물지 등 다른 시설물 흔적이 지표상에서 관찰되지는 않는다. 북쪽 부근에 약 25m 정도의 석축이 남아 있는데, 축조방식은 내탁식이다. 자연석 또는 반치석된 현

7) 『신증동국여지승람』 권47 강원도 / 철원도호부 / 봉수.

8) 『여지도서』 강원도 / 철원 / 봉수.

무암이나 화강암을 '品'자형으로 쌓았는데, 정연한 형태는 아니다. 석재의 크기는 가로 40~50cm, 세로 20~25cm 정도이다. 할미산성은 외형적으로 일부 석축이 남아있기는 하지만 면석 안쪽을 모두 석재로 채우는 전형적인 석축 산성과는 다른 방식일 가능성이 크다. 기저부와 외측을 적절하게 석재로 마감하면서 그 안쪽은 토축으로 축조하였을 것으로 여겨진다.

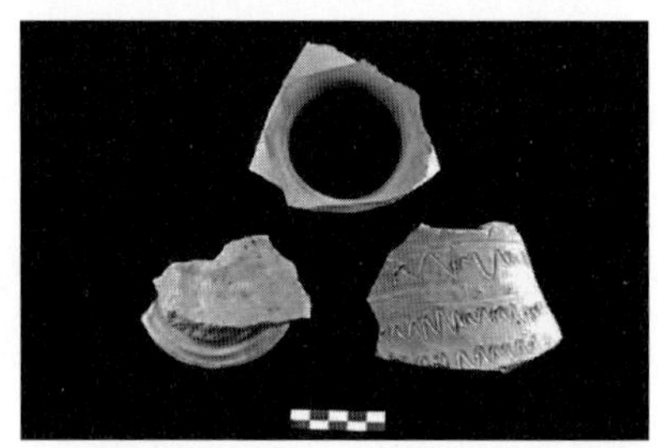
도 2. 할미산성 출토 토기편(『철원의 성곽과 봉수』)

산성 내부에서는 단각고배대각편(短脚高杯臺脚片), 인화문(印花紋) 토기편, 파상문(波狀紋)이 시문된 장경호편(長頸壺片), 선조문 기와편 등이 수습되었다. 또한 산성 북서쪽 사면에서는 조선시대 기와편, 자기편 등이 다수 수습되었다.[9)]

2. 내대리 성지

내재리성지는 철원군 갈말읍 내대리 산142번지에 소재한다.[10)] 철원 승일교에서 서북쪽으로 500m 지점의 한탄강 본류의 서안(西岸)에 위치하는데, 이곳은 내대리 마을에서 발원하는 소하천이 한탄강에 합류하는 말단부의 30m 높이의 수직 현무암 용암대지가 침식작용에 의해 형성된

9) 육군사관학교 화랑대연구소·철원문화원, 『철원의 성곽과 봉수』, 2006, p.104; 권순진, 「철원지역 신라산성의 성격」, 『군사연구』 제135집, 2013, p.313.

10) 이 성지는 1999년 이우형(포천시 거주)에 의해 최초로 확인되어 2013년 발견 및 훼손 실태가 신고되어 필자 및 도청, 군청의 관계 공무원이 현장을 조사한 바 있으며, 2019년 발간된 『강원의 성곽과 봉수』에 수록되게 되었다.

부정삼각형의 지점이다. 이곳은 한탄강을 건너는 대통진(大通津) 나루가 있었다고 하는 것으로 보아 중요한 길목이 되는 지점이라는 것을 알 수 있다.

평지 농경지와 연접된 낮은 야산지대에 축조된 이 성은 현재까지 비교적 원지형의 훼손이 없어 잘 보존되어 왔다. 마을에서는 이곳을 '성안〔城內〕'이라는 명칭으로도 불렸다고 하나 지금까지의 어떤 문헌자료에서도 이 성곽의 존재가 확인되지 않는다.

성곽 서북벽와 연결되는 지점에 20m 폭의 건호(乾壕)가 확인되며, 서북쪽과 남벽 성벽구간에서는 비교적 양호한 잔존유구가 남아 있다. 그리고 한탄강쪽의 단애지대 상부에는 노출된 내탁식 성벽이 부분적으로 관찰된다. 또한 성 내부 구릉상면에서 부정형의 미상의 적석유구가 확인되고 있다.

성벽의 전체길이는 약 370m(서북벽 100m, 남벽 110m, 동벽 160m) 정도이며, 서북벽이 가장 견고하게 축성된 흔적과 무너진 성돌의 범위로 보아

도 3. 철원 내대리성 성벽

체성 중앙부에 출입시설이 설치되었을 것으로 추정된다. 축조방식은 대체로 자연석을 부분적으로 치석하여 축조하였고, 일부구간에서는 현무암을 장방형으로 치석(50~70cm×15~20cm) 혹은 반치석하여 품(品)자형 쌓기 방식을 사용한 것이 확인되나 무너진 상황과 내탁부 구조를 보면 전체적으로 할미산성과 유사성을 가지고 있다.

지표상에서 명확한 성문지나 우물지, 건물지는 확인되고 있지 않다. 성 내부에서 수습되는 유물은 신라계통의 회청색 각종 도기편과 적갈색의 토기편이 소량 수습되었다. 유물을 통하여 성곽의 운영시기는 대체로 6세기 중반경으로 비정하여, 신라의 한강유역 진출이후 임진강, 한탄강 유역으로 더 북상하면서 주요 교통로상의 요충지를 장악할 목적으로 축조한 것으로 추정하였다.[11)]

3. 성모루토성

강원도 철원군 동송읍 양지리 197-16번지 일대에 위치한다. 이 지점은 철원 중심지의 동쪽으로 직선거리 약 8km 정도 이격된 곳으로, 김화방면에서 철원 중심지로의 진입을 효과적으로 방어할 수 있는 위치이다.

이 성은 양지리에서 한탄강이 U자상으로 사행곡류하는 설상대지(舌狀垈地)의 북쪽을 가로막아 축조한 성곽이다. 성벽은 토축으로 축조되었으며,[12)] 북쪽만 평지를 동서방향으로 가로막아 축조하였다. 성벽은 기저부 폭이 약 20m, 상단부 폭이 약 7~8m 정도이며, 높이는 약 4.4m 정도

11) 『강원의 성곽과 봉수』, p.280.

12) 『철원의 성곽과 봉수』(육군사관학교 화랑대연구소·철원문화원, 2006)에서는 "토석혼축성으로 축조되었다"고 하였는데, 이는 성벽 외측에 석렬이 있는 것을 감안한 설명이나 석렬은 토축부 보강을 위해 축조한 것이므로 기본적으로는 토축성으로 보는 것이 적합하다고 판단됨.

이다. 동·서·남벽은 높이 20m 내외의 한탄강의 현무암 자연절벽을 그대로 활용하면서 낮게 성벽을 조성한 것으로 여겨진다. 현재 북벽 일부는 절개되어 훼손된 상태이며 훼손부분을 포함한 북벽의 길이는 190m 정도이다. 절개면의 동쪽 단면에 드러난 모습을 보면 검은색흙층과 적갈색흙층이 교차되게 다진 후 성벽 바깥쪽으로 불규칙하게 부정형의 할석재를 이용하여 경사지게 쌓아 올렸다.[13] 현재 성 내부는 경작지로 이용되고 있으며, 일부 구역은 도로 개설과 군 진지 건설로 파괴되었다.

성의 축조 연대나 사용시기를 알 수 있는 기록은 전혀 없으나 이곳에서는 경질무문토기편, 회청색 경질타날문 토기편, 갈판, 도기편, 자기편 등이 수습된 바 있다.[14] 특히 토기편은 대부분 기형을 알 수 없는 작은 파

도 4. 철원 성모루토성(오른쪽이 성 내측부)

13) 육군사관학교 육군박물관, 『江原道 鐵原郡 軍事遺蹟 地表調査 報告書, 1996, pp.123~124.

편들이 대부분이다.

이 성의 성격에 대해 기왕에는 철원 토성리토성, 연천 초성리토성, 파주 육계토성 등의 평지방형토성과 한강이남지역에 분포하는 토성들과 차이를 보이고 있고, 임진강의 호로고루, 당포성 및 은대리성과는 형태적인 면에서 유사성이 보인다고 하면서도 주로 이곳에서 출토된 중도식 토기에 주목하여 원삼국시대의 강안의 거주성으로 추정한 바 있다.[15)]

4. 고석성(孤石城)

고석성은 철원군 갈말읍 군탄리의 한탄강이 곡류하는 지점의 남안(南岸) 강변에 연접하여 축조하였다. 이 성지에 대해서는 조선시대 여러 문헌에 그 존재가 기록되어 있다. 그 내용을 보면 다음과 같다.

『신증동국여지승람』 제47권 강원도 철원도호부 / 古跡

고석성 : 고석정 옆에 있다. 석축이며, 둘레 2,892척이다. 지금은 폐철되었다(孤石城 在孤石亭傍 石築 周二千八百九十二尺 今廢).

『동국여지지』 권7 / 강원도 / 철원도호부 / 古蹟

고석성 : 고석봉 옆에 있다. 석축이며, 둘레 2,892척이다. 지금은 폐철되었다(孤石城 在孤石峯傍 石築 周二千八百九十二尺 今癈).

『대동지지』 강원도 / 철원 / 城池

14) 위와 같은 책, pp.124~127.

15) 육군사관학교 화랑대연구소·철원문화원, 『철원의 성곽과 봉수』, 2006, p.114~115.

고석성(孤石城)은 (철원 관아) 동남쪽으로 30리 되는 곳에 있는데, 둘레가 2,892척이다. 옆에는 고석정(孤石亭)이 있는데, 진평왕(眞平王)과 충숙왕(忠肅王)이 일찍이 이 정자에서 놀았다. 큰 바위가 거의 3백 척이나 우뚝 솟았는데, 둘레가 10여 장(丈)이며, 위에는 한 개의 구멍[穴]이 있는데, 풀을 잡고 들어가면 마치 집과 같아 10여 명이 앉을 수 있다. 옆에는 신라 진평왕비(眞平王碑)가 있는데, 전후(前後)에는 바윗돌이 벽처럼 서 있고, 정자(앞의) 깊은 물이 바위 아래에 이르러 머물면서 못이 되는데 가까이 가서 보면 두려울 정도로 무섭다(孤石城東南三十里周二千八百九十二尺傍有孤石亭眞平王忠肅王嘗遊此亭 巨巖斗起僅三百尺周十餘丈 上有一穴 蒲伏而入如屋宇層臺可坐十餘人 傍有新羅眞平王碑 前後巖巒壁立亭淵之水 至巖下停畜爲淵 臨視之戰兢可畏).[16]

이외에도 『철원군읍지』, 『증보문헌비고』 등에도 기록되어 있으나 그 기록 내용은 모두 같다.

일제강점기에 와서 조사한 자료로는 1942년 조선총독부에서 발간한 『조선보물고적조사자료』가 있는데, 이 자료에서는 고석성에 대한 사항 뿐만 아니라 고석정에 대한 사항을 서술하면서 이를 고석성 방비상의 망루라고 하는 내용을 기록하고 있는데, 이를 보면 다음과 같다.

성지(城址) / 갈말면 군탄리(풍전리) / 사유(私有) / 고석성(孤石城)이라고 칭한다. 체천(砌川)의 좌안(左岸) 성산(城山) 정상부에 있는데, 궁예시대에 축

16) 규장각한국학연구원 원문검색서비스(http://kyudb.snu.ac.kr/).

성되었다고 전한다. 높이 2, 3척, 폭 1간(間) 반(半), 둘레 약 500간의 부정방형(不正方形) 석성(石城)으로써 거의 붕괴되었다.[17]

雜 / 동송면 장흥리(新村) / 土木局 小管 / 고석정(孤石亭)이라고 칭한다. 고석성(孤石城)과 마주하며 솟아난 기지(基址)는 단애상(斷崖上)에 우뚝 서 있는데, 높이 6간(間), 직경 3간의 자연적인 석주(石柱)로써 정상부에서 약 2간 아래쪽에 2개의 작은 구멍이 있는데 그 내부는 높이 6척, 입구 사이 간격 8척, 깊이 8척의 공간이 있으며, 고석성 방비상의 하나의 망루라고 판단된다.[18]

『조선보물고적조사자료』에서는 궁예시대에 축성되었다는 지역민 전언(傳言)을 기록하였고, 둘레를 약 500간으로 보았는데, 이는 『철원의 성곽과 봉수』에서 제시한 전체 둘레 2km라고 하는 것과는 큰 차이가 있다.[19] 고석정에 대한 기록중 고석정을 고석성 방비상의 망루라고 하는 의견은 현장의 지형적 형편상 성립되기 어렵다고 판단된다.

이외에도 『한국의 성곽과 봉수』(한국보이스카우트연맹, 1989)에서는 조선시대 명종대 임꺽정이 무리를 규합하여 관군에 대항하기 위해 축성하고 이곳을 근거지로 하여 탐관오리와 토호(土豪)들을 징벌하고, 함경도 방면에서 이곳을 거쳐 상납되는 조공물을 약탈하여 서민들에게 분배했다고

---

17) 조선총독부, 『조선보물고적조사자료』, p.521.

18) 조선총독부, 『조선보물고적조사자료』, p.521.

19) 2km 정도로 기록된 고석성 길이가 정확한 실측길이인지는 알 수 없으나 현재 웹사이트 지도나 구글어스 위성사진상에서의 측정 길이는 1.5km 정도로 추산된다.

하는 전래 이야기를 소개하고 있다. 이후 발간된 여러 보고서나 간행물에서 고석성에 대한 현황을 서술하고 있다.

고석성은 한탄강 남쪽의 강물이 곡류하는 지점의 단애지대에 축조하였다. 산성이 위치한 곳의 해발고도는 낮지만 주변지형이 대체로 평탄지여서 멀리까지 조망할 수 있다. 특히 철원읍과 갈말지역을 통하는 교통로를 조망할 수 있는 적합한 위치에 자리잡고 있다. 고석정 반대편의 해발 211.4m 고지 정상부와 서북쪽의 계곡 2개소를 감싼 포곡식의 산성이다.

고석성의 전체 둘레는 북쪽의 단애지대를 제외한 구간이 820m 정도이고, 북쪽의 단애지대를 포함하면 약 2km 정도로 추정되었다.[20] 동벽은 211.4m의 고지를 중심으로 남북으로 뻗은 자연능선을 그대로 이용하여

도 5. 고석성 성벽(『철원의 성곽과 봉수』)

20) 『철원의 성곽과 봉수』(육군사관학교 화랑대연구소·철원문화원, 2006, p.120)에서 제시한 규모이나 이 길이는 정밀하게 실측한 둘레 길이는 아니다.

축조하였다. 이 일대는 한탄강 연접부에 넓은 구상대지가 형성되어 있고 그 주변을 비교적 낮은 산 능선이 주변을 감싸고 있어서 그 능선을 따라 성벽을 축조하였다. 이 때문에 성 내부는 넓은 평지가 조성되어 있어서 현재 대부분의 구역이 논으로 활용되고 있다.

곳곳에 성벽 석축이 남아 있으나 전체구간이 석축은 아니라고 판단된다. 특히 성곽의 동남쪽 도로가 개설되면서 절개된 지점과 주변의 성벽 현황을 보면 석축성으로 보기 보다는 기단부에 석렬을 배치한 토축성으로 판단된다. 이는 성벽 절단면에서 전체가 석축으로 된 흔적이 전혀 관찰되지 않기 때문이다. 고석성 동남쪽의 절개된 지점의 동북쪽 성벽을 보면 반치석한 대형 석재가 정연하지는 않지만 대체적으로 열을 이루면서 기저부쪽에 남아 있는데, 그 안쪽을 석재로 채운 흔적은 보이지 않고 있다. 이는 절개된 단면 상태와 비교하여 보았을 때, 적어도 이 구역은 석축성이 만들어지지 않았다는 것을 알 수 있다.

동벽 남단쪽에는 문지가 있었다고 여겨지나 현재 폭 5m 정도의 농로 개설로 인해 그 일대가 훼손된 상태이다. 그러나 지형상 이곳은 산지가 만곡해 들어간 지점으로, 성의 동편에서 성내로 이동하기 위해서는 문을 설치하기에 가장 적합한 지점이다. 동벽 중간에 치석된 장대석을 이용하여 축조한 시설물은 암문지였을 것으로 판단되며, 동쪽 회절부에는 폭 5m, 길이 15m 정도의 장방형으로 된 석축이 남아있다. 남벽은 계곡 1개소와 능선의 자연지형을 이용하여 축조하였으며, 남벽 수구지 부근에 석축이 양호하게 잔존하고 있는데 비교적 잘 치석된 장방형과 방형의 현무암과 화강암을 이용하여 축조하였다.

한편 남벽 안쪽으로 성벽을 따라 군데군데 돌무더기들이 잔존하고 있는데, 이는 성벽축조 시에 사용하기 위해 운반된 성돌로 판단된다. 서벽은 한탄강 남쪽 강안대지의 안쪽에 있는 능선을 이용하여 축조되었는데 지형상의 이점으로 토성을 주로 축조하였으며, 석축구간은 작은 돌을 이용하여 기저부를 조성하고 그 위에 대형의 석재들을 사용하여 축성하였는데 수법은 정연하지 않다. 이 서벽 회절부는 바로 앞쪽으로 도강(渡江)이 가능한 지점으로 이 접근로를 통제하기 위하여 비교적 튼튼한 석재를 이용한 것으로 보인다. 동벽 남단 부근에 성문터가 확인되는데 일대에 성문에 사용한 석재가 흩어져 있으며, 남벽과 서벽이 만나는 계곡지점에 수구문이 있다.

5. 토성리 토성

토성리 토성은 철원군 갈말읍 토성리 273-3번지에 소재한다. 이 성곽에 대한 조선시대 이전의 사료는 알려진 바가 없다. 다만, 일제강점기에 발간된 『조선보물고적조사자료』에 다음과 같이 기록되어 있다.

> 성지(城址)/갈말면 토성리/사유(私有)/토성(土城)이라고 칭한다. 지역주민의 말에 의하면, 병자호란(明軍 침입 때) 때에 쌓았다고 하며, 높이 1간(間) 반(半), 폭 6간, 둘레 400간의 방형(方形) 토루이다.[21]

강원도 철원군 갈말읍 토성리 273-3번지 일대에 소재한다. 토성리라는 마을 명칭도 이 성에서 유래한다. 한탄강으로 유입되는 남대천의 남쪽

21) 조선총독부, 『조선보물고적조사자료』, 강원도 철원군.

의 토성리 일대 넓은 평지 한가운데에 위치하고 있다. 토성 북쪽으로 약 400미터 정도 떨어진 곳에서 남대천이 흘러가고 있다.

성벽은 현재 서벽이 길이 약 150m, 기저부 폭 15m, 상단부 폭 5m 정도이고, 남벽이 길이 약 34m, 기저부 폭 15m, 상단부 폭 11m 정도로 남아 있는데, 일제강점기에 발간된 『조선보물고적조사자료』에서 "둘레 약 400간"이라고 한 것을 감안하면 대략 전체 성곽 둘레가 약 600~700m 정도였을 것으로 추정된다.[22)]

현재 토성 한가운데로 도로가 개설되어 있으며, 성 내외는 모두 농경지로 사용되고 있다. 주민들의 말에 의하면 원래 동벽과 북벽은 온전하게 남아 있던 것을 1960년대 말과 70년대 초에 새마을사업 일환으로 실시된 객토사업으로 인해 파괴되었다고 한다. 동벽과 북벽이 온전하게 남아있던 것은 일제강점기 지도상의 표기를 통해서도 확인할 수 있다. 남벽이 헐리기 전에는 서벽과 남벽이 맞닿는 지점에 한사람 정도 통행할 수 있을 정도의 길이 나있었다고 하는데, 이 지점에 문지(門址)가 있었던 것으로 추정된다. 성안에는 공열토기(孔列土器), 마제석부(磨製石斧) 등이 채집되었다는 보고가 있으며, 적갈색 격자문 김해식토기와 삼국시대, 고려시대의 토기 조각도 채집된 바 있다. 또한 고려~조선시대 기와편이 수습되고 있다.

이 토성이 언제 축조되었는지는 확실하지 않다. 전하는 이야기에 의하면, 1636년(인조 14) 병자호란 당시 청나라 장수 마푸타[馬夫大]와 룽쿠타[龍骨大]가 수만 명의 군사를 이끌고 침입하였을 때 진(陣)을 치기 위해 며

22) 이하 현황 내용은 『강원도 철원군 군사유적 지표조사 보고서』(육군사관학교 육군박물관, 1996, pp.114~121), 『철원의 성곽과 봉수』(육군사관학교 화랑대연구소·철원문화원, 2006, 『강원의 성곽과 봉수』(강원도, 2019, pp.277~278)의 관련 내용을 참조함.

도 6. 철원 토성리토성 성벽 모습(서벽 외측면)

칠 사이에 토성을 쌓았다고 하나 근거가 있는 것은 아니다.

우리나라에서는 흔하지 않은 평지에 쌓은 방형 토성으로, 축성 연대를 원삼국시대인 기원 전후로 보는 견해가 있으나 현재까지 이러한 추정이 학술적으로 증명된 바는 없다. 이곳은 지대 자체가 하상충적지이기 때문에 청동기, 철기시대의 유물을 단순하게 성곽 축조연대와 연결지워 해석하기 어려운 측면이 있다. 2010년 8월 폭우로 인하여 성벽이 붕괴되어 이를 보수한 바 있다. 1977년 11월 28일 강원도 기념물로 지정·관리되고 있다.

Ⅲ. 유적의 성격검토

앞서 서술한 바와 같이 철원지역의 한탄강변에는 고대시기에 사용된 것으로 추정된 여러 성곽 유적이 남아있다. 이러한 성곽 유적 가운데 일부 유적에 대한 연구가 진행된 것도 있고, 단순한 지표조사에 의한 운영시기 추정에 그친 곳도 있다. 유적을 몇가지로 나누어 살펴보면 다음과 같다.

1. 할미산성, 내대리성

이 두 성곽유적은 대체로 같은 시기에 운영된 것으로 여겨진다. 이 성곽유적에 대한 해석을 소개하면 다음과 같다.

우선 할미산성에 대해서는 『철원의 성곽과 봉수』에서는 축조 방식을 기준으로 초축 시기를 삼국시대로 보면서 고배편, 인화문 토기편, 파상문 토기편 등의 수습유물을 근거로 할미산성의 사용시기를 최소 통일신라시기까지 올라가는 것으로 보았다.[23] 아울러 이 산성을 주성(主城)의 보조성으로서 전초기지의 기능을 수행한 것으로 보았다.[24]

한편 권순진은 「철원지역 신라산성의 성격」 연구에서 할미산성의 주 사용시기를 신라 북진기까지 올라가는 것으로 보고, 성곽의 주기능은 주성(主城)의 보조성으로서 전초기지의 기능을 수행하였다고 보면서 할미산성의 주성(主城)을 이 성으로부터 남쪽으로 16km 정도 떨어져 있는 포천 성동리산성으로 비정하였는데, 이는 거리상 지나치게 멀리 이격되어 있는 것이 아닌가 여겨진다. 내대리성과 할미산성의 근처에 주성으로 볼

23) 신라의 최전선에 축조된 성곽을 축조방식이나 출토되고 있는 유물 측면에서 보면 유사성이 나타난다. 강원도 양양의 후포매리산성은 5세기 후엽 또는 6세기초에 축조된 산성으로 보고 있는데, 축조방식은 할미산성과 유사하며, 출토유물은 고배편과 같이 동일한 것도 있지만 전반적으로는 인화문 토기편에서 알 수 있는 바와 같이 할미산성의 축조시기가 더 후대이다(김규운·유재춘·김건우·김동균, 「양양 후포매리산성·고분군의 조영시기와 그 배경」, 『고고학』 20-3호, 2021).

24) 육군사관학교 화랑대연구소·철원문화원, 『철원의 성곽과 봉수』, 2006.

만한 명확한 성곽유적이 확인된 것은 아니지만 내대리성에서 남동쪽으로 약 3.5km 이격되어 있는 어음성을 주목할 필요가 있다고 판단되나 어음성에 대해서는 아직 그 성격을 명확하게 판단할만한 고고학적 자료가 없어서 이는 향후 밝혀야 할 과제이다.[25] 또한 이후의 상황에 대해 신라북진기 6세기 중반 신라가 철원지역에 진출했을 때 일정기간 순수 군사적 목적으로 활용하다가 고구려의 반격에 의해 철원 일대는 다시 고구려 수중으로 들어갔으며, 604년 진평왕이 남천주를 폐지하고 북한산주를 설치하고 있는 것으로 보아 이즈음 신라가 다시 한강이북을 포함한 임진강 이남지역을 재탈환 하였는데, 특히 철원지역은 낭비성 전투의 승리와 함께 다시 회복한 것으로 보았다. 이후 신라는 철원 동주산성, 성산성(본래는 김화지역)을 중심으로 고구려군을 효과적으로 방어하였고, 655년(무열왕 2) 고구려가 백제, 말갈과 연합하여 신라 북쪽 변경의 33성을 차지할 때에도 고구려의 남진을 효과적으로 방어한 것으로 보았다.[26]

내대리성은 우선 입지상 한탄강 남안쪽에 위치하고 있다면 점에서 축성주체의 주적(主敵)이 그 반대편, 즉 한탄강을 건너 북방쪽에 있었다는 것을 알 수 있다. 이는 고대 성곽에서 흔히 나타나는 방천(防川)을 두고 있는 것이며, 이는 결과적으로 방천 건너편의 적을 상대하고 있다는 것을 암시하고 있다. 또한 이곳에서는 신라계통으로 여겨지는 기벽이 얇은 회청색 도기편, 적갈색 토기편이 수습되었는 바, 이런 점에서 본다면 신라가 이 지역에 진출한 이후 한탄강을 주요 방어선으로 삼아 고구려와 대치하던 시기의 성곽으로 보는 것이 타당할 것이다. 기존에 유물을 통하여 성곽의

25) 권순진, 「철원지역 신라산성의 성격」, 『군사연구』 제135집, 2013.

26) 권순진, 「철원지역 신라산성의 성격」, 『군사연구』 제135집, 2013, p.330.

운영시기는 대체로 6세기 중반경으로 비정하였고, 신라의 한강유역 진출 이후 임진강, 한탄강 유역으로 더 북상하면서 주요 교통로상의 요충지를 장악할 목적으로 축조한 것으로 추정하였다.[27)]

필자도 기존의 이러한 해석에 대해 대체로 동의하나 신라의 한강이북 10군 점령 과정, 그리고 한탄강 유역을 신라가 확보하고 있었던 시기에 대해서는 좀 더 상세한 해석과 설정이 필요하다고 생각한다.

『삼국사기』 기사에는 신라가 한강 유역까지 진출한 경로가 명확하게 드러나 있지 않다. 551년(진흥왕 12) 신라가 고구려를 공격하여 점령한 10군(郡) 지역을 비정하는 문제에 있어서 여러 가지 설이 있지만 『삼국사기』 열전 온달조에 '신라가 우리 한북(漢北)의 땅을 차지하여 군현으로 삼으니'라는 대목에서 본다면 대체로 한강 이북지역이라는 것은 분명하므로 한탄강 일대의 유적이나 그 이후의 신라-고구려의 공방전을 감안하면 대개 551년 신라가 차지한 10군은 현재의 한강 이북의 서울, 경기 북부, 강원도(북강원도 포함) 영서 북부지역이라고 여겨진다. 특히 기존에는 신라가 한강유역을 차지하고 점차 북상하여 철원지역에 도달한 것으로 보는 것이 일반적이었지만 필자는 그렇게 되면 고구려가 한꺼번에 10군 지역을 신라에게 내주고, 또 6세기 중반경 신라와 고구려간 임진강-한탄강 라인의 전선(戰線)이 형성된 것을 합리적으로 설명하기 어려워진다고 생각한다.

신라는 일찍이 동해안을 따라 북상하였는데, 고구려가 한성 백제의 수도를 함락시키는 등 강력한 남진책을 추구하는 상황속에서도 소지마립간

27) 『강원의 성곽과 봉수』, p.280.

은 481년 비열성(안변)에 행차하여 군사를 위로하는 등 일찍이 멀리 북쪽까지 진출하였고, 512년에는 하슬라주(강릉)를 설치하고 이사부를 군주(軍主) 임명하는 등 체계적으로 동해안 지역을 관리하였다. 신라가 일찍부터 동해안을 따라 멀리까지 북상한 것은 전략적으로 고구려를 측면에서 압박하고자 하였기 때문이라고 생각한다. 고구려의 위협이 가중되는 상황에서 신라는 백제와의 암묵적 보조를 통해 고구려를 압박하고자 하였다. 남쪽 전선은 신라가 아니더라도 백제가 고구려와 대치하고 있으므로 신라는 멀리 북상하여 고구려의 측면을 압박하게 되면 고구려는 더 이상 적극적인 남진을 추진하기 어렵게 되게 되는 것이다. 신라가 하슬라주를 설치하기 훨씬 전에 이미 비열성까지 군사적으로 진출한 것은 바로 그러한 이유에서이다.

따라서 551년 한강 이북의 10군 지역을 신라가 쉽게 차지할 수 있었던 것은 당초의 신라가 의도한 전략이 주효하게 작동되었기 때문이라고 생각한다. 신라는 한강 이남 중부지역에서는 백제, 고구려와 영토 각축을 하면서도 백제와의 화친을 도모하여 541년 백제가 사신을 보내와 화친을 맺게 되었고,[28] 548년에는 고구려가 백제의 독산성을 공격할 때 백제가 구원을 요청하자 즉각 정예군 3,000명을 파견하여 백제에 대해 군사적 원조를 단행하였다. 이러한 신라와 백제의 대고구려 전선에서의 공조는 그 자체만으로도 고구려에게 위협이었지만 그것만으로는 551년 10군이라고 하는 넓은 지역을 일시에 점령하게 된 충분한 조건이 되지 못한다.

앞서 서술한 바와 같이 중부지역에서 고구려와의 전선을 관리하면서

28) 『삼국사기』 권제4 신라본기 진흥왕 2년.

다른 한편으로 동해안을 따라 멀리 북상하여 고구려의 배후를 압박하였고, 필자는 551년 신라가 한강 이북의 10군 지역을 차지하게 될 때 이미 비열홀 지역은 신라 수중에 있었다고 생각한다. 신라는 남쪽 전선을 백제와 공조하여 관리하며서 비열홀(안변) 지역에서 철령을 넘어 고구려의 측면을 공격하게 되자 고구려는 한강 이북과 임진강 사이에 갇힐 것을 우려하여 작전상 전면적으로 임진강-한탄강 이북지역으로 철수하였기 때문에 신라가 한강 이북 10군 지역을 쉽게 차지할 수 있었던 것이라고 생각한다. 이러한 전선의 변경이 있은 후 신라는 임진강-한탄강 전선을 관리하게 되었고, 그 과정에서 철원지역에 내대리성이나 할미산성 같은 전초성이 축성되었다고 생각한다.

고구려가 임진강 라인이 아닌 임진강-한탄강 라인을 최전선으로 관리하고자 한 것은 고구려 입장에서 볼 때 남쪽의 적을 적절히 상대하려면 전선을 동-서로 관리하는 것이 보다 효과적이라고 판단하였기 때문이고, 더구나 한탄강이 적절한 방천(防川) 역할을 해주기 때문이었을 것이다. 임진강은 수로가 북한 이천군(伊川郡) 쪽으로 연결되기 때문에 이곳을 방어선으로 삼으면 더 많은 지역을 내주어야 하고 수도인 평양까지 위협받게 되므로 임진강-한탄강 라인을 최전선으로 관리하고자 하였다고 여겨진다.

이는 655년 고구려가 백제, 말갈과 연합하여 신라를 공격해 33성을 차지하게 되는 과정에서, 신라가 고구려로부터 한강 이북지역을 빼앗게 될 때 취했던 전략을 그대로 구사한 것에서도 알 수 있다. 고구려는 비열홀의 전략적 가치를 인식하고 남쪽에서 전선 관리를 하면서 이곳에 대한 공세를 강화하였던 것으로 보인다. 그 결과가 568년(진흥왕 29) 신라가 북한산주를 폐하고 남천주(南川州)를, 비열홀주를 폐지하고 달홀주(강원도 고성)를 설치하는 것으로 이어졌다.[29)] 신라는 고구려의 공세 강화로 비열홀주를 더 이상 유지하기 어렵게 되자 남쪽으로 후퇴시켜 고성지역에 달홀주를 설치한 것이다.

한편 551년 신라의 고구려 10군 점령 이후의 상황, 특히 한탄강유역, 그 가운데에서도 철원, 김화 지역에 대한 영유 관계를 직접적으로 언급하고 있는 『삼국사기』 기사가 전혀 없고, 또 간접적으로 관련성이 있는 공성전(攻城戰) 위치에 대해서도 여러 학설이 있는 상황이어서 단정적으로 서술하기는 어려우나 『삼국사기』의 단편적인 기사를 통하여 대체적인 당시 상황을 추정할 수 있다. 6세기 중반경부터 7세기 중반경까지 신라 북쪽 변경의 주요 군사적인 사건을 요약하면 다음과 같다.

진흥왕 12년(551) 고구려의 10군(郡)을 점령

진흥왕 14년(553) 7월 신주(新州) 설치

진흥왕 16년(555) 북한산 순행

진흥왕 17년(556) 비열홀주 설치

진흥왕 18년(557) 국원소경 설치, 북한산주 설치

진흥왕 29년(568) 달홀주 설치

진평왕 25년(603) 고구려 북한산성 침입

진평왕 26년(604) 북한산주 재설치

진평왕 30년(608) 2월 고구려 북쪽 변경 침입 8천명 사로잡아감

29) 『삼국사기』 권제4 신라본기 진흥왕 29년 10월.

4월 고구려 신라 우명산성(牛鳴山城)을 점령

진평왕 51년(629) 8월 신라는 대거 군사력을 동원하여 고구려 낭비성을 공격하여 5천여명을 죽이고 성(城)은 항복함

선덕왕 7년(638) 고구려가 칠중성을 공격함

선덕왕 8년(639) 2월 하슬라주를 북소경(北小京)으로 함

선덕왕 14년(645) 5월 당태종이 고구려 정벌 개시, 신라는 3만 병력을 내어 당나라를 도움

무열왕 2년(655) 고구려가 백제, 말갈과 연합하여 신라 북쪽 변경을 침략하여 33성을 탈취함

무열왕 5년(658) 하슬라의 경(京)을 폐지하여 주(州)로 삼고, 실직(悉直)에 북진(北鎭)을 설치

무열왕 7년(660) 고구려가 칠중성을 공격

무열왕 8년(661) 5월 고구려가 술천성과 북한산성을 공격

6세기 중반경 신라가 임진강-한탄강 라인에 전선(戰線)을 형성하고 근처에 여러 방어시설을 건설하였지만 이는 진평왕 30년(608) 고구려의 북쪽 변경에 대한 대대적인 공격으로 이 시기에 신라는 한탄강 유역에서 철수할 수밖에 없었다고 여겨진다. 한탄강 유역에 진출한 지 50여년만의 퇴각이다. 필자는 이 50여년 동안에 할미산성과 후에 거론할 내대리성 등 한탄강 라인 방어를 위한 성곽이 건설-유지되었다고 생각한다. 이후 신라는 한탄강유역을 다시 회복하기 위해 진평왕 51년(629) 8월 대거 군사력을 동원하여 고구려 낭비성을 공격하여 낭비성 밖 전투에서 5천여명을 죽이고 성을 점령하게 되는데, 이는 낭비성이 신라가 북방으로 진출하는데

매우 중요한 요충이 되는 지점이었기 때문이었을 것이다.

서울에서 북방으로 임진강-한탄강 전선으로 진출하려면 서로(西路)는 고양—>파주—>적성으로 이어지는 노선이고, 동로(東路)는 양주지역을 통하는 노선으로 여기서는 양주—>적성, 동두천—>전곡—>연천, 양주—>포천—>철원으로 이어지는 노선이 주요 군사적인 종심노선이 된다. 낭비성은 신라 북한산주에서 전방으로 이어지는 주요 종심노선의 길목이 되는 지점에 위치하였을 것이 분명하며, 특히 철원, 김화 일대로의 진출을 도모한다면 포천지역을 통하는 것이 가장 효과적이다. 따라서 기왕에 낭비성을 포천시 군내면 청성산에 위치한 반월산성으로 비정한 설이 합리적이라고 할 수 있다.[30] 낭비성 전투에서 성밖에서 벌어진 전투에서만 5천여명을 전사시켰다면 당초 이 성에는 6천명이상의 군사가 있었을 것이다. 이는 고구려의 주력군중 하나였을 것이다. 신라는 경기 북부지역을 다시 회복하기 위해 이곳에 대한 대대적인 공세를 펼친 것이며, 낭비성 점령에 의해 다시 한탄강 지역까지 진출하였을 것이다. 고구려의 남쪽 전선 주력군의 일부를 격파한 신라는 기존의 한탄강 라인의 전선보다 더 북상하여 철원, 김화의 중심지까지 진출하여 동주산성, 성산성을 축조해 새로운 거점으로 삼았다고 여겨진다.[31]

그러한 상황에 깨는 것이 바로 무열왕 2년(655)이다. 655년 고구려는 백제, 말갈과 연합하여 신라 북쪽 변경을 침략하여 33성을 탈취하였다고 하는데, 그 지역을 구체적으로 알 수는 없으나 이후 칠중성, 북한산성에서

30) 서영일, 「고구려 娘臂城考」, 『史學誌』 28, 1995.

31) 동주산성, 성산성이 신라에 의한 초축인지, 아니면 고구려가 사용하던 성을 점령하여 개축한 것인지는 명확하지 않음.

고구려와 전투를 벌이고 있고, 양주지역의 사패산, 천보산 일대에 고구려 보루유적이 다수 남아있다는 점을 감안한다면 대체로 신라는 655년 33성 상실이후 대체로 현재의 파주, 고양, 서울, 남양주 일대에서 전선을 형성하고 있었다고 여겨진다.

2. 고석성(孤石城)

고석성에 대해서는 『철원의 성곽과 봉수』에서 축성방식이 다소 조잡하고, 기단석은 큰 석재를 사용하고 위로 올라 갈수록 작은 석재를 사용하였으며 크고 작은 쐐기돌을 사용하였다고 하는 점을 들어 대체로 통일신라시대 이후의 성곽으로 추정하였다. 또 그 기능과 관련하여서는 성곽의 입지가 하천을 끼고 구릉상 산지에 축조하였다고 하는 점에 주목하여 피난성 보다는 이 지역의 거점성 역할을 하였을 것으로 추정하였다. 아울러 남벽 내측에 여러 군데 석재가 쌓여 있는 사유를 고석성이 축성과정에서 그 역사(役事)를 다 이루지 못한 채 축성작업이 중단된 것으로 보았다.[32)]

고석성에서는 성벽 주변에서 거의 유물이 수습되고 있지 않다. 더구나 성의 내부는 현재 논으로 주로 경작되고 있어서 유물 수습이 어려운 상황이다. 필자는 성벽이나 문지 주변에서 거의 유물이 수습되고 있지 않은 것은 이 성이 극히 짧은 기간 동안 사용되고 또 이 성에서 전투가 없었던 것과 연관될 가능성이 높다고 생각한다. 기존 조사에서 남벽 내측에 여러 군데 석재가 쌓여 있는 사유를 고석성이 축성과정에서 그 역사(役事)를 다 이루지 못한 채 축성작업이 중단된 것으로 보았는데, 이러한 정황과 연관

32) 『철원의 성곽과 봉수』, pp.117~125.

되었을 가능성이 크다.

이곳에서 발견되는 극히 소량의 회색, 또는 회청색 도기편이 있으나 이것은 성곽과 관계없는 생활유물일 가능성이 있기 때문에 성곽 운영시기와 직접 연계하여 해석하기 어려운 점이 있다.

그리고 한탄강에 연접하여 위치한 성이어서 입지상으로 보면 방어에 유리한 곳은 맞지만 고대의 삼국간 전쟁시기에 축성되었다고 보기에는 그 규모가 지나치게 크다. 더구나 한탄강 남안지점이라는 것을 고려할 때 고구려의 방어선 유지 성곽으로는 맞지 않고, 신라의 경우는 이 지역 진출 이후 가까운 위치에 할미산성과 내대리성이 있었기 때문에 굳이 이 위치에 성곽을 축조할 하등의 이유가 없었다.

그런 점에서 기본적으로 삼국시대에 축성된 성은 아니라고 판단된다. 그런데 조선시대에는 이미 고성(古城)이었으므로 결과적으로 고석성의 축조시기는 통일신라 이후 고려시대에 이르는 기간이라고 보아야 할 것이다. 이 기간 가운데 고석성 축조가 필요하였을 시기는 삼국통일후 나당전쟁시기 새로운 방어시설의 정비가 이루어지는 시기, 그리고 고려말 왜구침입이 극심하던 시기중 하나라고 생각한다. 나당전쟁으로 신라는 다시 극심한 군사적 압박을 받게 되고, 특히 673년(문무왕 13)에는 당(唐), 거란, 말갈이 우잠성(황해도 우봉 추정), 대양성(강원도 회양군 추정), 동자성(경기도 김포 추정)을 점령하는 등 한층 군사적 위협이 가중되면서 신라의 입자에서는 새로운 전선 관리가 필요하게 되었다. 특히 과거 고구려와 대치하였던 임진강-한탄강 라인의 방어선을 새롭게 관리할 필요성이 있었기 때문에 이 때 한탄강 남안에 새로운 방어성을 구축하고자 하였을 가능성이 있고, 전시체제하에서 체계적인 축성이 어려웠을 가능성이 크다는 점에서는 고석성 입지와 현황이 이와 부합하는 측면이 있다.

다른 하나의 시기는 고려말 왜구 침입시 곳곳에 주민 보호를 위한 성곽 건설을 추진하는 과정에서 만들어졌을 가능성이 있다. 특히 고려말 설장수(偰長壽)의 왜구에 대비한 다음과 같은 성보(城堡) 건설책에 주목할 필요가 있다.

「… 저의 어리석은 소견으로는 연해 백리 사이에 이미 이주한 주민과 현재 거주민들을 정리하여 사방 30리, 혹은 50리되는 비옥하여 경작할 만한 땅들 중에서 지형이 평이(平易)하고 땔나무와 물이 있는 곳을 선택하여 그 호수(戶數)의 다소에 따라 성보(城堡)를 쌓게 하고 200~300호를 한도로 관수(官守)를 설치하여 그곳에 있게 하며 주민들의 집을 서로 잇닿아 짓게 하여 겨우 그 주민들만을 수용하게 할 것입니다. 가옥이외에는 곡식을 두는 곳만 남기고, 그 원포(園圃)는 모두 성외(城外)에서 주도록 하여야 합니다. 성은 높게 쌓고 참호(塹壕)는 깊게 파며 성위에는 망루를 설치하고 문에는 조교(釣橋)를 만들며, 그 나머지 방어도구들은 적절하게 성과 참호 사이에 배치할 것입니다. 성과 참호 사이에는 '品'자형의 작은 구덩이를 많이 파고 녹각목(鹿角木)을 세워 왕래를 못하도록 하며 야경(夜警)을 엄히 하고 봉수를 잘 관리하도록 하여야 합니다. …」[33]

이러한 주장은 지역사정에 따라 30리, 혹은 50리마다 200~300호를 단위로 성보를 축조하여 관리함으로써 주민의 자체적인 방어수단이 될

33) 『高麗史』 卷112 列傳 25, 偰遜 附 長壽.

수 있도록 하자는 것으로 형세가 평이(平易)한 곳을 택하여 축조하자는 것으로 볼 때, 이러한 성의 성격은 대규모 침략에 대비하려는 것이 아니라 소규모의 침입에 대비하려는 것임을 알 수 있다.[34] 이러한 논의는 애초에는 연해지역민을 대상으로 하는 것이었지만 바다를 통해 와서 선박 운항이 가능한 강변지역도 주요 왜구 침입지가 되고, 심지어는 강원도 삼척에서 상륙한 왜구가 경기도 가평까지 멀리 내륙을 횡행할 정도였기 때문에 왜구 침입이 가장 극심한 시기에는 연해지역과 내륙 모두 곳곳에 농성처를 만들어야 했을 것으로 여겨진다. 고석성도 이러한 시기 내륙지역에서 왜구에 대비한 주민 농성처로 축조된 성곽일 가능성이 있다.

3. 성모루 토성

성모루 토성에 대한 기존의 조사보고서인, 『강원도 철원군 군사유적 지표조사보고서』(육군사관학교 육군박물관, 1996), 『철원의 성곽과 봉수』(육군사관학교 화랑대연구소·철원문화원, 2006)에서는 성모루 토성이 구조적인 면에서 철원 토성리토성이나 연천 초성리토성, 파주 육계토성 등의 평지 방형성과 한강이남 지역에 분포하는 토성들과는 차이를 보이고 있으며, 입지상으로 볼 때는 임진강의 호로고루, 당포성, 은대리성과 유사성을 갖고 있다고 판단하였다. 그리고 유구 내부와 성의 내부에서 중도식 경질무문토기편, 타날문 토기편이 주로 채집되고 그 이후의 유물은 거의 확인되지 않는다는 점에서 이 토성의 축성시기를 국가단계의 정치체가 출현하는 시기까지 올라갈 수 있을 것으로 추정하였다.

34) 유재춘, 『한국 중세 축성사 연구』, 경인문화사, 2003.

우선은 이 성곽의 운영시기를 판단하는데 있어서 성내, 혹은 성벽 유구에 있는 중도식 경질무문토기편, 타날문 토기편을 현재 남아있는 토성의 운영 연대와 결부하기는 어렵다고 생각한다. 물론 성모루 토성이 있는 곳에 원삼국시대나 그보다 앞선 시기의 어떤 방어시설이 존재하였을 가능성은 있지만 현재 남아있는 유구의 축조시기는 대체로 호로고루나 당포성, 은대리성 등 임진강-한탄강 북안지대에 축조된 고구려의 성곽 유적과 같은 것으로 보는 것이 타당하다고 생각한다.

입지는 호로고루나 당포성, 은대리성과 거의 동일하며, 축조방식면에서도 유사한 점이 있다. 물론 당포성에 나타나는 것처럼 석축성으로 완전하게 개축되지는 않았지만 유사한 구조를 가지고 있고, 특히 은대리성이 토축부 내외에 석축을 덧붙여 보강한 것은 같은 구조의 성벽축조 방식이다.[35)]

4. 토성리 토성

기존 조사보고서 『강원도 철원군 군사유적 지표조사보고서』(육군사관학교 육군박물관, 1996), 『철원의 성곽과 봉수』(육군사관학교 화랑대연구소·철원문화원, 2006)에서는 입지상 입보농성용이나 전투용 성곽으로 보기는 어렵고, 이 지역 일대의 중심 치소성으로서 기능을 수행한 것으로 추정하였다. 또한 석재를 사용하지 않은 순수 토성으로 축조되었다는 점을 들어 고대의 성곽으로 보았다. 성 내부에서는 빗살무늬토기편, 청동기시대 무문토기편, 원삼국~한성백제 시기에 해당하는 타날문토기편, 고려~조선시대

35) 서영일, 「연천 은대리성 축조공법과 성격 고찰」, 『문화사학』 제31호, 2009.

에 이르는 도기편 등 다양한 유물 가운데 빗살무늬토기편과 무문토기편은 이 성곽과 관련성이 없는 것으로 보고, 타날문 토기편은 이 성곽과 직·간접적으로 연관성이 있을 것으로 추정하였다. 결론적으로 토성리토성을 초기 국가형성기 이 지역의 중심적인 치소로서의 기능을 수행하였던 것으로 보았다.

현재 이 토성에 대한 간략한 지표조사 이외에 발굴에 의한 정밀 학술조사가 시행된 바가 없고 운영시기를 판단할만한 상당한 고고학적 자료도 없기 때문에 필자도 토성리토성이 고대 초기에 축성되었을 가능성에 대해서는 부정할 하등의 근거도 갖고 있지 않다. 다만 이와 같은 평지의 방형토성이 우리나라 성곽유적중에서는 매우 드문 사례라고 하는 점에서 그 성격의 설정에 대한 다양한 논의가 필요하고, 무엇보다 그 성격 파악을 위한 정밀한 학술조사가 필요하다고 생각한다.

토성의 성격과 관련하여 새로 상정해 볼만한 것은 이 성곽 유형이 평택 농성(農城)과 청주의 정북동 토성과 매우 유사한 입지와 형태를 가지고 있다는 점이다. 정북동 토성은 축조연대에 대해 단정적으로 설정한 바는 없으나 대체로 고대에 축성되어 고려후기 이전에는 폐성된 것으로 보았다.[36] 그러나 여전히 의문이 많은 토성이고, 특히 이곳에서 수습된 유물이 청동기시대~조선시대에 이르는 다양한 시기의 것이 수습되었기 때문에 유물에 초점을 맞추어 성곽의 운영시기를 특정하기도 어려운 상황이다.

평택의 농성(農城) 역시 마찬가지 상황이다. 유물과 유구에 의한 명확한 시기 설정이 어렵기 때문에 삼국시대 축성설, 신라말 축성설, 고려말

---

36) 충북대 중원문화연구소, 『청주 정북동 토성 Ⅰ -1997년도 발굴조사 보고서-』, 1999, p.73.

대왜구 방어성, 조선시대 임진왜란시 축성하였다는 설 등 다양한 의견이 있다. 그러나 대개 축조법이나 출유물에 의거하여 고려말 왜구에 대비한 성곽일 가능성이 제시되었다.[37)]

이러한 점에서 철원의 토성리토성 역시 매우 유사한 점이 있기 때문에 굳이 방형 토성=고대 성곽이라는 등식에서 벗어나 다양한 측면에서 논의될 필요가 있다고 생각한다. 다만 중요한 점은 이러한 하상충적지에 축조된 성곽의 경우 대부분 하상충적지에서 흔히 확인되는 청동기, 철기시대의 유물을 성곽축조연대와는 결부시키지 않고 있다는 점이다.

Ⅳ. 맺음말

철원의 한탄강변 근처에는 할미산성, 내대리성, 고석성, 성모루토성, 토성리토성 등 여러 성터가 남아있는 바, 이러한 성곽은 시대를 달리하며 여러 가지 목적에 의해 다른 집단에 의해 축성되었다고 여겨진다. 이 5개 성곽유적 가운데 그 어떤 유적도 명확하게 초축시기를 알 수 있는 문헌적 근거가 없고, 또한 발굴조사와 같은 정밀한 학술조사가 수행된 바가 없기 때문에 고고학적 자료도 매우 제한적이다.

이러한 여건에서 상기의 성곽유적의 성격을 명확하게 논의하기는 어려우나 유물과 축조방식, 유적의 상태 등 역사적 추이와 연계하여 살펴보면 다음과 같은 결론을 제시할 수 있다.

---

37) 단국대학교 매장문화재연구소, 『평택 농성 지표 및 발굴조사 보고서』, 2003, p.155.

우선 할미산성과 내대리성은 기왕의 조사와 연구에서 제시된 바와 같이 모두 6세기 중반경 신라의 한강 이북지역 점령과 임진강-한탄강 라인의 전선(戰線)을 관리할 당시 만들어진 신라 최전선의 전초성인 것은 틀림없다고 생각한다. 할미산성에서 통일신라기의 인화문토기가 같이 출토되고 있는 것은 신라가 이 지역을 7세기초 상실하였다가 진평왕 51년(629) 낭비성 전투후 다시 점령하고 사용하여서가 아니고, 신라의 철원지역 재점령후에는 더 북상하여 동주산성을 경영하면서 남쪽으로 연결되는 봉수터로 사용하였기 때문이라고 여겨진다. 춘천의 안마산과 금병산(혹은 진병산) 봉수터에서 신라 인화문토기 혹은 파상문 토기가 수습되고 있는 것은 통일기 전후하여 신라의 봉의산성에서 남쪽으로 연결되는 봉수로가 운영되었기 때문이며, 이는 다른 지역에서도 마찬가지로 체계화되었다고 여겨진다. 할미산성터가 조선시대에 재차 봉수터로 사용된 것도 철원의 거점성에서 남쪽의 포천방면으로 연결되려면 반드시 광활한 벌판을 거치게 되는데, 시야를 가리는 것은 없지만 거리가 지나치게 멀어서 날씨에 영향을 받을 가능성이 크기에 벌판에 오똑 솟은 할미산을 거치는 것은 당연히 효과적이다. 조선후기에 와서 철원에서 포천 방면으로 연결되는 봉수망에서 당초 조선전기에는 포함되지 않았던 할미산이 추가된 것도 그러한 이유에서이다.

고석성은 수습 유물이 거의 없어 연대 추정조차 어렵지만 입지나 축성형태, 잔존하고 있는 현상 등을 종합적으로 볼 때, 나당전쟁시기나 고려말 왜구에 대비한 주민 농성처 였을 것으로 추정하고 싶다. 정교성이 떨어지고, 규모가 큰 편에 속하며, 성벽 주변이나 성문터 주변에서 유물이 거의 발견되지 않고 있는 점 등에서 아직 여러 가지 의문이 많이 남아있기

는 하지만 삼국시대에 축성된 성은 아니라고 하는 점만은 분명하다고 생각한다.[38)]

성모루 토성은 성곽의 운영시기를 판단하는데 있어서 성내, 혹은 성벽 유구에 있는 중도식 경질무문토기편, 타날문 토기편을 현재 남아있는 토성의 운영 연대와 결부하기는 어렵다고 생각한다. 물론 성모루 토성이 있는 곳에 원삼국시대나 그보다 앞선 시기의 어떤 방어시설이 존재하였을 가능성은 있지만 현재 남아있는 유구의 축조시기는 대체로 호로고루나 당포성, 은대리성 등 임진강-한탄강 북안지대에 축조된 고구려의 성곽 유적과 같은 것으로 보는 것이 타당하다고 생각한다. 특히 성모루 토성은 연천의 은대리성이 토축부 내외에 석축을 덧붙여 보강한 것은 같은 구조의 성벽축조 방식이라는 점에서 입지나 축조법 측면에서 가장 유사한 유적이라고 판단된다.

토성리 토성은 현재 강원도기념물로 지정되어 있지만 운영시기를 판단할만한 명확한 고고학적 자료가 없기 때문에 필자도 초축시기에 대한 명확한 설정은 어렵다. 다만 이와 같은 평지의 방형토성이 우리나라 성곽유적 중에서는 매우 드문 사례라고 하는 점에서 그 성격의 설정에 대한 다양한 논의가 필요하고, 무엇보다 그 성격 파악을 위한 정밀한 학술조사가 필요하다고 생각한다. 그런 측면에서 토성의 성격과 관련하여 새로 상정해 볼만한 것은 이 성곽 유형이 평택 농성(農城)과 청주의 정북동 토성

38) 이런 점에서 고석정과 연관되어 전해오는 진평왕 傳言을 고석성과 연결하여 해석하는 것은 분명 적합한 것이 아니다. 그러나 고석성이 삼국시대와 관련이 없다고 하더라도 고석정에 신라왕이 왔었을 가능성은 있다고 생각한다. 555년 진흥왕이 북한산을 순행한 적이 있기 때문에 진평왕이 아니라 진흥왕이 이 때 신라 최전방인 고석정 일대에 왔었을 가능성이 있으며, 만약 진평왕이 맞다면 629년 신라가 대대적으로 군사력을 동원하여 고구려 낭비성을 공격해 크게 승전함으로써 다시 포천, 철원, 김화 등의 한탄강 유역을 점령하게 된 시기, 이 때에 진평왕이 이곳을 다녀갔을 가능성이 있다.

과 매우 유사한 입지와 형태를 가지고 있다는 점이다. 정북동 토성은 축조 연대에 대해 단정적으로 설정한 바는 없으나 대체로 고대에 축성되어 고려후기 이전에는 폐성된 것으로 보았다.[39] 그러나 여전히 의문이 많은 토성이고, 특히 이곳에서 수습된 유물이 청동기시대~조선시대에 이르는 다양한 시기의 것이 수습되었기 때문에 유물에 초점을 맞추어 성곽의 운영 시기를 특정하기도 어려운 상황이다. 평택의 농성(農城) 역시 마찬가지 상황이다. 유물과 유구에 의한 명확한 시기 설정이 어렵기 때문에 삼국시대 축성설, 신라말 축성설, 고려말 대왜구 방어성, 조선시대 임진왜란시 축성하였다는 설 등 다양한 의견이 있다. 그러나 대개 축조법이나 출유물에 의거하여 고려말 왜구에 대비한 성곽일 가능성이 제시되었다.[40]

이러한 점에서 철원의 토성리토성 역시 매우 유사한 점이 있기 때문에 굳이 방형 토성=고대 성곽이라는 등식에서 벗어나 다양한 측면에서 논의될 필요가 있다고 생각한다. 다만 명확한 점은 이러한 하상충적지에 축조된 성곽의 경우 대부분 하상충적지에서 흔히 확인되는 청동기, 철기시대의 유물을 성곽축조연대와는 결부시키지 않고 있다는 점이다.

---

39) 충북대 중원문화연구소, 『청주 정북동 토성 Ⅰ-1997년도 발굴조사 보고서-』, 1999, p.73.

40) 단국대학교 매장문화재연구소, 『평택 농성 지표 및 발굴조사 보고서』, 2003, p.155.

참고문헌

1. 저서

陸士韓國軍事硏究室, 『韓國軍制史』, 陸軍本部, 1968.

한국보이스카웃연맹, 『韓國의 城郭과 烽燧』, 1989.

관동대 박물관, 『삼척의 역사와 문화유적』, 1995.

유재춘, 『韓國中世築城史硏究』, 경인문화사, 2003.

서울대 규장각, 『조선후기 지방지도-강원도·함경도 편-』, 도서출판 민족문화, 2005.

심의승 엮음 · 배재홍 옮김, 『국역 삼척군지』, 삼척시립박물관, 2009.

관동대 영동문화연구소, 『근덕면지』, 2010.

이성주·이규대·박도식·표영관, 『신라의 동해안 진출과 하슬라군주 이사부의 우산국 복속』, 해람기획, 2010.

유재춘·홍형우·김흥술·이상수·홍영호, 『강원의 성곽과 봉수』, 강원도, 2019.

* 각종 유적조사 보고서는 지면상 생략함.

2. 논문

차용걸, 「高麗末 倭寇防守策으로서의 鎭戍와 築城」, 『史學硏究』 38, 1984.

유재춘, 『조선전기 강원지역의 성곽 연구』, 강원대 대학원 박사학위논문, 1998.

유재춘, 「驛에 대한 築城과 기능에 대하여-三陟 沃原驛城을 중심으로-」, 『江原文化史硏究』 제3집, 1998

김흥술, 「강릉지역 성곽연구」, 『임영문화』 23, 강릉문화원, 1999.

유재춘, 「麗末鮮初 東界地域의 변화와 治所城의 移轉 改築에 대하여」, 『朝鮮時代史學報』 제15호, 2000.

유재춘, 「강원지역 관방유적의 연구현황과 과제」, 『학예지』 제8호, 육군사관학교 육군박물관, 2001.
권순진, 「동해 심곡리성지에 대하여」, 『박물관지』 2·3합집, 관동대 박물관, 2002.
홍영호, 「삼척시 하장면 숙암리 산성의 발견과 역사성 검토-『三國史記』 지리지의 삼척군 竹嶺縣과의 관련성을 중심으로-」, 『江原史學』 19·20 합집, 2004.
유재춘, 「춘천 牛頭山城考」, 『강원문화사연구』 9, 2004.
차재동, 「철원 동주산성에 대한 고찰」, 『강원인문논총』 15, 강원대 인문과학연구소, 2006.
김흥술, 「명주성의 역사적 의의와 문화적 가치」, 『명주성의 보존실태와 문화자원으로서의 가치』, 관동대 영동문화연구소, 2007.
심재연, 「6~7세기 신라의 북한강 중상류지역 진출 양상」, 『신라문화』 31, 2008.
유재춘, 「정선 애산리산성의 현황과 성격에 대하여」, 『강원문화사연구』 13, 2008.
유재춘, 「고려시대 몽고침략과 영동지역민의 피란입보에 대하여」, 『인문학보』 33집, 2008.
차용걸, 「고려와 조선초기의 성곽에 대한 관견」, 『한국성곽학보』 14, 2008.
유재춘, 「강원지역의 고려시대 지역 거점 산성에 대한 연구」, 『한국성곽학보』 16, 2009.
홍영호, 「양양 후포매리 신라 산성의 고찰」, 『先史와 古代』 30, 2009.
홍영호, 「신라의 동해안 연안항해와 하슬라-강릉 경포호 강문동 신라토성을 중심으로-」, 『白山學報』 95, 2013.
유재춘, 「려말선초 강원도내 읍성 축조과정과 그 유적」, 『고고학』 12, 2013.
유재춘, 「인제 한계산성의 역사와 유적에 대한 연구」, 『한국성곽학보』 23, 2013.
김갑진, 「나말여초 경상도 연해지역 판축토성 연구」, 『문물연구』 24, 2013.

김호준, 「고려대몽항쟁기 험산대성(險山大城)의 입보용산성 출현」, 『先史와 古代』 40, 2014.

심정보, 「강릉 강문동토성의 축조기법과 성격」, 『문물연구』 27, 2015.

이상훈, 「나당전쟁기 신라의 대규모 축성과 그 의미」, 『한국고대사탐구』 23, 2016.

홍영호, 「고려시대 東界 지역의 戍 조사 연구-간성과 강릉을 중심으로-」, 『軍史』 99, 2016.

유재춘, 「조선전기 축성기술의 변천 연구」, 『인문과학연구』 52, 2017.

홍영호, 「속초시 속초리토성의 역사적 성격과 실체」, 『白山學報』 108, 2017.

홍영호, 「강원도 영동지역의 신라~통일신라시대 산성과 역사적 의미」, 『이사부와 동해』 15, 2019.

유재춘, 「한국 중세 성곽의 성벽 설치 방어시설물 연구-고려시대 城廊, 城頭, 遮城을 중심으로-」, 『인문과학연구』 62, 2019.

유재춘, 「고려시대 외침과 강원지역의 성곽방어체제 재정비」, 『강원사학』 32, 2019.

철원지역 성곽의 특징과 성격

권순진
수도문물연구원 실장

목차

Ⅰ. 머리말

한반도 중심부에 자리한 철원은 그 지리적 위치로 인해 삼국시대에는 이곳을 중심으로 국경을 확장하는 치열한 각축장이 되었다. 신라 통일전쟁시에는 고구려와의 격전장이였으며, 후삼국기에는 궁예가 泰封國 세우고 18년간 통치한 곳이기도 하다. 또한 고려 1217년(고종4) 거란 침입때 격전지이기도 하였고,[1] 1253년(고종40) 몽고군의 제4차 침입 때에는 그들에

1) 『高麗史』 券22 세가 高宗 4年.

게 함락되기도 하였다.[2] 壬辰倭亂時에는 왜군이 이 지역을 거쳐 함경도 지역으로 진출하기 위한 통로가 되었으며, 丙子胡亂時에는 성산성 부근 栢田에서 청군을 격파한 勝戰址였다.[3] 한국전쟁시에는 철의 삼각지대에 포함된 전략적 요충지였던 관계로 철원평야를 중심으로 북서쪽에 '백마고지 전투', 북동쪽은'저격능선 전투'와'금성전투'가 치러진 곳이다.[4] 이러한 역사적 사실은 철원이 한반도 중앙부에 위치함으로 인해 고대에서 현대에 이르기까지 군사적 대결이 尖銳하던 지역이었음을 반증하는 것으로 이해된다. 이러한 이유로 시대를 달리하는 다수의 관방유적이 축조되어 있다.[5] 하지만 철원지역의 이러한 군사지리적 환경변화에 비해 지금까지 이 지역 관방유적에 대한 조사와 연구는 아직 초보적인 수준이다.[6] 이에 본고에서는 철원군 관내 성곽의 분포양상과 이에 대한 고고학적 의미와 구조적 특징을 파악하여 유적들이 가지는 역사적 성격을 검토해 보고자 한다. 지역적으로 제한된 검토이나 이러한 작업은 추후 당시 삼국의 軍

2) 『高麗史』 券24 세가 高宗 40年.

3) 철원군·국방문화재연구원, 「철원 김화 백전대첩을 아는가」, 제1회 병자호란 김화 백전대첩 기념 학술대회, 2012; 철원군·국방문화재연구원,, 「김화 백전대첩, 승리의 비밀을 풀다」, 제2회 병자호란 김화 백전대첩 기념 학술대회, 2013; 권순진, 「丙子胡亂 金化 柏田戰鬪考察」, 『軍史』 96호, 2015.

4) 國防部戰史編纂委員會, 『韓國戰爭戰鬪史-7 백마고지 전투』, 1986; 『韓國戰爭戰鬪史-13 금성전투』, 1987; 『韓國戰爭戰鬪史-14 저격능선 전투』, 1988.

5) 철원군 관내의 관방유적은 성곽유적 11개소, 봉수유적 6개소로 파악된다.
육군사관학교 육군박물관, 『강원도 철원군 군사유적 지표조사보고서』, 1996; 육군사관학교 화랑대연구소·철원문화원, 『철원의 성곽과 봉수』, 2006.

6) 철원지역의 관방유적은 대부분이 군사보호구역내에 포함되어 있어 민간인의 접근 및 조사가 용이하지 않다. 따라서 최근까지 육군사관학교 육군박물관과 화랑대연구소에서 주도적으로 진행하였다. 조사연구 결과를 정리하면 다음과 같다. 陸軍士官學校 陸軍博物館, 『江原道 鐵原郡 軍事遺蹟 地表調査報告書』, 1996; 국립문화재연구소, 『軍事保護區域 文化遺蹟 地表調査 報告書江原道篇-』, 2000; 陸軍士官學校·鐵原郡, 『鐵原 城山城 地表調査報告書』, 2000; 육군사관학교 국방유적연구실·철원군, 『鐵原 東州山城 地表調査報告書』, 2005; 육군사관학교 화랑대연구소·철원문화원, 위의 책, 2006. 차재동, 「철원 東州山城에 대한 고찰」, 『江原人文論叢』, 第15輯, 2006.

事史[7)]적 상황과 역사적 환경을 검토하는 기초자료로 활용될 수 있을 것으로 기대된다.

Ⅱ. 철원지역 성곽 분포현황

지금까지 철원지역에서 조사보고된 성곽유적은 11개소이다. 이는 강원지역에서 강릉 다음으로 많으며, 삼국시대부터 조선시대까지 시대별로 다양하게 파악된다. 특히 성산성, 동주산성, 내대리산성, 어음성 등은 삼국시대 축조수법이 보여지며, 유물 또한 해당시기의 것들이 출토되고 있다. 이 장에서는 현재까지 지표조사된 결과를 토대로 철원지역 성곽에 대한 현황을 정리해 보도록 하겠다.

1. 태봉국도성[8)]

철원군 철원읍 홍원리 북방 DMZ내에 위치한다. 추가령구조곡에 의한 분지 형태의 평원지대로 '楓川原'으로도 불리며, 철원평야 북쪽에 해당된다. 동남쪽에 한탄강, 서남쪽에 임진강 본류가 멀리 외곽을 감싸고 있다. 904년 궁예가 철원으로 도읍을 옮기면서 축조되어 919년 고려가 개성으

7) 군사사를 연구할때 가장 중요한 테마로 대두되는 주제는 전역(戰役)과 전투(戰鬪)이다. 이 가운데 본고에서는 전투보다는 전역에 보다 근접하다고 할 수 있겠다(정토웅, 「군사사의 중요성과 학습방법」, 『軍事硏究』, 第127輯, 2009, p.202).

8) 태봉국도성에 대한 명칭은 조선시대에는 궁예도성, 궁예왕궁, 궁왕도성, 태봉도성, 태봉국도성, 철원도성 등 다양하게 불리워 왔다. 朝鮮總督府, 『朝鮮古蹟圖譜』, 1915~1936; 군사관학교 육군박물관, 위의 책, 1996; 육군사관학교 화랑대연구소·철원문화원, 위의책, 2006; 국립문화재연구소, 2012, 『한국고고학 전문사전(성곽봉수편)』

로 수도를 옮길 때까지 도성으로 사용되었다. 태봉국도성은 내성과 외성으로 이루어진 복곽성으로, 외성은 대체로 직사각형 모양으로 축조되었다. 조선시대 지리지에 외성 둘레 14,421척, 내성 둘레 1,905척으로 기록되어 있는데, 일제강점기지형도와 1950년대 사진자료를 종합하면 왕궁성 1.8㎞, 내성 7.7㎞, 외성 12.5㎞ 정도이다. 성벽은 토축, 혹은 토석혼축성이며, 기저부에 현무암을 석축한 곳이 보이고 있어 토성을 축조하면서 일부구간에는 흘러내림을 방지하기 위해 하부에 석재를 쌓고 상부에 토축한 것으로 판단된다. 성벽의 잔존 높이는 일정하지 않으나 1~4m 정도이며, 성벽 폭은 대체로 하단이 6~7m, 상단이 5m 내외이다. 도성은 남쪽 금학산을 정면으로 바라보고 있었으며, 이 방향과 동일한 방위각을 맞추어 외성을 축조하였다. 수습된 유물에 대한 구체적인 기록은 없으나 일제강점기에 조사된 내용을 보면 외성 남문지, 궁궐터, 미륵전, 남대문지 앞 석등과 봉상리 귀부 등이 알려져 있다. 태봉국도성이 위치한 곳은 한반도 내륙 중심부에 위치하여 평강-회양-원산을 거쳐 동해 북부지역으로, 연천-개성을 거쳐 북서부지역으로, 김화·화천·포천 등지를 거쳐 남서부지역으로 연결되는 요충지에 해당된다.

도 1. 철원지역 관방유적 분포도(출처:구글어스)

2. 중어성[9)]

철원군 철원읍 대마리에 위치한다고 전한다. 북동쪽 약 12㎞ 정도 거리 태봉국도성이 자리한다. 김화와 평강 방면으로 연결되는 교통의 요충지이다. 이 성은 전혀 알려지지 않았던 유적으로 『鐵原郡誌』에서 처음으로 기록하고 있다. 이에 따르면 463번 도로를 따라서 북진하면 소이산봉수, 동주산성을 좌로 두게 되고 여기서 북쪽으로 가면 역곡천이 나오며, 이 개천 인근에 낮은 야산고지(해발 281m)가 있는데 이 고지 앞 평탄한 곳에 석성이 있는 것으로 설명하고 있다. 성곽은 비무장지대 내에 위치하고 있어 정확한 양상은 파악하기 어렵다.

3. 동주산성[10)]

철원군 철원읍 중리 산 2번지 일원 360m고지 좌우측 봉우리와 남쪽 소규모 계곡부를 감싸안은 테뫼식 석축산성으로, 전체 둘레는 591m이다. 평면형태는 정상부 지형을 최대한 이용하여 축조한 관계로 부정타원형이고 두개의 봉우리와 그 사이 낮은 鞍部를 포함하고 있어 馬鞍形에 가깝다. 동주산성은 조선시대 기록에는 보이지 않으며, 『高麗史』에 몽고 침략에 대항하여 동주산성에서 농성한 기록이 나타나는 것으로 보아 고려시대까

9) 철원군, 『철원군지』下, 철원군지증보편찬위원회, 1992; 강원문화재연구소, 『문화유적분포지도-철원군-』, 2005; 육군사관학교 육군박물관, 앞의 책, 1996; 육군사관학교 화랑대연구소·철원문화원, 앞의 책. 2006; 국립문화재연구소, 앞의 책, 2012; 문화재청, 「비무장지대 역곡천 건너편서 중어성 추정 석축 확인」, 2019. 4.23.

10) 『高麗史』; 『新增東國輿地勝覽』; 『大東地志』; 朝鮮總督府, 『朝鮮寶物古蹟調査資料』, 1942. 철원군, 앞의 책, 1992; 강원도 철원군·강원대학교 박물관, 『철원군의 역사와 문화유적』, 1995; 육군사관학교 육군박물관, 위의 책, 1996; 국립문화재연구소, 앞의 책, 2000; 육군사관학교 국방유적연구실·철원군, 앞의 책, 2005; 차재동, 앞의 논문, 2006; 육군사관학교 화랑대연구소·철원문화원, 앞의 책, 2006; 국립문화재연구원, 앞의 책, 2012.

지 경영되고 있었던 것을 알 수 있다. 축조수법은 대체로 자연지형을 최대한 이용하여 夾築式으로 축조하였으며, 축조재료는 인근에서 쉽게 구할 수 있는 현무암과 화강암을 이용하여 '品'字形 쌓기를 하였다. 또한 남벽 중간부 계곡부에는 補築 흔적도 관찰된다. 성 내부 시설물로 문지와 건물지가 있는데 문지는 추정 남문지, 동문지, 북문지, 將臺址 등이 파악되었다. 또한 지형상 集水施設과 水口址도 갖추었을 것으로 판단되나 이는 정밀조사를 진행해야 알 수 있을 것으로 생각된다. 유물은 삼국시대에서 조선시대에 걸쳐 다양하게 수습되었는데, 蓮花紋瓦當을 비롯하여 다양한 문양의 평기와류를 비롯하여 短脚高杯와 뚜껑류, 壺 구연부편, 把手 등이 있다. 특히 단각고배는 신라가 한강유역을 진출하던 당시인 6세 중후반에 해당되며, 연화문화당와 선조문기와편들은 통일신라시대에 해당된다. 성곽 정상부에서는 북쪽 외촌리와 시방지리 일원, 동쪽은 3번국도 일원과 관우리 일대 광활한 철원평야가 한눈에 조망되며, 남쪽은 동송읍 일원과 (구)철원읍 중심지 일대의 관측이 양호하다. 이렇듯 동주산성은 북으로 평강, 남으로 연천, 동으로 김화, 서로 金川으로 가는 교통로의 길목을 감시하며 방어할 수 있는 요충지에 해당됨을 알 수 있다.

4. 월하리토성[11)]

철원군 철원읍 월하리 67번지 일원에 위치하며, 철원향교지 발굴과정에서 새롭게 확인된 유적으로, 방형의 능선과 계곡을 감싸 안은 포곡식 平

11) 『三國史記』; 『輿地圖書』; 이경석, 『白軒集』, 「鐵原府鄕校重新記」, 1700; 육군사관학교 화랑대연구소·철원문화원, 앞의 책, 2006; 강원대학교 중앙박물관·철원군, 『(구)철원향교지-시·발굴조사보고서-』, 2008; 국립문화재연구소, 앞의 책, 2012.

山城이다. 둘레는 약 600m정도이고, 폭 약 8m, 상단부 폭 5m 정도이며, 잔존 높이는 약 2m 내외이다. 동벽은 현재 마을 진출입로로 사용되는 곳으로 건물들이 들어서 있어 성벽은 멸실된 상태이며, 이곳에 문지가 있었을 것으로 추정된다. 성벽 기저부에 석재가 부분적으로 확인되는 것으로 보아 土石混築으로 축조된 것으로 보인다. 한편 월하리토성 내부 철원향교터에 대한 발굴조사에서 철원향교 대성전과 동·서 兩廡를 비롯하여 내삼문, 명륜당, 동·서재 등의 향교건물 유구가 비교적 양호한 상태로 파악되었다. 또한 이 향교터 하부에 대한 탐색조사에서 향교건물지 이전 시기의 적심과 석렬 등이 조사되었으며, 통일신라시대의 것으로 추정되는 八角伏蓮石燈下臺石 1기가 발견되었다. 이와 관려하여 「鐵原府鄉校重新記」와 『輿地圖書』에 "향교는 고려태조의 龍潛 때 遺基이다. 본래 고려 태조가 궁예정권하에서 벼슬을 할 때 舊宅인데 그 유지가 아직도 남아 있다(本高麗太祖仕弓裔時舊宅墻垣遺址尙存)."라고 기록되어 있다.

이 기록을 통해 볼 때 이곳이 태조왕건의 거처였음을 암시하고 있다. 출토유물은 통일신라기의 것으로 보이는 팔각복련석등하대석과 도·토기류 등과 함께 청자편 등이 출토되었다. 물론 이러한 유구와 유물을 월하리토성과 연관시키기에는 토성과 연계된 학술조사가 이루어지지 않아 어려움이 있다. 다만 『三國史記』에 왕건이 궁예에 귀부한 후 철원태수에 봉해졌을 뿐만 아니라 궁예정권 하에서 侍中까지 지낸 중요한 인물이었음으로 궁예도성 부근에 私邸성격을 띤 저택이 있었을 것임은 쉽게 추론할 수 있다. 또한 이 시기 호족들이 각 지방에 居館的 성격의 성곽을 축조 후 그 일대 중심세력으로 자처하였음은 연구를 통해 밝혀진 바 있다. 따라서 왕건의 舊宅址라고 알려진 철원향교 주위로 토성이 존재하는 것은 그러한 점에서 시사 하는 바가 크다고 할 수 있겠다.

5. 내대리성지[12)]

철원군 갈말읍 내대리 산142번지 일대에 소재한다. 철원 승일교 서북쪽 약 500m 지점 한탄강 본류에 위치하며, 내대리 마을에서 발원한 소하천과 한탄강이 합류하는 말단부에 형성된 높이 30m내외의 수직 현무암 용암대지에 자리하는 평산성이다. 성벽 길이는 약 370m 내외이고, 축조방식은 현무암을 방형, 장방형으로 치석하여 '品'字形 쌓기를 하였으며, 내탁식으로 쌓은 것으로 추정된다. 지표상에서 성과 관련된 시설물은 파악이 불가능하다. 성 내부에서 수습되는 유물은 신라계통의 회청색 각종 도기편과 적갈색 토기편이 소량 관찰된다. 이곳은 한탄강을 건너는 大通津 나루가 있었다고 하는 것으로 보아 중요한 길목이 되는 지점이라는 것을 알 수 있다. 입지와 축조기법, 수습유물 등으로 볼 때, 신라가 한강유역 진출이후 임진강, 한탄강 유역으로 북상하면서 주요 교통로상 요충지를 장악할 목적으로 축조한 것으로 생각되며, 축조시기는 6세기 중반후경으로 추정된다.

6. 성모루토성[13)]

철원군 동송읍 양지리 197-16번지 일원에 위치하며, 한탄강이 'U' 字상으로 사행곡류하는 舌狀垈地 북쪽을 가로막아 축조한 江岸平地城으로

12) 강원도, 『강원의 성곽과 봉수』, 강원역사총서1, 2019.

13) 철원군, 앞의 책, 1992; 육군사관학교 육군박물관, 앞의 책, 1996; 국립문화재연구소, 앞의 책, 2000; 강원문화재연구소, 앞의 책, 2005; 육군사관학교 화랑대연구소·철원문화원, 앞의 책, 2006; 국립문화재연구소, 앞의 책, 2012.

土石混築으로 축조되었다. 성벽은 북쪽만 높이 4m, 폭 5m 내외로 평지를 동서방향으로 가로막았으며, 동·서·남벽은 높이 20m 내외의 한탄강 자연절벽을 그대로 이용한 것으로 추정된다. 그러나 성벽 중간 중간에 석재들이 드러나 있는 것으로 보아 斷崖面 상단에 일부 성벽을 보강했을 가능성도 있다. 현재 북벽 성벽 중간부분과 동쪽은 절개되어 훼손된 상태이며, 훼손부분을 포함한 북벽은 190m 정도 잔존한다. 이 절개면 동쪽 단면에 드러난 성벽 축조수법을 살펴보면 고운점토를 이용하여 불규칙하게 다짐을 한 후 성벽 바깥쪽으로 불규칙하게 부정형의 할석재를 이용하여 경사지게 쌓아 올렸다. 현재 성 내부는 논과 밭으로 경작되고 있으며, 이 경작지를 중심으로 남북방향으로 1번 군도가 관통하고 있어 북벽 일부와 남벽 일부는 도로에 의해 멸실된 상태이다. 이 성은 한탄강의 지형적인 특징을 최대한 이용하여 축성한 성으로 임진강변에 자리한 호로고루와 당포성 및 은대리성과 형태적인 면에서 유사성이 보인다. 유물은 대부분이 원삼국시대 경질무문토기편과 회청색 경질타날문토기편으로 동체부편과 호구연부편이 주를 이루고 있다.[14] 또한 고려 이후 도기편과 자기편이 소량 채집되었다. 이 성의 유래와 관련하여 마을 주민들은 '성머리'라고도 부르며 임진왜란 때 말을 기르던 곳이라는 전설이 내려오고 있다. 또한 『철원군 지명유래집』에 궁예가 軍馬飼育과 훈련장으로 축조했던 성지라고도 전해지고 있다.

14) 성 내부를 관통하는 도로가 개설되면서 성 안쪽 단면에 주거지 단면으로 보이는 유구가 파괴된 채 노출되었다. 주거지는 원삼국~삼국시대 유물로 보이며, 이 시기 유물들은 성벽 단면 하부에서 출토되어 이 성과 직접적인 관련은 없을 것으로 판단된다.

7. 고석성[15)]

철원군 갈말읍 군탄리 산 52-1번지 일원에 위치하며, 한탄강 남쪽 해발 211.4m고지 정상부와 서북쪽 계곡 2개소를 감싼 平山城이다. 둘레는 약 2km이고, 동·남·북벽은 주변 화강암과 현무암을 이용하여 쌓았으며, 서벽은 한탄강의 자연 지세를 이용하여 돌과 흙을 혼용하여 쌓아 올렸다. 잔존높이는 120cm 정도이며, 폭은 약 350cm 내외이다. 축조기법은 片築式과 夾築式을 혼용한 것으로 보인다. 기단석은 장방형의 대형석재를 사용하였으며, 위로 올라 갈수록 작은 석재를 이용하고, 성돌사이에 크고 작은 쐐기돌이 관찰된다. 이러한 축조기법은 통일신라시대 이후에 나타나는 것이다. 입지 또한 하천을 끼고 거의 구릉성산지에 축조한 것으로 볼 때 피난성의 기능보다는 이 지역 거점성 역할을 하였을 것으로 보인다. 한편 『철원군 지명유래집』에는 고석성을 '鐵甕城'이라 하고

"순담과 고석정 사이의 분지에 쌓였던 성으로서 임꺽정이 관군과 대치하여 싸우다가 고석정 석굴에서 물속으로 뛰어내려 사라졌다는 곳으로 현재 성의 흔적이 남아 있다."라고 기록하고 있다.

또한 『鄕土誌』와 『鐵原郡誌』에는 조선시대 임꺽정(?~1562)이 쌓고 이 근거지를 이용하여 활동한 곳으로 기록하고 있다. 그러나 임꺽정 활동 이전 기록인 『新增東國輿地勝覽』의 기록에 이미 폐허가 된 성으로 기록되어 있어 임꺽정이 쌓았다는 기록은 잘못된 것으로 판단된다.[16)] 이 성곽

15) 『新增東國輿地勝覽』; 『東國輿地志』; 『大東地志』; 『增補文獻備考』; 朝鮮總督府, 앞의 책, 1942; 철원군, 『향토지』, 1977; 철원군, 앞의 책, 1992; 강원도 철원군·강원대학교 박물관, 앞의 책, 1995; 육군사관학교 육군박물관, 앞의 책, 1996; 국립문화재연구소, 앞의 책, 2000; 강원문화재연구소, 앞의 책, 2005; 육군사관학교 화랑대연구소·철원문화원, 앞의 책, 2006. 국립문화재연구원, 앞의 책, 2012.

16) 다만 이 지역사람들이 지금도 고석정과 고석성을 임꺽정의 활동과 연관시켜 이야기하고 있다는

의 지리적 위치를 살펴보면 해발고도는 낮지만 주위 지형이 성곽보다 낮아 비교적 멀리까지 조망이 양호한 편이다. 특히 철원과 갈말을 연결하는 463번 지방도를 조망할 수 있는 조건을 갖추고 있다.

8. 명성산성[17)]

철원군 갈말읍 신철원리 산 26-1번지 일원에 위치하며, 해발 870m고지와 서쪽 계곡 건너편 일명 시루봉이라 불리는 823m 고지와 북쪽 '성골'이라 불리는 계곡을 감싸 안은 포곡식산성이다. 자연지세를 이용하여 축성하였기 때문에 평면형태는 부정형이다. 또한 험준한 산악지대에 자리한 관계로 내부에는 평지가 별로 없으며 성 내부 최고지점과 최저지점 간의 높이차가 크다. 명성산성에 대한 문헌기록은 조선후기 『東國輿地志』 기록에 언급되었으며, 그 외의 기록에는 전혀 보이지 않는다. 그러나 『철원군지』에 의하면 궁예가 철원에 도읍을 정하고 태봉국을 세워 통치하는 도중에 그의 폭정으로 신숭겸, 배현경 등이 정변을 일으켰다. 이에 궁예는 밤에 궁궐을 빠져나와 휘하 군졸들을 데리고 그가 외곽성으로 축조한 대마리 중어성, 포천 보개산성 등을 방어하다가 최후로 명성산에 들어와 석축을 쌓고 왕건과 대치하였다. 그러나 역부족으로 부득이 군사를 해산하게 되었고, 군졸들이 슬피 울었다하여 이 산 이름이 용화산에서 울음산이 되고 성 이름도 울음성으로 되었으며 이 산성에는 궁예와 군졸들이 은거시

사실은 역사적 사실 여부를 떠나서 주목해 볼 만한 것이라고 생각된다.

17) 『東國輿地志』; 한국고전번역원, 『한국문집총간』, 1998~2005; 철원군, 앞의 책, 1992; 강원도 철원군·강원대학교 박물관, 앞의 책, 1995; 육군사관학교 육군박물관, 앞의 책, 1996; 국립문화재연구소, 앞의 책, 2000; 강원문화재연구소, 앞의 책, 2005; 육군사관학교 화랑대연구소·철원문화원, 앞의 책, 2006; 국립문화재연구소, 앞의 책, 2012; 철원군, 『철원 명성산성 지표조사보고서』, 2015.

사용했던 유물들과 일부 성지가 남아 있다고 하고 있다. 최근 지표조사에서 측정한 성곽 둘레는 대략 1,669m 정도이다. 성벽은 자연지형을 최대한 이용하여 축조한 것이 관찰되는데 사람이 오르기 쉬운 계곡부와 능선 하단부는 견고한 석축을 하였으며, 그 외 절벽으로 형성된 곳은 지형을 그대로 이용하였다. 성벽은 방형과 장방형의 성돌을 이용하였고 치석된 돌과 그렇지 않은 돌을 적절히 이용하여 쌓았으며, 석축과 석축 사이사이에 소형의 돌을 끼워넣은 것이 관찰된다. 따라서 축조수법은 전체적으로 매우 조잡한 양상을 띤다. 유물은 대부분 어골문기와편과 복합문기와편, 청해파문기와편을 비롯하여 회청색도질토기편들이 수습되었는데, 고려~조선시대에 걸쳐 사용되던 유물들이다. 이와 같이 명성산성에 대한 문헌기록 및 입지, 축조기법과 출토유물을 검토해 본 결과 대략적인 축조시기는 고려시대에서 축조되어 최소 조선시대 전기까지 入保用山城으로서 기능을 유지하다 조선후기에 들어오면서 폐성되어진 것으로 판단된다.

9. 어음성[18)]

철원군 갈말읍 문혜리 산 267번지 일원 해발 361m 고지 8부 능선에 축조된 소규모 테뫼식 산성이다. 평면형태는 부정형이며, 둘레는 약 400m 정도이다. 서쪽은 완만한 경사를 이루고 있으며, 동쪽과 남쪽은 비교적 가파르다. 동남쪽은 551m고지로 연결되는 평탄지가 있다. 성벽은 대부분 붕괴되어 온전한 형태는 거의 남아 있지 않다. 다만 서벽과 북벽 일

18) 철원군, 앞의 책, 1992; 강원도 철원군·강원대학교 박물관, 앞의 책, 1995; 육군사관학교 육군박물관, 앞의 책, 1996; 국립문화재연구소, 앞의 책, 2000; 강원문화재연구소, 앞의 책, 2005; 육군사관학교 화랑대연구소·철원문화원, 앞의 책, 2006; 국립문화재연구소, 앞의 책, 2012.

부에서 정연하게 쌓여진 석축 일부가 잔존해 있는데 장방형과 방형의 비교적 잘 다듬은 성돌을 이용하여 '品'字形 쌓기를 하였다. 유물은 대부분 정상부 건물지 주변에서 기와편과 자기편 토기편 및 토제, 도제, 철제마편들이 수습되었다. 어음성과 관련하여 문헌기록으로 남아 있는 것이 없어 축성 시기나 성격에 대해서 알 수 없다. 따라서 부분적으로 잔존하는 성벽 축조기법과 성내부 출토되는 유물 및 성곽의 입지와 규모 및 지리적 위치를 통해 간접적으로 추론해 볼 수 있다. 어음성이 자리한 곳은 현재 43번 국도 주변과 갈말읍, 멀리 철원평야 일대를 감제할 수 있는 위치에 축성되었다. 이는 고려~조선시대 入保籠城用이나 피난용 성곽이 깊은 산중에 축성되어지는 입지와는 상이하다. 즉, 둘레 약 400m의 소규모이며 내부에 장기적으로 抗爭할 수 있는 공간이 매우 협소하다. 이는 이 성이 장기적인 목적이 아닌 한시적 사용으로 되었음을 짐작할 수 있다. 축조기법은 방형과 장방형의 현무암이나 화강암을 이용하여 면과 모를 비교적 잘 다듬어 축조하였으며 쐐기돌은 거의 사용하지 않았다. 성벽은 지형을 최대한 이용하여 夾築과 片築을 골고루 이용한 것으로 보인다. 이러한 축조수법은 최소 삼국시대까지 올라가는 것으로 추정할 수 있다. 이후 성의 기능이 폐기된 후 신앙 공간으로 활용되어진 것으로 보인다.

10. 토성리토성[19)]

철원군 갈말읍 토성리 273-3번지 일원 남대천 충적대지상에 축조된 평지 방형 토성이다. 현재 토성 한 가운데로 도로가 관통하고 있으며, 성내부는 경작지로 이용되어 원형이 대부분 훼손되었다. 둘레는 약 600m 내외이며, 기저부 폭 약 15m, 상단부 폭 11m 정도이다. 유물은 성 내부와 성벽 부근에서 빗살무늬토기편을 비롯하여 중도식경질무문토기편, 회청색경질타날문토기편 등이 수습되었다. 대부분 구연부편과 동체부편이 주를 이루고 있다. 또한 성 내부는 밭으로 경작되는 곳에서는 고려~조선시대 기와편들도 소량 관찰된다. 토성이 자리한 곳은 남대천 충적대지상의 한 가운데 축조되었으며, 성 내부를 관통하여 463번 지방도가, 토성 동쪽으로 철원~김화로 이어지는 43번국도가 지나간다. 이러한 성곽은 입보농성용이나 전투용성곽으로서는 그 기능을 수행할 수 없으며 이 지역 일대의 중심치소성 기능을 수행하였다고 볼 수 있다.

11. 성산성[20)]

철원군 김화읍 읍내리 산121번지 일원 해발 471m 성재에 위치하고 있으며, '성재산성', '자모산성', '가등산성' 등으로 불리운다. 축성방식은 해발 471m 성산 정상부를 에워싸고 남쪽 계곡부 평지를 포함하고 있는 北高南底形의 테뫼식과 포곡식을 혼합한 복합성이다. 성벽 전체가 석축인 체성부는 협축법을 이용하여 축성하였다. 둘레가 982m, 최대 잔존 높이는 5.2m이다. 체성은 화강암, 화강편마암, 판암, 현무암 등의 자연석을 방형 또는 장방형으로 치석하여 축조하였고, 하단부에는 화강암을 치석하

19) 조선총독부, 앞의 책, 1942; 문화재관리국, 『全國遺蹟目錄』, 1971; 문화재관리국, 『文化遺蹟總攬』, 1977; 한국보이스카우트연맹, 『한국의 성곽과 봉수』상, 1989; 철원군, 앞의 책, 1992; 강원도 철원군·강원대학교 박물관, 앞의 책, 1995; 육군사관학교 육군박물관·철원군, 앞의 책, 1996; 국립문화재연구소, 앞의 책, 2000; 강원문화재연구소, 앞의 책, 2005; 육군사관학교 화랑대연구소·철원문화원, 앞의 책, 2006; 국립문화재연구소, 앞의 책, 2012.

20) 『新增東國輿地勝覽』; 『東國輿地志』; 『輿地圖書』; 『大東地志』; 『增補文獻備考』; 철원군, 앞의 책, 1992; 강원도 철원군·강원대학교 박물관, 앞의 책, 1995; 육군사관학교 육군박물관, 앞의 책, 1996; 국립문화재연구소, 앞의 책, 2000; 강원문화재연구소, 앞의 책, 2005; 육군사관학교 화랑대연구소·철원문화원, 앞의 책, 2006; 국립문화재연구소, 앞의 책, 2012.

여 쌓아올린 보축이 확인된다. 유물은 대부분은 신라기와편과 토기편 및 고려~조선시대 유물이 다양하게 수습된다. 신라기와류는 굵은 태격자문과 선조문이 주를 이루고 있다. 또한 단각고배편와 뚜껑류, 완류, 호류 등도 수습되었다, 고려시대 유물은 해무리굽 자기편을 비롯하여 청자편 등이, 조선시대 유물은 복합문, 청해파문, 무문 등 다양한 기와류와 도·자기편 등이 채집되었다. 주변에 높은 산지에도 불구하고 북쪽 비무장지대 일원에 대한 조망이 양호하며, 치소에서 비교적 가까워 유사시 입보하여 방어하기에 용이한 곳이다. 축조기법, 출토유물 등을 고려하면 삼국~조선시까지 필요시 수개축되어 지속적으로 활용되었음을 알 수 있다.

[표 1] 철원지역 성곽 현황

구분		위치	해발(m)	규모(m)	축조 재료	시대
①	태봉국 도성	철원군 철원읍 홍원리 풍천원 비무장지대	280 내외	궁성: ? 내성:727 외성:10,908	토·석	후삼국
②	중어성	철원군 철원읍 대마리 비무장지대	175 내외	?	석	후삼국(?)
③	동주산성	철원군 철원읍 중리 산 2번지 일원	320 내외	약 591	석	삼국
④	월하리 토성	철원군 철원읍 월하리 67	220 내외	약700	토·석	후삼국(?)
⑤	내대리 성지	철원군 갈말읍 내대리 산142번지	205 내왜	약 370	석	삼국
⑥	성모루 토성	철원군 동송읍 양지리	200 내외	약 170(잔존)	토·석	삼국(?)
⑦	고석성	철원군 갈말읍 군탄리 산 52-1번지 일원	210 내외	약 784	석	고려~조선
⑧	명성산성	철원군 갈말읍 신철원리 산 26-1번지 일원	800 내외	약 1,669	석	고려~조선
⑨	어음성	철원군 갈말읍 문혜리 산 267번지 일원	320 내외	약 400	석	고려~조선
⑩	토성리 토성	철원군 갈말읍 토성리 273-3 일원	200 내외	약 600	토	삼국(?)
⑪	성산성	철원군 김화읍 읍내리 산 121일원	500내외	약 982	석	삼국

Ⅲ. 철원지역 성곽의 특징과 성격

1. 특징

1) 분포

철원지역 성곽의 분포는 크게 임진강과 한탄강에 인접한 구릉성 대지와 산지 및 43번도로 중심으로 평야지대에 인접한 교통로 연변에 분포하고 있다. 즉, 구 철원(동송)을 중심으로 북서-남동방향으로 태봉국도성을 비롯하여 중어성, 동주산성, 월하리토성, 내대리성지, 고석성이 위치하며, 43번도로 방향인 북동-남서방향으로 성산성, 토성리토성, 어음성 등이 각각 자리하고 있다. 이 가운데 삼국시대에 초축되어진 성산성, 동주산성, 내대리성지, 어음성은 교통로를 감제 및 관측, 통제가 용이한 곳에 위치함을 알 수 있고, 태봉국도성, 토성리토성, 성모루토성 등은 하천을 낀 평야지대에 자리하고 있다. 또한 월하리토성과 고석성, 중어성은 하천변에 인접한 낮은 야산에 축조되어 있다. 이를 평면상으로 연결하면 'V' 형태를 띤다. 이러한 분포상을 보이는 이유는 철원군이 남서쪽에 금학산, 고대산 등이 북서-남동방향으로 이어지고, 북동쪽에 북동-남서방향으로 복주산, 명성산 등 험준한 산지가 자리한것과 철원지역 중앙부에 북동-남서방향으로 한탄강의 본류와 지류 및 해발 500m 내외의 고지가 위치하는 지형적 특징에 기인한 것으로 판단된다. 또한 고대로부터 이어진 교통로에 대한 통제 및 철원평야의 풍부한 경제적 기반을 이용하려는 세력이 이곳을 차지하려는 목적이었을 가능성도 있다.

2) 유형

성곽은 기본적으로 방어를 목적으로 축조된 시설물이기 때문에 지형적으로 유리한 산지를 활용한다. 따라서 위치에 따라 산성, 평산성, 평지성, 장성 등으로 분류된다.[21] 이 가운데 산성은 다시 테뫼식과 포곡식, 복합식으로 세분된다. 철원지역 성곽들은 산성이 4개소로 가장 많은 수를 차지하며, 평산성 3개소, 평지성 4개소이다. 산성 가운데 테뫼식산성은 동주산성, 어음성이 있으며, 산정상부를 테를 두르듯이 축조하였고, 방어에 유리한 지형을 최대한 활용한 관계로 평면형태는 부정형을 띤다. 다만 정상부와 남쪽 계곡부 일부를 포함하는 성산성은 테뫼식과 포곡식이 혼용된 복합식성으로 분류할 수 있다. 포곡식산성은 산정상부와 하단 계곡부를 포함하는 형태로 삼국시대 축조된 성산성과 고려~조선시대에 활용된 명성산성이 있다. 또한 평지와 배후산지를 둘러싼 형태인 평산성은 월하리토성, 중어성, 내대리성지, 고석성 등이며, 자연지형에 따라 축조한 관계로 월하리토성을 제외하고 대부분 평면형태는 부정형이다. 평지성은 낮은 구릉이나 평지에 축조된 성을 이르는데 태봉국도성, 성모루토성, 토성리토성 등이 있다. 이 가운데 태봉국도성은 일국의 도성으로 규격화된 장방형이며, 성모루토성은 세장방형, 토성리토성은 방형을 띤다.

3) 입지와 규모

성곽의 입지는 유적의 성격을 이해하고 살피는데 유용하며, 이러한 입지 분석을 통해 해당성곽의 대략적인 축성시기와 목적, 변천과정, 주방어

21) 손영식, 『한국의 성곽』, 2009, p.252.

방향 등을 살펴볼 수 있다.[22] 철원지역 성곽은 주변에 넓은 평야와 하천을 낀 구릉 말단부와 산 정상부에 자리하고 있다. 성곽 높이는 해발 800m 내외에 위치한 명성산성을 제외하고 대부분 200~500m 내외의 자리한다. 이 가운데 산봉우리 정상부를 감싸안은 성곽인 성산성, 동주산성, 어음성 등은 성곽 정상부에서 주변지역을 한눈에 조망할 수 있을 뿐만 아니라 성외부에서도 쉽게 산성이 바라다 보인다.[23] 그러나 평지성인 태봉국도성을 비롯한 토성리토성, 성모루토성은 평지에 위치한 관계로 조망은 그다지 좋지 않다. 이밖에 명성산성은 고산협곡에 위치하여, 인마가 상시 출입하기에는 불합리한 곳으로 이러한 성곽의 특징은 고려~조선시대 입보농성 및 피난성으로서 기능을 하였다.[24]

한편 성곽의 축조는 대규모 역사인 관계로 그 기능과 목적에 따라 규모를 달리하며 해당 성곽의 성격을 파악하는데 중요한 준거가 되기도 한다. 성곽의 특징을 잘 보여주는 자료가 둘레를 통해 본 규모이다.[25] 철원지역 성곽의 규모는 다양하게 나타난다. 먼저 태봉국도성은 일국의 도읍지였던 관계로 외성의 길이가 12.5km, 내성은 약 7.7km 정도로[26] 압도적 규모를 보인다. 명성산성은 둘레가 약 1,669m 이르며 구조상 입보농성(피난성)으로 역할을 하였다. 동주산성과 성산성, 고석성은 각각 591m, 982m, 784m로 비교적 중대형에 속하는 성곽이다. 내부에 건물지를 비롯하여 물을 공급받을 수 있는 水源이 있어 평시 치소성을 활용되다 유사시

---

22) 白種伍, 「百濟 漢城期山城의 現況과 特徵」, 『白山學報』 69, 백산학회, 2004, p.167.

23) 내대리성지와 고석성은 평산성으로 분류되었으나, 성 내부에서 주변에 대한 조망이 비교적 양호하며, 교통로 연변에 인접하고 있어 교통로 감제 및 통제가 용이한 곳에 자리하고 있다.

24) 유재춘, 『韓國 中世築城史 硏究』, 경인문화사, 2003. pp.412~434.

25) 白種伍, 앞의 논문, 2004, p.167.

입보농성이 가능한 성곽이다. 월하리토성은 규모면에서 중형에 속하나 평지에 가까우며, 발굴조사에 따른 유구와 유물을 고려할때 방어용 성곽이기 보다는 거관적 성격이 강한 것으로 판단된다. 이밖에 성곽들은 300~400m 내외의 성곽으로 비교적 소규모에 해당되며 내부에 다양한 시설물이 들어서기에는 한계가 있다. 특히 어음성과 내대리성지는 삼국시대 축성기법이 관찰된다. 따라서 해당시기에 의도된 축성목적을 가지고 조성된 것으로 볼 수 있다.[27)]

4) 축조수법

성곽 축조재료는 주변의 자연환경적인 조건에 따라 석재가 풍부한 곳, 또는 석재가 부족한 구릉지대나 충적지에 축성하느냐에 따라 재료가 달라진다. 성곽의 축조방법에는 목책성, 토축성, 토석혼축성, 석축성 등으로 구분되고, 성벽 단면 형태를 가지고 협축식과 편축식으로 분류된다. 하나의 성곽에도 다양한 축성재료와 방식을 사용하는데, 한탄강을 포함한 철원지역이 현무암지대인 관계로 산성과 평지성 및 평산성 구분없이 현무

26) 태봉국도성은 비무장지대에 위치한 관계로 정확한 규모는 파악할 수 없다. 다만 제한적이긴 하나 육군사관학교에서 일부지역에 대한 현장확인과 각종기록 및 항공사진을 분석한 내용이다. 참고로 조선 전기부터 일제강점기 자료에 기록된 도성의 규모는 다음의 표와 같다.

문헌	년도	규 모	환산(m)
『신증동국여지승람』	1530년	외성:14,121척 내성 1,905척	외성: 약 4,226 내성: 약 572
『동국여지지』	1656년		
『증보문헌비고』	1908년		
『대동지지』	1864년	내성 1,905척, 외성 24,421척	내성: 약 572, 외성: 약 8,500
『조선보물고적조사자료』	1942년	외성: 6천간, 내성 400간	외성: 약 10,908, 내성: 약 727

27) 권순진, 「신라 북진기산성에 대한 일고찰」, 『신라사학보』 9, 신라사학회, 2007.
____, 「철원지역 신라산성 성격」, 『군사연구』 135, 육군본부, 2013.

도 2. 동주산성 서남벽

도 3. 내대리성지 서남벽

도 4. 성산성 남벽 단면

도 5. 성산성 동벽 단면

도 6. 어음성 동벽

도 7. 명성산성 북벽

암을 사용한 것이 관찰된다. 먼저 석축성은 돌을 주재료로 축조한 성으로 석재의 채취, 운반과 가공, 축조 등 여로모로 공역이 쉽지 않으나 축조가 끝나면 방어력이 우수할 뿐만 아니라 유지 및 관리가 편하다는 장점이 있다. 또한 성벽 축조형태에 따라 협축식과 편축식(내탁식)으로 구분된다. 철원지역 성곽 가운데 동주산성, 고석성, 성산성, 어음성, 내대리성지, 명성산성 등이 석축성에 해당되며, 이 가운데 동주산성과 성산성은 발굴조사가 진행되어야 파악이 되겠지만, 위치와 지형 및 성내부 수습유물 고려할 때 성벽 모두를 협축식으로 축조한 것으로 생각된다. 특히 성산성과 동주산성에서는 신라 석축산성의 특징인 기단보축과 현문식 문지도 파악되었다. 이외에 태봉국도성, 성모루토성, 토성리토성, 월하리토성, 중어성 등은 기저부에 흙밀림 및 붕괴 방지를 위해 석재를 놓은 후 상부는 흙으로 축조되어진 것으로 생각된다.

5) 출토유물

성내부에서 출토된 유물은 성곽의 축성시기와 활용시기를 파악하는 기준이 된다. 철원지역 성곽에서는 원삼국시대부터 고려~조선시대에 걸치 다양한 유물들이 확인되었다. 특히 토성리토성과 성모루토성에서는 원삼국시대~삼국시대 유물들이 수습되었으며, 동주산성, 성산성 등에서는 신라 북진기 표지적 유물인 단각고배 등과 함께 통일기 기와들이 출토되었다. 또한 월하리토성 내부에 대한 발굴조사에서 통일신라기에 해당되는 팔각복련석등하대석과 함께 동일시기의 유물이 출토되었다. 이밖에 삼국시대 초축된 성곽들에서도 고려~조선시대 도기와 자기편 등이 확인되었으며, 태봉국도성과 내대리성지, 어음성 등 특정 성곽들을 제외하고 대부분의 성곽들은 시대를 달리하는 유물이 수습되어 필요시 수개축되어 활용되었을 것으로 보인다.

도 8. 동주산성 단각고배와 뚜껑

도 9. 동주산성 연화문 와당

도 10. 성산성 수습유물(토기)

도 11. 성산성 수습유물(기와)

2. 성격

특정지역에 대한 성곽의 성격을 추론함에 있어 어려움이 많다. 이는 철원지역도 예외가 아닌데, 역사기록에 성곽 축조시기와 목적에 대한 내용이 전무 할 뿐만 아니라 당시 철원지역에서 집중적으로 이루어졌을 전투기사, 특히 성곽중심 전투기사는 아예 보이지 않기 때문이다. 따라서 이 지역 성곽들의 기능 및 성격에 대해서는 당시 철원지역 역사적 환경변화 속에서 그 일단을 살펴볼 수 밖에 없다. 이를 토대로 성곽의 특징[28] 및 수

28) 성곽을 특징을 검토함에 있어 성내부 시설물도 포함되어야 하나 대부분이 지표조사에 의한 제한으로 불명확하여 본고에서는 제외하였다.

습된 유물, 주변유적과의 관계를 가지고 철원지역 성곽의 변천과정을 검토해 보겠다.

주지하다시피 철원은 삼국시대에는 고구려, 백제, 신라의 역관계 속에서 그 소속을 달리하였다. 삼국초기 철원지역은 백제의 영토였을 것으로 판단된다. 삼국사기 백제 온조왕 18년 말갈이 쳐들어오자 七重河(지금의 坡州 積城)에서 섬멸시켰다고 하고, 23년에 斧縣(지금의 북한 平康)에서 말갈을 격파하였다고 기록되어 있다. 초기 백제의 북쪽 경계를 예성강 선으로 보고 있으므로 이 지역들과 인접한 철원은 백제의 영역을 추정해도 무리가 없을 것으로 생각된다.[29] 이후 이곳은 5세기 광개토왕대에 남쪽으로 세력을 확장해온 고구려 영토에 속하게 되었다.[30] 그러나 현재까지 철원지역에서 고구려와 관련된 유적들은 찾아지지 않았다. 다만 철원과 인접한 경기도 포천, 연천을 비롯하여 강원도 춘천, 홍천, 원주 등지에서 고구려유적들이 조사된 바 있다. 이러한 역사적 환경을 감안하면 철원지역에서도 향후 고구려유적이 조사될 가능성이 높다.[31]

---

29) 이와 관련하여 철원 동막리유물산포지(육군사관학교 화랑대연구소, 2006)와 지경리유물산포지(경기도 박물관, 2008)에서 백제토기들이 수습되었다. 이밖에 정연리, 성모루토성, 토성리토성 등에서도 경질무문토기편과 타날문토기편 등이 보고된 바 있다. 이 가운데 동막리유물산포지와 지경리유물산포지는 해발 300m 내외의 고지에 위치하고 있어 한성백제시기 방어성격 관방유적일 가능성이 높다.

30) 李道學, 「永樂6年 廣開土王의 南征과 國原城」, 『손보기박사정년기념한국사학논총』, 1988, pp.99~100.

31) 철원을 포함한 강원 영서지방에 대해 고구려 남진시 영락 6년(396년) 광개토왕이 공취한 58성 700촌의 일부로 보는 견해(서영일, 「고구려의 백제 공격로 고찰」, 『史學志』 38, 2006, 50~56쪽)에 따르면, 이 지역은 영락 6년 이전에 고구려군이 진출하였을 가능성이 높다. 이때 고구려군은 신계→곡산→평강→연천→철원 일대까지 남하 하였던 것으로 추정되며, 이후 영락 6년을 전후로 고구려군은 북한강유역 및 남한강 상류까지 진출하였던 것으로 생각된다. 즉, 철원을 포함한 강원 영서지역 교통로를 추정하여 보면 철원→춘천→홍천→원주→충주 →단양→죽령을 넘어 이동하였던 것으로 보인다. 또한 이 교통로는 庚子年(400) 광개토왕의 신라 출병시에 사용 되었을 것으로 생각된다. 이 교통로가 사용

한편 철원지역은 6세기 중반 이후 북진하는 신라의 영역하에 들어가게 되며 한강유역을 포함한 중부지역은 신라의 진출로 인해 새로운 전환기를 맞이하게 된다.[32] 즉, 6세기 중반 한강유역 6郡[33]과 古峴이내 10郡[34]을 확보한 신라는 함경도까지 진출하게 된다. 진흥왕은 551년 남한강과 북한강 중·상류 10郡을 공취한 후 556년 안변에 비열홀주를 설치하고, 568년에 각각 黃草嶺碑, 摩雲嶺碑를 건립하였다.[35] 조선후기에 편찬된 『大東輿地圖』(지도 1)를 통해 당시 신라의 북진로를 살펴보면, 한강유역에서 비열홀주 치소인 안변으로 가는 교통로는 대략 두가지 정도로 파악된다.[36] 첫째 한강 – 양주 – 포천 – 영평 – 김화 – 회양 – 철령을 넘어가는 길

되었다는 것을 고고학적으로 입증하는 유적으로는 최근 홍천 철정리·역내리고분(江原文化財硏究所, 2005)에서 고구려토기가 출토되었으며, 원주 건등리유적(예맥문화재연구원, 2008)에서 5세기 대의 고구려 주거지와 토기가 발굴되었다. 이러한 고고학적 양상을 고려해 볼 때 고구려군이 남하시 반드시 거쳐야할 철원지역에서는 아직까지 고구려와 관련된 유적이나 유물은 확인되지 않았으나 향후 조사증가에 따라 발굴될 가능성이 높다.

32) 신라가 한강유역을 확보하기 위해 치뤘던 국가간 전쟁 횟수는 대고구려전 26회(攻·防포함), 대백제전 36회 (공방포함)로 모두 62회에 달한다(許重權, 「新羅 統一戰爭史의 軍事學的 硏究」, 韓國敎員大學校大學院 博士學位論文, 1995, p.29). 이러한 내용에서 알 수 있듯이 신라의 영역확장과정하에 철원지역에서도 다수의 전투가 벌어졌을 것임을 상정해 볼 수 있을 것이다.

33) 『三國史記』 卷44, 列傳4 居柒夫, "… (眞興大王)十二年辛未王命居柒夫及仇珍大角湌·比台角湌·耽知迊湌·非西迊湌·奴夫波珍湌·西力夫波珍湌·比次夫大阿湌·未珍夫阿湌等八將軍與百濟侵高句麗百濟人先攻破平壤居柒夫等乘勝取竹嶺以外高峴以內十郡…" 신라가 차지한 6郡은 述川郡(여주), 漢山郡(하남), 北漢山郡(서울), 栗木郡 (과천), 主夫土郡(부천), 皆次山郡(죽산)으로 비정된다(서영일, 『신라 육상 교통로연구』, 1999, 학연문화사, pp.231~235).

34) 삼국사기 지리지와 당시의 상황을 검토하여 함경도 철령 이남의 강원도와 경기도 일부, 충청도 일부를 포함하여 설정하고 있다. 즉 大楊郡(淮陽), 鐵圓郡(鐵原), 母城郡(金化), 冬斯忽郡(金城), 夫如郡(金化), 狌川郡(華川), 斤平郡(加平), 平原郡(原州), 國原城(忠州)로 설정하였다(李道學, 「新羅의 北進經略에 관한 新考察」, 『慶州史學』 6, 경주사학회, 1987, pp.33~35쪽).

35) 이러한 역사적 기록을 통해 볼 때 신라의 북진선은 대략 경기도의 임진강 하류에서부터 북동쪽으로 양주연천- 철원-추가령구조곡이남-안변-황초령과 마운령을 잇는 선이었을 것이다.

36) 이외에 연천에서 휴전의 이북의 이천을 거쳐 임진강 상류를 따라 함경도 영흥까지 진출하는 하천교통로도 신라 북진로로 고려해 볼 수 있을 것이다. 그러나 이곳은 임진강 중·하류의 對岸을 중심으로 고구려 성곽들이 곳곳에 축조되어 있다. 따라서 신라 입장에서는 방어가 완강한 임진강 하류보

(이동로1)과 둘째, 한강 – 양주 – 연천 – 철원 – 평강–분수령(이동로2)을 넘어 안변에 도달하는 것이다.[37] 어느 교통로 가든 철원지역은 반드시 지나야 함을 알 수 있다. 이러한 지리적 위치로 인해 신라가 처음 철원지역에 진출했을 때는 이곳이 신라의 최전방인 관계로 고구려의 견제가 심해 안정적인 진지구축을 할 수 있는 시간적 여유가 없었을 것으로 보인다. 따라서 먼저 동주산성, 내대리성지, 어음성[38] 같은 중,소규모 성곽을 축조하여 전방 감제, 관측을 필요로한 교통로를 확보하였을 것으로 보인다.[39]

이후 함경도까지 진출한 신라는 568년 한강이북에 위치한 北漢山州를 폐지하고, 南川州(경기도 이천) 설치하며, 556년 설치한 比烈忽州(안변)를 폐지하고 達忽州(강원도 고성)를 설치하고 있다.[40] 주의 폐지가 곧 이 지역에 대한 신라의 지배권을 상실함을 뜻한다고 할 수 없으나 어쨌든 방어의 주요 거

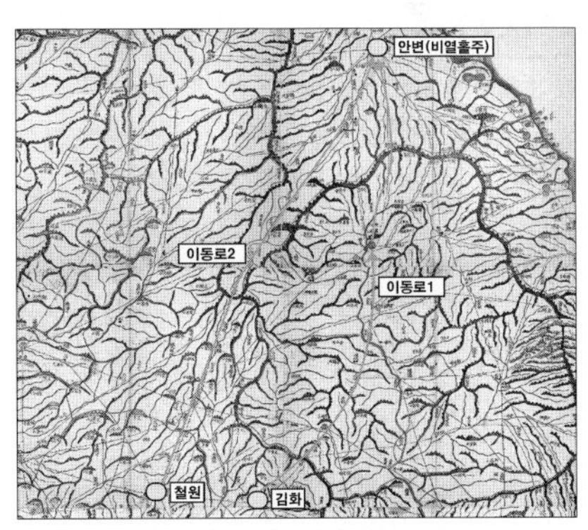

도 12. 신라 북진로 (대동여지도)

다는 북동쪽 교통로를 선택하였던 것으로 생각된다.

37) 張彰恩,「眞興王代 新羅의 北方進出과 對高句麗 領域向方」,『新羅史學報』24, 新羅史學會, 2012, pp.21~22.

38) 철원과 경계에 있는 포천 할미산성은 철원평야를 굽어볼 수 있는 독립봉의 형태이며, 구조상 내부에서 장기간 籠城하기에는 한계가 있다. 또한 성 내부에서는 신라 북진기의 표식적인 유물인 단각고배가 수습되고 있다. 이러한 이유로 할미산성은 내대리성지와 어음성도 동일하게 신라 북진기에 철원지역에 진출했을 때 일정기간 순수 군사적 목적으로 활용되었을 것으로 보인다

39) 필자는 拙稿에서 신라가 북진기에 소규모의 성곽을 먼저 축조하여 기동로 확보를 한 후 차후 영역이 안정화 되면서 대형성곽을 축조하였을 것으로 보았다(權純珍, 앞의 논문, 2005, p.39).

40)『三國史記』新羅本紀 眞興王 29年.

점이 남쪽으로 후퇴하게 된 것은 이 무렵 고구려에 의해 대대적인 반격이 본격적으로 개시되었거나 적어도 그런 움직임이 가시화되고 있었기에 벌어진 일로 보는 것이 합리적일 것으로 보인다.[41] 이때 신라에 의해 점유되었던 철원은 고구려의 반격에 의해 일시 함락되었을 것으로 생각된다. 이후 604년 진평왕은 다시 남천주를 폐지하고 북한산주를 설치하고 있는 것으로 볼 때 신라가 다시 한강이북을 포함한 임진강 이남지역을 재탈환하였다는 것을 알 수 있다.[42] 이즈음 철원지역은 낭비성 전투[43]의 승리

41) 비열홀주를 폐하고 달홀주를 설치한 이유를 이 지역에서 신라의 수세적 불리함을 들고 있다. 즉 함흥 일대는 고구려 국내성과 평양에 이르는 교통로가 발달되어 있어 고구려 반격에 쉽게 노출될 수 있었다. 고구려군이 마식령을 넘어 안변을 차지하게 되면, 그 이북에 있는 신라군이 고립될 우려가 컸다(張彰恩, 앞의 논문, 2012, pp.28~29).

42) 이 당시 신라 북부전선의 최전방 지역은 임진강유역으로 추정되며, 삼국사기 칠중성 전투기사에서 알 수 있듯 이 성을 중심으로 치열한 전투가 벌어졌을 것으로 판단된다. 이 밖에 임진강 북안 고구려유적, 및 임진강-양주 일대의 고구려유적과 신라유적의 분포로 볼 때 6세기 후반~7세기초까지 한강유역과 임진강 이남지역은 양국간의 군사적 완충지대로 서로 밀고 밀리는 대·소규모 전투가 치뤄졌을 것으로 여겨진다. 당시의 전투기록을 정리하면 다음의 표와 같다.

년 도	전투지역	공/방	승전국	전투결과	전거
진평왕 25년(603) 8월	北漢山城 (한강이북)	고구려/신라	신라	고구려군 격퇴	新羅本紀4 高句麗本紀8
진평왕 30년(608) 2월	北境(?)	고구려/신라	고구려	신라인 8천여명 붙잡혀감	新羅本紀4 高句麗本紀8
진평왕 30년(608) 4월	牛鳴山城 (춘천)	고구려/신라	고구려	성이 함락됨	新羅本紀4 高句麗本紀8
진평왕 51년(629) 8월	娘臂城 (포천)	신라/고구려	신라	성을 함락 후 5천여명 참살	新羅本紀4 高句麗本紀8
선덕여왕 7년(638) 10월	北邊 七重城 (임진강)	고구려/신라	신라	고구려군 격퇴	新羅本紀5 高句麗本紀8
선덕여왕 11년(642)겨울	고구려 南界	신라/고구려	?		新羅本紀5
선덕여왕 13년(644) 봄	신라영역	고구려/신라	고구려	2성을 빼앗김	高句麗本紀9
선덕여왕 14년(645) 5월	고구려 영역	신라/고구려	?		新羅本紀5
태종무열왕 2년(655) 정월	北境	고구려(백제·말갈) /신라	고구려	33성을 빼앗김	新羅本紀5 高句麗本紀10

43)『三國史記』新羅本紀, 眞平王(629) 51年條;『三國史記』高句麗本紀, 榮留王(629) 12年條.
서영일,「高句麗 娘臂城考」,『史學志』28, 단국사학회. 1995, pp.17~37.

와 함께 이곳을 다시 회복하였던 것으로 보인다. 이후 신라의 적극적인 방어작전으로 인해 효과적으로 고구려군을 막아내고 있었을 것으로 보이는데 이때 동주산성과 성산성이 그 역할을 하였을 것으로 보인다.[44] 앞서 살펴본바와 같이 동주산성과 성산성은 규모면에서 중대형 산성으로 위치상 고구려군이 이곳을 함락하여만 영서 내륙지역을 관통하여 남진할 수 있고, 임진강을 우회하여 한강유역을 진출하기 위해서는 반드시 지나쳐야 하는 곳이다. 따라서 신라는 이 두 성을 거점으로 삼아 강력한 방어전을 치뤘을 것으로 보인다. 이러한 이유로 신라는 이 지역을 빼앗기지 않는 것이 애써 얻은 철원지역 전체를 상실하지 않는 길이었기에 사활을 건 방어전을 폈던 것으로 보인다. 자칫 이 지역을 고구려에 넘겨주게 되면, 광활한 평야지대의 경제적 손실은 물론 곧바로 강원 영서지역에 대한 방어의 부담이 가중되고 이는 결국 한강유역이 고립되고 더 나아가서는 중국과의 교류가 곤란하게 처하게 됨을 의미하는 것이다. 또한 655년에 신라 북변 33城이 고구려군과 백제와 말갈 연합군에 의해 탈취당하게 된다.[45] 이 사건을 계기로 신라는 당나라에게 구원병을 요청하고 당나라는 고구려군을 공격하였다. 33성의 위치에 대해서는 정확히 알 수 없으나 대부분 임진강유역에 위치한 파주, 연천, 철원지역에 위치한 성들로 판단되며, 철원지역은 동주산성과 성산성을 중심으로 효과적인 대고구려 방어전으로 인

44) 위치상 동주산성과 성산성은 각각 이곳을 거쳐 연천방면으로 내려가는 3번국도와 포천방면 교통로를 감제 할 수 있는 要地에 위치하고 있다. 즉, 산성의 구조를 볼 때 북쪽이 높아 북서쪽과 북동쪽에서 내려오는 적에 대한 관측과 방어에 유리한 지형이다. 또한 출토유물에서 보듯이 신라 영역확장기 유물인 단각고배와 부가구연 대부장경호 등이 수습되고 있어 신라에 의해 축조되어 활용되었다는 것을 알 수 있다.

45) 『三國史記』, 太宗武烈王 2年 正月.

해 고구려군이 남진을 효과적으로 막아냈던 것으로 보인다. 이러한 일련의 내용을 종합해 볼 때 6세기 중반부터 7세기 초까지 철원지역은 신라와 고구려가 충돌하던 지역으로 각국이 영역확장을 위해 서로 밀고 밀리는 전쟁을 수행하던 곳으로 그만큼 영역 변동이 활발하게 진행되던 곳이다. 이런 이유로 신라가 대규모 성곽을 신축하거나 수축하기는 어려웠다. 따라서 신라가 한강유역을 점유하고 이곳 철원지역에 이르렀을 때에는 군사작전 지역에서의 전략적 거점, 부대이동 감시, 보급로 확보, 통신(烽燧)의 기능을 위해 내대리성지, 어음성과 같은 소규모 산성을 축조하였으며, 고구려와의 국지전을 치르는 과정에서 동주산성, 성산성 등과 같은 중대형 성곽을 수개축하여 활용한 것이 아닌가 생각된다.[46)]

철원지역 신라성의 전략적 중요성은 羅唐戰爭期에도 크게 변하지 않았을 것으로 보인다. 즉 신라에 의한 삼국통일 이후 임진강과 예성강 이북에 주둔하던 당군과의 前線이 형성된 곳도 임진강[47)]과 철원을 연하는 선에서 당의 남진을 효과적으로 저지하였을 것으로 생각된다. 이후 통일을 이룩한 신라는 국토 재정비에 따라 고구려 지명 일부를 개명하였다. 『三國史記』 地理地에 철원군은 鐵城郡, 부여군은 富平郡으로 각각 개명되었

---

46) 동주산성과 성산성은 신라와 고구려의 전선 고착시 영서내륙지역을 관통함과 동시에 우회하여 한강유역으로 진출하려는 고구려군을 산성을 이용한 효과적인 방어전략으로 銳鋒을 꺾는 효과를 거두었을 것으로 판단된다.

47) 임진강 연안으로 추정되는 매소성전투는 백제와 고구려가 멸망한 후 신라가 당나라의 세력을 몰아내는 결정적 계기가 되었다. 즉, 673~675년 신라군과 당군은 임진강과 한탄강을 사이에 두고 치열한 접전을 벌였다. 신라군은 칠중성(파주 적성) 등에서 당군과 전투를 치른 다음 675년 9월 29일 김유신의 아들 원술이 참전한 전투에서 당 장수 이근행이 이끄는 20만 대군을 매소성에서 물리치고 말 3만 380필을 노획하는 전과를 거두었다. 이 전투에서 패한 당나라는 평양의 안동도호부를 요동으로 옮기고 신라는 대동강과 원산만 이남의 땅을 차지하게 되었다. 임진강 연안에서의 이러한 전투상황 볼 때 철원지역에서도 당과의 국지적 교전이 있었을 것으로 추정할 수 있을 것이다.

다. 철성군에 속한 领縣은 두개인데 하나는 童梁縣이고 하나는 功成縣이다. 동양현은 현재의 (구)철원지역 일원으로 추정되며, 공성현은 지금의 연천읍내에 해당된다. 부평군은 领縣이 하나인데 廣平縣이다. 이 가운데 부평군은 현재 김화 일원이며, 광평현은 비무장지대 북쪽 평강일원이다. 이러한 기록에서 알 수 있듯이 통일이후 신라의 영역이 안정화에 접어든 시기에 동주산성과 성산성은 각각 공성현과 부평군의 중심지로 철원지역 일대를 다스리는 군사·행정적 기능을 동시에 수행하는 치소성의 역할을 하였던 것으로 보인다. 다만 상대적으로 규모가 작은 내대리성지, 어음성 등은 통일 이후 기능이 상실되어진 것으로 보인다. 이후 발해와의 국경선이 확정되는 경덕왕때까지는 이 일대는 말갈의 침입에 따른 영토가 후퇴와 북상을 거듭하고 있었기 때문에[48] 이에 따라 필요에 의해 성곽이 운영되었을 가능성도 있다.

철원지역 성곽의 중요성은 궁예가 이곳에 태봉국을 세우고 견훤의 후백제, 신라와 대립하면서 다시 대두되었던 것으로 보인다. 이는 철원을 비롯하여 포천, 연천 등지에 전해지는 궁예와 관련된 전설이나 지명들에서 알 수 있다. 이 가운데 철원지역에도 명성산성 등에서 궁예와 관련된 전설을 가지고 있다. 지명 및 전설이 역사적 사실을 온전히 반영한다고 할 수 없으나 궁예가 태봉국을 세우고 철원에 도읍을 정한 역사적 사실과 연결시켜 볼 때 궁예가 축성하였다기 보다는 이 지역을 기반으로 궁예세력이 도성으로 접근하는 적에 대한 방어성으로 활용하기 위해 기존 삼국~통일신라시대 성곽을 수개축 또는 신축하여 사용했던 까닭에서 연유한 것이

48) 趙二玉,『統一新羅의 北方進出硏究』, 서경문화사, 2001, pp.237~239.

아닐까 한다. 다만 월하리토성은 성곽의 평면형태와 성내부 발굴조사에서 노출된 유구 및 수습유물 등을 고려할 때 태봉국 시절 왕건의 私邸로서 거관적 성격[49]일 가능성이 높을 것으로 보이며, 비무장지대에 위치한 중어성, 한탄강 남안의 고석성 등도 이와 유사한 기능을 하였을 것으로 생각된다. 이후 후삼국이 왕건에 의해 통일되면서 방어시설은 다시 개경을 중심으로 재편되게 되었으며, 이에 따라 태봉국도성을 중심으로 한 성곽의 기능은 사라졌을 것으로 보인다.

한편 고려초기에는 북진정책을 추진하면서 개성 북동쪽에 해당되는 이곳은 군사적 관심지역에서 벗어나 있었다. 통일신라시대에 신라가 점거한 각 지역에 축조한 성곽은 매우 견고한 것이었다. 대게 각 지역의 鎭山이라 불리우는 곳에 축조한 산성이 이 시의 것으로 추정되는데 이러한 산성은 후삼국을 거쳐 고려시대 전반기까지 대개 그대로 사용되었다. 이는 기록에도 보이는데 1217년(고종4) 5월 거란군이 평안도 황해도 지역을 거쳐 동주(철원)성을, 1253년(고종 40) 5월에 몽고군이 동주산성을 함락[50]시켰다는 것을 고려하면 이시기까지 동주산성이 운영되었던 것으로 보인다. 이러한 외적의 침입은 기존 산성의 시험대가 되었으며, 장기 농성이 불가능한 곳은 점차 도태되었고, 포위 공격이 어렵고 수원이 풍부하며 人馬를 충분히 수용할수 있는 공간이 있는 험준한 곳으로 이전되었다. 따라서 이 시기 산성은 긴급한 상황하에서 축조되다 보니 자연 정교성이 떨어지게 되는 특징이 보인다.[51] 이러한 산성 구축 경향은 고려말 왜구에 대비

49) 박순발, 「영동 계산리 건물지의 성격-중세고고학의 일례-」, 『호서고고학』 6·7, 호서고고학회. 2002, pp.259~274.

50) 『高麗史』 世家, 1217년 5월 4일; 『高麗史』 世家, 1253년 8월 27일.

하여 각 지역에 많은 산성을 수개축 할 때도 마찬가지였다.[52] 이 시기 성곽 가운데 명성산성[53]에서 이러한 중세성곽의 특징을 보이며, 비교적 규모가 큰 성산성도 일정정도 피난성의 기능을 하였을 것으로 추정된다. 또한 조선시대 임진왜란[54]과 병자호란까지 일정 정도 기능유지 한 것으로 보이며, 이후 비교적 규모가 큰 성산성과 동주산성, 명성산성만 조선전기까지 그 명맥을 유지하다 폐성된 것으로 보이며, 그 밖의 성곽들은 폐성이 되거나 기능을 상실한 것으로 보인다. 이와같이 철원지역 성곽은 시대를 달리하면서 이곳을 차지한 세력들에 의해 필요시 수개축되어 활용되어졌다. 지금까지 살펴본 철원지역 성곽에 대한 기능과 성격을 정리하면 다음의 표와 같다.

[표 2] 철원지역 성곽의 기능과 성격

구분	성격					
	삼국	대고구려/나당전쟁		삼국통일기	후삼국	고려~조선
동주산성	신라 북진시 초축/전초기지	개축/거점산성	거점산성	행정 · 군사 치소	도성방어	치소방어
성산성	신라 북진시 초축/전초기지	개축/거점산성	거점산성	행정 · 군사 치소	도성방어	치소방어 입보농성

51) 중세산성, 특히 몽고침입기에 구축된 산성은 삼국시대부터 사용되었던 성곽과는 달리 대게 피난성의 성격이 강하다는 특징을 가지고 있다. 이 때문에 대체로 험준하고 비고가 높은 입지를 선택하였으며, 단애지대가 많은 험준한 지대여서 전 성벽선 가운데 한정된 구역만 축성함으로서 공역을 줄였고, 축성방식에 있어서 계획성이 떨어지며, 석축이 허술하고, 대개 垜의 구분이 없는 낮은 平女墻을 택하고 있으며, 규모에 있어서도 삼국시대 성곽들에 비해 훨씬 대형이라는 공통된 특징을 가지고 있다(유재춘, 앞의 책, 2003, p.468).

52) 유재춘, 앞의 책, 2003, p.34.

53) 철원지역에 인접한 포천 보가산성, 운악산성 등도 명성산성과 동일한 입지와 축조기법을 보인다.

54) 성산성 지표조사과정에서 동벽과 서벽에 일본식 축조기법인 横堀(해자)의 흔적이 관찰된다고 하고 있으나. 자세한 내용은 정밀조사가 이루어져야 알 수 있을 것으로 판단된다(육군사관학교 화랑대연구소, 앞의 책, 2000).

내대리 성지	북진시 초축/ 전초기지	방어기능(전초기지)		기능상실	-	-
어음성	북진시 초축/ 전초기지	방어기능(전초기지)		기능상실	-	신앙공간
태봉국 도성	-	-	-	-	도성 (왕궁성)	-
월하리 토성	-	-	-	-	호족 거관	-
고석성	-	-	-	-	호족 거관 (?)	-
명성산성	-	-	-	-	-	피난성 입보농성
성모루 토성	고구려 유적일 가능성	-	-	-	-	
토성리 토성	원삼국~삼국	-	-	-	호족 거관	-
중어성	-	-	-	-	호족 거관	-

Ⅳ. 맺음말

앞서 살핀바와 같이 철원지역은 그 지리적 위치로 인해 시대를 달리하며 다양한 성곽들이 분포하고 있다. 이러한 분포양상을 바탕으로 규모와 구조, 축조기법, 수습유물과 역사적 배경을 바탕으로 성곽의 특징과 성격을 살펴보았다. 이를 정리하며 맺음말을 대신하고자 한다.

첫째, 철원지역 성곽의 분포는 크게 한탄강에 인접한 구릉성 대지와 43번도로 중심으로 평야지대에 인접한 교통로 연변에 분포하고 있다. 즉, 구 철원(동송)을 중심으로 북서-남동방향으로 태봉국도성을 비롯하여 중어성, 동주산성, 월하리토성, 내대리성지, 고석성이 위치하며, 43번도로 방향인 북동-남서방향으로 성산성, 토성리토성, 어음성 등이 각각 자리하고 있다. 이를 평면상으로 연결하면'V'형태를 띤다. 이러한 분포상을 보이는 이유는 철원군 남서쪽에 금학산, 고대산 등이 북서-남동방향으로 이어지고, 북동쪽에 북동-남서방향으로 복주산, 명성산 등 험준한 산지가 자리한 것과 중앙부에 북동-남서방향으로 한탄강의 본류와 지류 및 해발 500m 내외의 고지가 위치하는 지형적 특징에 기인한 것으로 판단된다.

둘째, 철원지역 성곽들은 유형은 산성이 4개소로 가장 많은 수를 차지하며, 평산성 3개소, 평지성 4개소이다. 산성 가운데 테뫼식산성은 동주산성, 어음성이 있으며, 정상부와 남쪽 계곡부 일부를 포함하는 성산성은 테뫼식과 포곡식이 혼용된 복합식성으로 분류할 수 있다. 포곡식산성은 산정상부와 하단 계곡부를 포함하는 형태로 삼국시대 축조된 성산성과 고려~조선시대에 축조 활용된 명성산성이 있다. 또한 평지와 배후산지를 둘러싼 형태인 평산성은 월하리토성, 중어성, 내대리성지, 고석성 등이 있으며, 평지성은 낮은 구릉이나 평지에 축조된 성을 이르는데 태봉국도성, 성모루토성, 토성리토성이 있다.

셋째, 성곽의 높이는 해발 800m 내외에 위치한 명성산성을 제외하고 대부분 200~500m 내외이다. 이 가운데 성산성, 동주산성, 어음성 등은 성곽 정상부에서 주변지역을 한눈에 조망할 수 있으며, 평지성인 태봉국도성을 비롯한 토성리토성, 성모루토성은 조망은 그다지 좋지 않다. 명성산성은 고산협곡에 위치하여, 인마가 상시 출입하기에는 불합리한 곳으로 고려~조선시대 입보농성 및 피난성으로서 기능을 하였다. 성곽의 규모는 태봉국도성은 일국의 도읍지였던 관계로 외성의 길이가 12.5km, 내성은 약 7.7km 정도이며, 명성산성은 둘레가 약 1,65km 이른다. 동주산성과 성산성, 고석성은 각각 591m, 982m, 784m로 내부에 건물지를 비롯하여

물을 공급받을 수 있는 水源지가 있어 평시 치소성을 활용되다 유사시 입보농성이 가능한 성곽이다. 월하리토성은 규모면에서 중형에 속하나 평지에 가까운 입지에 해당되며, 방어용 성곽이기 보다는 거관적 성격이 강한 것으로 판단된다. 이외에 성곽들은 300~400m 내외의 성곽으로 비교적 소규모에 해당된다.

넷째, 한탄강을 포함한 철원지역은 현무암지대인 관계로 산성과 평지성 및 평산성 구분없이 현무암을 사용한 것이 관찰된다. 철원지역 성곽 가운데 동주산성, 고석성, 성산성, 어음성, 내대리성지, 명성산성 등이 석축성에 해당되며, 이 가운데 동주산성과 성산성은 발굴조사가 진행되어야 파악이 되겠지만, 위치와 지형 및 성내부 수습유물 고려할 때 성벽 모두를 협축식으로 축조한 것으로 생각된다. 특히 성산성과 동주산성에서는 신라 석축산성의 특징에 보이는 기단보축과 현문식 문지도 파악되었다. 이외에 태봉국도성, 성모루토성, 토성리토성, 월하리토성 등은 기저부에 흙밀림 및 붕괴 방지를 위해 석재를 놓은 후 상부는 흙으로 축조되어진 것으로 추정된다.

다섯째, 철원지역 성곽에서는 원삼국시대부터 고려~조선시대에 걸치 다양한 유물들이 파악된다. 특히 토성리토성과 성모루토성에서는 원삼국~삼국시대 유물들이 수습되었으며, 동주산성, 성산성 등에서는 신라 북진기 표지적 유물인 단각고배 등과 함께 통일기 기와들이 수습되었다. 또한 월하리토성 내부에 대한 발굴조사에서 통일신라기에 해당되는 팔각복련석등하대석과 함께 동일시기의 유물이 출토되었다. 이밖에 삼국시대 초축된 성곽들에서도 고려~조선시대 도기와 자기편 등이 확인되었으며, 태봉국도성과 내대리성지, 어음성 등 특정 성곽들을 제외하고 대부분의 성곽들은 시대를 달리하여 필요시 수개축되어 활용되었을 것으로 보인다.

향후 철원지역 성곽유적에 대한 정밀조사가 이루진다면 좀더 진전된 내용으로 보완하고자 한다.

참고문헌

1. 자료

『三國史記』『高麗史』『新增東國輿地勝覽』『東國輿地志』『大東地志』『輿地圖書』『白軒集』『增補文獻備考』

朝鮮總督府,『朝鮮寶物古蹟調査資料』, 1942.

朝鮮總督府,『朝鮮古蹟圖譜』, 1915~1936.

강원문화재연구소,『문화유적분포지도-철원군-』, 2005.

철원군·강원대학교박물관,『철원군의 역사와 문화유적』, 1995.

철원군·강원대학교박물관,『(구)철원향교지-시·발굴조사보고서-』, 2008.

강원도,『강원의 성곽과 봉수』, 강원역사총서1, 2019.

국립문화재연구소,『軍事保護區域 文化遺蹟 地表調査 報告書江原道篇-』, 2000.

국립문화재연구소, 2012,『한국고고학 전문사전(성곽봉수편)』

國防部戰史編纂委員會,『韓國戰爭戰鬪史-7 백마고지 전투』, 1986.

__________,『韓國戰爭戰鬪史-13 금성전투』, 1987.

__________,『韓國戰爭戰鬪史-14 저격능선 전투』, 1988.

문화재청,「비무장지대 역곡천 건너편서 중어성 추정 석축 확인」, 2019. 4.23.

문화재관리국,『全國遺蹟目錄』, 1971.

__________,『文化遺蹟總攬』, 1977.

육군사관학교 화랑대연구소·철원문화원,『철원의 성곽과 봉수』, 2006.

陸軍士官學校 陸軍博物館,『江原道 鐵原郡 軍事遺蹟 地表調査報告書』, 1996.

陸軍士官學校·鐵原郡,『鐵原 城山城 地表調査報告書』, 2000.

육군사관학교 국방유적연구실·철원군,『鐵原 東州山城 地表調査報告書』, 2005.

철원군·국방문화재연구원, 2012, 「철원 김화 백전대첩을 아는가」, 제1회 병자호란 김화 백전대첩 기념 학술대회.

__________________, 2013, 「김화 백전대첩, 승리의 비밀을 풀다」, 제2회 병자호란 김화 백전대첩 기념 학술대회.

철원군, 『철원 명성산성 지표조사보고서』, 2015.

철원군, 『철원군지』下, 철원군지증보편찬위원회, 1992.

한국보이스카우트연맹, 『한국의 성곽과 봉수』상, 1989.

2. 논저

권순진, 「丙子胡亂 金化 柏田戰鬪考察」, 『軍史』 96호, 2015.

______, 「신라 북진기산성에 대한 일고찰」, 『신라사학보』 9, 신라사학회, 2007.

______, 「철원지역 신라산성 성격」, 『군사연구』, 제135집, 육군본부, 2013.

白種伍, 「百濟 漢城期山城의 現況과 特徵」, 『白山學報』 第69號, 2004.

박순발, 「영동 계산리 건물지의 성격-중세고고학의 일례-」, 『호서고고학』 6·7, 호서고고학회, 2002.

서영일, 「고구려의 백제 공격로 고찰」, 『史學志』 38, 단국사학회, 2006.

______, 『신라 육상 교통로연구』, 학연문화사, 1999.

______, 「高句麗 娘臂城考」, 『史學志』 28, 단국사학회. 1995.

손영식, 『한국의 성곽』, 주류성, 2009.

신대수, 「삼국사기를 통해본 4~5세기 중부지역 삼국영역 변천에 관한 연구」, 『인문과학연구』 73, 강원대학교 인문과학연구소, 2022.

유재춘, 『韓國 中世築城史 硏究』, 경인문화사, 2003.

李道學, 「永樂6年 廣開土王의 南征과 國原城」, 『손보기박사정년기념한국사학논총』,

1988.

______, 「新羅의 北進經略에 관한 新考察」, 『慶州史學』 6, 경주사학회, 1987.

張彰恩, 「眞興王代 新羅의 北方進出과 對高句麗 領域向方」, 『新羅史學報』 24, 新羅史學會, 2012.

趙二玉, 『統一新羅의 北方進出硏究』, 서경문화사, 2001.

차재동, 「철원 東州山城에 대한 고찰」, 『江原人文論叢』 15, 강원대학교 인문과학연구소, 2006.

許重權, 「新羅 統一戰爭史의 軍事學的 硏究」, 韓國敎員大學校大學院 博士學位論文, 1995.

태봉국 철원도성의 남쪽 방어체계 연구

김호준
(재)국원문화재연구원 부원장

목차

Ⅰ. 머리말

강원도의 최북서편에 위치하는 철원군은 태백산맥이 동북쪽 방향에서 회양, 양구, 화천의 경계를 따라 남서쪽 방향으로 뻗어 내려온다. 동북쪽이 1,000m 내외의 고봉으로 연결되어 있고, 중앙이 화산활동으로 인한 용암지대가 형성되어 넓은 평야를 이룬다. 그리고 서남쪽이 추가령구조곡이 발달되어 있으며, 한탄강이 북동에서 남서 방향으로 가면서 활발한 침식활동으로 화강암의 주상절리와 수직단애가 발달되어 있다.[1)]

철원군에는 태봉국 철원도성이 위치한다.[2)] 궁예는 896년(진성여왕 10)

철원성에 도읍하였다가,[3] 2년 뒤인 898년에 송악으로 도읍을 옮겼다. 다시금 효공왕 8년(904)에 국호를 摩震으로 고치고, 1년 뒤인 905년 7월에 이곳으로 도읍을 옮겼다.[4] 태봉국 철원도성은 궁예정권이 몰락하는 918년(태조 원년)에 이르기까지 도읍지로서 그 기능과 역할을 하였다. 철원도성은 최근의 연구성과에 의하면, 궁성과 내성 그리고 외성으로 이루어진 3중 성곽이다. 그리고 규모는 궁성이 1.8㎞, 내성이 7.7㎞, 외성이 12.5㎞

1) 육군사관학교 육군박물관, 『강원도 철원군 군사유적 지표조사보고서』, 1996.

2) 『新增東國輿地勝覽』에는 도성의 위치 및 구조와 규모에 대한 내용이 기술되어 있으며, 일제강점기의 지도와 1942년 『조선보물고적조사자료』에 구조와 규모에 대한 기술이 있었다. 6.25 이후 비무장지대(DMZ)에 위치한 관계로 학술조사는 육군사관학교 육군박물관이 실시하면서 그 현황이 소개되었다(육군사관학교 육군박물관, 앞의 책, 1996). 이후 육군사관학교에서 철원군 일대의 성곽에 대한 지표조사가 진행되었다(육군사관학교, 『철원 성산성 지표조사보고서』, 2000.; 육군사관학교 화랑대연구소 국방유적연구실, 『철원 동주산성 지표조사보고서』, 2005). 당시 조사를 주도했던 이재 육군사관학교교수(현 국방문화재연구원장) 등의 노력으로 비무장지대의 철원도성 내성과 외성의 존재를 구체적으로 확인한 성과를 냈으며, 그 후 지속적인 세미나와 성과 발표 등으로 궁예와 태봉에 대한 개론서도 발간되었다(김용선 엮음, 『궁예의 나라 태봉』, 일조각, 2008). 다른 한편으로 국립중앙박물관이 태봉국 철원도성에 대해서 고지도와 위성지도 등을 통한 현황조사와 주변 관방시설에 대한 조사를 진행하였다(국립중앙박물관 역사부, 『철원 태봉국도성 조사자료집』(내부용), 2009). 이후 철원도성 주변 유적에 대한 연구도 진행되었다(정성권, 「泰封國都城(弓裔都城) 내 풍천원 석등 연구」, 『한국고대사탐구』 7, 한국고대사탐구학회, 2011, pp.167~211.; 심재연, 「일제강점기 태봉국 철원성 조사와 봉선사지」, 『문화재』 52권 1호, 국립문화재연구소, 2019). 다른 한편으로 철원도성에 대한 연구와 조사를 위한 방안도 모색되었다(정호섭·구문경, 『태봉국 도성 복원의 추진방안』, 강원발전연구원, 2014.; 정호섭, 「왜 태봉 철원도성인가?」, 『철원 DMZ 궁예도성 남북 공동발굴 추진 정책 세미나』, 남북역사학자협의회, 2018,; 이재, 「철원도성 연구의 현단계」, 『남북 공동의 문화유산: DMZ 태봉 철원도성』, 철원군·태봉학회, 2018.; 이재, 「비무장지대 문화유적 현황과 보존방안」, 『문화재』 52권 1호, 국립문화재연구소, 2019). 다른 한편으로 지리 및 고지형 분석을 통한 현재 성곽의 현황에 대한 연구도 전문연구자에 의해 지속적으로 진행되었다(이기석, 「철원 풍천원과 태봉국 도성지의 지리」, 『지리모노그래프』 2, 2016.; 「鐵原 楓川原의 지리와 태봉국 都城址의 방리제」, 『학술원논문집(인문사회과학편)』 59-1, 2020.; 허의행·이홍종, 「DMZ 내 유적 조사 방법론」, 『DMZ 문화재 보존 및 조사연구 발전방안 학술 심포지엄』, 국립문화재연구소, 2018.; 허의행·양정석, 「태봉 철원도성의 고지형과 구조 분석 연구」, 『문화재』 54권 2호, 국립문화재연구소, 2021). 또한 심정보에 의해서 철원도성의 축조기법과 공간구성에 대한 실체적인 논의도 진행되었다(심정보, 「태봉국 철원도성의 축조기법과 공간구성」, 『문물연구』 36집, 2019).

3) 『三國遺事』 권1, 왕력1 후고려 궁예.

4) 심정보, 「태봉국 철원도성 발굴조사」, 『내일을 여는 역사』, 2019.

정도이다.[5)]

철원도성이 입지적으로 유리한 점은 북동쪽과 서쪽이 산지로 둘러싸여 있기에, 남쪽으로 내려가기는 용이한 지역이다.[6)] 이러한 지형적 여건은 대규모 적들의 공격을 효과적으로 방어하는데 유리한 것으로 볼 수 있다. 이와 더불어 궁예가 철원으로 천도한 목적과 의미, 기반조건에 대한

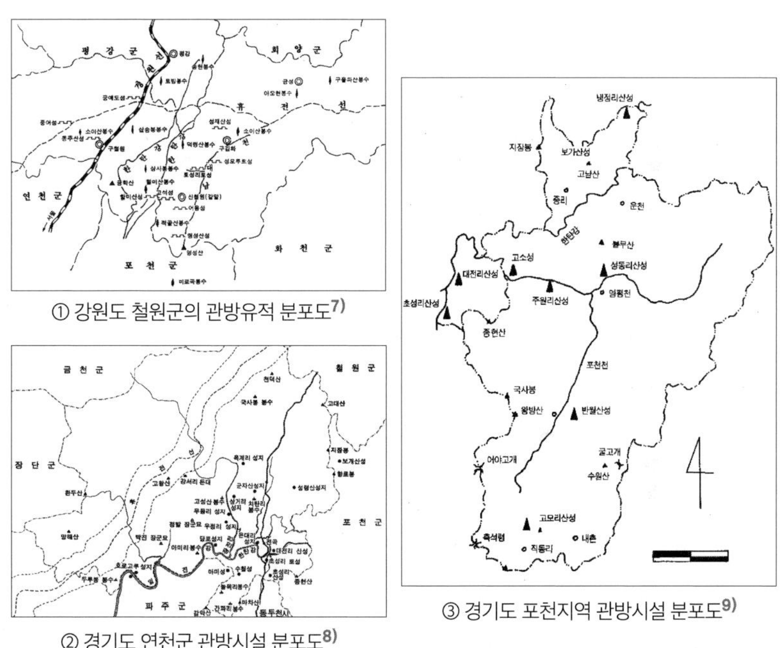

① 강원도 철원군의 관방유적 분포도[7)]

② 경기도 연천군 관방시설 분포도[8)]

③ 경기도 포천지역 관방시설 분포도[9)]

도 1. 강원도 철원군과 경기도 연천 및 포천지역의 관방시설 분포도

---

5) 심정보, 「태봉국 철원도성의 축조기법과 공간구성」, 『문물연구』 36집, 2019.

6) 국립중앙박물관 역사부, 『철원 태봉국도성 조사자료집』(내부용), 2009, p.8.

7) 육군사관학교 육군박물관, 『강원도 철원군 군사유적 지표조사보고서』, 1996, p.11.에서 전재.

8) 陸軍士官學校 陸軍博物館, 『京畿道 漣川郡 軍事遺蹟 地表調査 報告書』, 1995, p.10.에서 전재.

9) 단국대학교 매장문화재연구소, 『포천 반월산성-종합보고서(Ⅰ·Ⅱ)』, 2004, p.130.에서 전재.

논의를 전쟁사적 관점으로 접근한 연구도 있다.[10] 이 연구에서 우왕 3년(1377) 5월에 왜구의 방어를 위해 제기된 철원 철도론을 바탕으로 보면, 철원은 북쪽에 高岩山이 위치하고, 서북쪽으로는 추가령지구대, 동북쪽으로는 白岩山이, 동남쪽으로는 광주산맥이 방어벽을 형성해 주는 곳이다.[11] 이러한 지형적 여건이 궁예가 철원으로 천도한 목적을 유추해 볼 수 있다. 즉 궁예가 보기병을 운용하여 내륙의 교통로를 거쳐 신라를 공격하기에는 편리하며, 후백제의 침공에 방어하기 유리한 점이 천도의 목적이라 할 수 있다.

철원도성에 대한 최근의 연구성향은 비무장지대의 접근이 어렵기 때문에 그간의 현황조사 성과를 바탕으로 구조 및 축조기법, 지형적 분석에 집중되고 있다고 할 수 있다. 향후에는 이러한 연구성과를 바탕으로 조금은 자유롭게 주변 관방유적을 바탕으로 교통로 및 방어체계에 연구가 진행될 필요가 있다고 본다.

궁예가 태봉국의 수도로 정한 철원은 포천과 역사 및 지리적으로 중요한 연관성을 갖고 있다. 포천은 현재 서울의 동북방에 위치하는 북방교통의 요지로서 鐵原 방면에서 광나루를 거쳐 한강이남지역으로 가는 통로에 위치하여 있다.[12] 포천은 삼국시대 교통로 상에서 중요한 위치를 점하고 있어, 삼국의 각축장이 되었던 것은 자명한 사실이다[13]. 또한 현재의 포천과 철원은 세종특별자치시에서 시작해서 강원도 고성군 고성읍이 종

10) 신성재, 「궁예정권의 철원 천도와 전쟁사적 의미」, 『한국사연구』 158, 2012.

11) 신성재, 2012, 위의 글, pp.17~18.

12) 徐榮一, 『신라육상교통로연구』, 학연문화사, 1999, p.339.

13) 김호준, 「抱川 半月山城의 時代別 活用 硏究- 三國 및 統一新羅時代를 中心으로 -」, 단국대 석사학위논문, 2002.

점인 국도43호선이 연결되어 있다. 포천은 태봉국의 수도인 철원 남쪽을 방비하기 위해서는 중요한 지역임에 분명하다. 이런 정황과 더불어 궁예의 전설과 고고학자료가 포천에 위치한 반월산성과 성동리산성에서도 확인되고 있다.

본고는 먼저 철원도성 남쪽의 철원군 관내 성곽을 살펴보겠다. 비록 군사지역으로 현장 접근이 어렵지만, 철원군과 陸軍士官學校 陸軍博物館, 강원대학교박물관, 국립문화재연구소에서 실시한 광역지표조사를 결과를 통해 후삼국기에 경영되었던 성곽을 유추해 보겠다. 이후 포천 반월산성과 성동리산성의 고고학자료와 입지 및 주변 교통로에 대해서 검토해 보고자 한다. 이를 통해 필자는 단편적이지만 철원도성의 남쪽 방어체계에 대한 논의의 시초를 제공하겠다. 다만 아쉬운 점은 필자가 연천군 관내의 전반적인 성곽에 대해서 이해가 부족하여, 본고에는 세밀한 검토를 하지 못했다. 향후에 많은 노력과 연구를 통해 이와 관련한 과제를 보완하고자 한다.

Ⅱ. 철원지역의 성곽과 방어체계

1. 성곽의 현황

1) 中禦城

중어성[14]은 『철원군지』에 소개되었고, 1996년 지표조사에서는 그 위

14) 문화재청 GIS인트라넷시스템(https://intranet.gis-heritage.go.kr/)
陸軍士官學校 陸軍博物館, 『江原道 鐵原郡 軍事遺蹟 地表調査 報告書』, 1996, pp.138~140.

치를 확인할 수 없었다. 『철원군지』에 의하면 후면에는 驛谷川이 흐르고 있으며 해발 281m의 야산 앞 끝의 평탄한 위치에 구축된 석성이라고 한다. 철원도성에서 약 12km 정도 떨어져 있으며, 동쪽으로는 철원읍 경유 김화방면과 북쪽으로는 평강 방향으로 연결되는 교통의 요충지에 위치하고 있어 군사적, 지리적 요충지에 위치한다고 할 수 있다. 특히 281m 고지 주위에 역곡천이 남쪽으로 돌아 나가고 있어 서쪽이나 남쪽에서 가능한 세력의 접근을 쉽게 차단할 수 있는 입지를 보인다.

축성년대는 미상이며, 다만 주민들에 의해 성곽으로 알려진 것이다. 다만 성곽의 입지를 통해 보면 904년 철원도성의 외곽성으로 서쪽과 남쪽 일대의 방어를 목적으로 축성 혹은 활용되었을 개연성은 있다.

① 중어성 위치도 1　② 중어성 위치도 2　③ 중어성 전경 1

④ 중어성 전경 2　⑤ 중어성 전경 3　⑥ 중어성 전경 4

도 2. 철원 중어성 위치 및 현황[15)]

15) 도면 ①은 다음지도에서 캡처하여 필자가 편집.(https://map.kakao.com/) 그리고 도면과 도판 ②, ④~⑤는 陸軍士官學校 陸軍博物館, 앞의 보고서, 1996, pp.138~140.에서 전재. 그리고 도판 ③은 문화재청 인트라넷시스템에서 전재.(https://intranet.gis-heritage.go.kr/) 도판 ⑥은 국립중앙박물관 역사부, 2009,『철원 태봉국도성 조사자료집』(내부용), p.136에서 전재.

2) 東州山城

동주산성[16]은 철원군 철원읍 관전리 산161임 번지 일원(해발 360m)에 위치한다. 동쪽의 43번 국도 동쪽의 관전리나 월하리 및 학저수지가 있는 평야의 지역이 잘 관망된다. 이 성은 산 정상부에서 산 서쪽 8부 능선에 걸쳐 쌓아진 평면 타원형의 紗帽峰形의 山城이다.[17] 산성의 둘레는 약 800m 정도이며, 군교통호 및 잔존하는 성벽으로 보아 석성으로 보인다. 사용된 석재는 남벽의 경우 방추형이며, 교통호에서는 성벽으로 사용되었던 현무암도 확인된다고 한다.

수습된 유물은 삼국시대 고배 및 뚜껑편과 우각형파수편, 통일신라시대 인화문토기편과 호편, 나말여초기 주름무늬병편 등이 있다. 그리고 선문과 격자문, 어골문, 어골복합문 등 통일신라시대부터 고려시대에 걸친 기와편도 있다.

동주산성은 『大東地志』에 고려 고종 4년(1217) 거란에 동주가 함락되었고, 고종 40년(1253)에 몽골군에 함락되었다고 한다는 기록이 있다고 알려져 있다. 고려 고종 4년(1217) 거란 기사는 5월 4일 기사이다.[18] 몽골군 관련된 기사는 『고려사』와 『고려사절요』에 확인되는데 고종 40년(1253) 8

16) 문화재청 GIS인트라넷시스템(https://intranet.gis-heritage.go.kr/)
陸軍士官學校 陸軍博物館, 앞의 보고서, 1996, pp.138~140.

17) 동주산성의 구조는 대부분의 보고서에서 山腹式산성으로 구분하고 있다. 하지만 필자는 산성의 구조를 전통적인 분류기준에 따라 구분하는 것이 바람직하다고 판단한다. 산성의 입지 조건에 대해서 조선시대 후기, 1812년 다산 정약용이 그의 저서 『與猶堂全書』 遺補3, 「民堡議 民堡擇地之法」에서 民堡를 설치하기에 적합한 지형을 4가지로 구분하였다. 이 분류 방법은 그 후 1867년 훈련대장으로서 수뢰포의 제작자였던 신관호가 그의 저서 『民堡輯說』에서 그대로 인용하여, 산성을 축조하는데 유리한 지형의 순서대로 栲栳峰, 蒜峰, 紗帽峰, 馬鞍峰의 4가지로 구분하였다(김호준·강형웅·강아리, 「고대산성의 지표조사 방법」, 『야외고고학』 4호, 2008).

18) 『高麗史』 卷22, 고종 4년 5월 4일 "五月 庚辰 丹兵陷東州."
『高麗史節要』 卷15 고종 4년 5월. "丹兵陷東州."

월 27일에 함락된다.[19)]

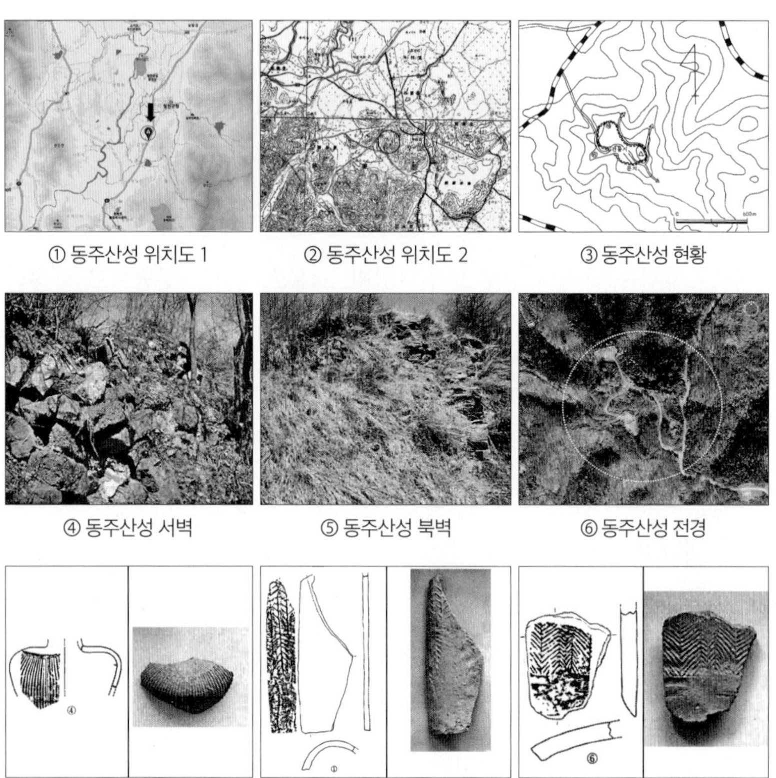

① 동주산성 위치도 1 ② 동주산성 위치도 2 ③ 동주산성 현황

④ 동주산성 서벽 ⑤ 동주산성 북벽 ⑥ 동주산성 전경

⑦ 동주산성 나말여초기 수습유물

도 3. 철원 동주산성 위치 및 현황[20)]

19)『高麗史』卷24, 고종 40년 8월 27일 "癸酉 蒙兵陷東州山城."

『高麗史』卷101 列傳14 文漢卿. "又有白敦明者爲東州山城防護別監驅民入保禁出入州吏告曰: "禾未穫迨敵兵未至請迭出刈之." 敦明不聽遂斬之人心憤怨皆欲殺之. 及蒙古兵至城下敦明出精銳六百拒戰士卒不戰而走金華監務知城將陷率縣吏而遁蒙古兵遂攻門突入殺敦明及其州副使判官金城縣令等虜婦女童男而去."

『高麗史節要』卷17 고종 40년 8월. "蒙兵陷東州山城 先是 防護別監白敦明 驅民入保 禁出入 州吏告曰 禾未收穫 迨敵兵未至 請輪番迭出刈穫 敦明不聽 遂斬其吏 人心憤怨 皆欲殺之 及蒙兵至城下 敦明出精銳六百拒戰 士卒不戰而走 金華監務 知城將陷 率縣吏而遁 蒙兵攻門突入 殺敦明及其州副使判官金城縣令虜其婦女童男而去"

동주산성은 삼국시대 이후에 축성되어 통일신라시대, 후삼국, 고려시대에 사용된 것으로 보인다. 그러나 고종 40년(1253)에 몽골군에 함락된 동주산성은 방호별감 백돈명이 파견된 기사와 당시의 축성된 성곽 연구 등을 검토해 보면, 험지에 둘레 2km가 넘는 성곽일 것으로 보인다. 그러하기에 대몽항쟁기 동수산성은 철원군 관내의 다른 성곽을 고려해 볼 필요가 있다.[21]

이 城은 소이산봉수를 마주보고 있으며, 철원 중리 일대는 물론 구수동 할미산봉수까지 펼쳐진 벌판이 여기에서 한눈에 관망된다. 또한 북쪽으로는 구철원 일대가 관측된다. 이러한 점은 동주산성이 철원도성 남쪽을 방어하기 위한 중요한 성곽임은 분명하다고 판단된다.

3) 성모루土城

성모루토성[22]은 강원도 철원군 동송읍 양지리 오목동 197-16임에 위치한다. 토교저수지 남쪽으로 약 2km 떨어져 있으며, 464번 국도의 남쪽 한탄강이 휘감아 돌아 마치 혀처럼 돌출한 곳에 자리잡고 있다. 한탄강은 성의 남쪽을 돌아가고 있으며, 남쪽으로 돌출한 잘록한 지형상의 특징을 이용하여 북쪽의 한 면만을 막아 성으로 사용하였다.

성벽은 토석혼축으로 축조하였다. 북벽의 동서길이는 추정 190m 정

---

20) 도면 ①은 다음지도에서 캡처하여 필자가 편집.(https://map.kakao.com/) 그리고 도면과 도판 ②~⑤과 ⑦은 陸軍士官學校 陸軍博物館, 앞의 보고서, 1996, pp.138~140.에서 전재. 그리고 도판 ⑥은 국립중앙박물관 역사부, 앞의 보고서, 2009, p.136에서 전재.

21) 김호준, 『고려의 대몽항쟁과 축성』, 서경문화사, 2017.

22) 문화재청 GIS인트라넷시스템(https://intranet.gis-heritage.go.kr/)
陸軍士官學校 陸軍博物館, 앞의 보고서, 1996, pp.121~131.

도이고, 현재 150m 정도 남아 있다. 성벽 하단폭은 약 20m 정도이고, 상단폭은 약 7~8m 정도이다. 추정 성벽 높이는 약 4.4m 정도이다.

수습된 유물은 원삼국~삼국시대 토기편 등이다.

이 성은 마을 주민들에 의해 '성머리'라고도 불리며 임진왜란 때 혹은 궁예가 철원에 도읍을 정한 후 군사의 기동력을 발휘할 수 있는 軍馬飼育場을 만들기 위해 장방형의 토성을 쌓고 군마사육과 훈련을 하던 곳으로 전한다. 그러나 수습된 유물이 이를 방증하지 못하며, 일부 성벽 단면에서 수혈 주거지 흔적이 확인되기에 향후 발굴조사를 통해 성격을 밝힐 필요가 있다.

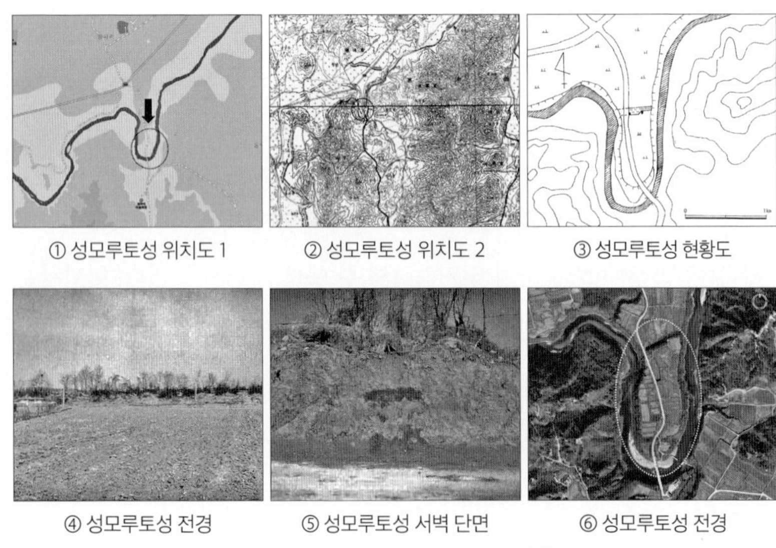

① 성모루토성 위치도 1　② 성모루토성 위치도 2　③ 성모루토성 현황도

④ 성모루토성 전경　⑤ 성모루토성 서벽 단면　⑥ 성모루토성 전경

도 4. 철원 성모루토성 위치 및 현황[23)]

23) 도면 ①은 다음지도에서 캡처하여 필자가 편집.(https://map.kakao.com/) 그리고 도면과 도판 ②~⑤은 陸軍士官學校 陸軍博物館, 앞의 보고서, 1996, pp.121~131.에서 전재. 도판 ⑥은 국립중앙박물관 역사부, 앞의 보고서, 2009, p.136에서 전재.

4) 土城里土城

토성리토성[24]은 철원군 갈말읍 토성리 273-3임 일원에 위치한다. 43번 국도를 따라 남대천을 향해 북쪽으로 진행하다가 464번 지방도로와 만나는 삼거리에서 북쪽으로 약 50m 정도 떨어진 논 경작지에 위치한다.

성벽은 서벽 전체와 남쪽과 북쪽 성벽 일부가 남아 있다. 성곽의 평면은 방형으로 추정되며, 서벽을 기준으로 했을 경우 약 600m 정도이다. 서벽은 약 150m, 성벽 하단부 폭은 15m, 상단 폭은 약 5m 정도이다. 높이는 약 4~8m 정도이다.

성 내부에서 수습된 유물은 원삼국~삼국시대 토기편 등이다.

① 토성리토성 위치도 1　② 토성리토성 위치도 2　③ 토성리토성 현황도

④ 토성리토성 전경　⑤ 토성리토성 성벽　⑥ 토성리토성 전경

도 5. 토성리토성 위치 및 현황[25]

24) 문화재청 GIS인트라넷시스템(https://intranet.gis-heritage.go.kr/)
陸軍士官學校 陸軍博物館, 앞의 보고서, 1996, pp.114~121.

『조선보물고적 조사자료』에는 '병자호란 때 쌓았다고 한다. 高一間半, 幅六間 周圍 約 四百間의 方形土壘이다.'로 보고된 바 있다. 그러나 수습된 유물이 이를 방증하지 못한다.

토성리토성과 같은 방형토성은 연천군의 초성리토성과 입지와 규모가 비슷하다. 그리고 청주의 정북동토성과 규모와 구조, 입지조건이 매우 유사하다. 향후 발굴조사를 통해 성격을 밝힐 필요가 있다.

5) 城山城[城齊山城, 慈母山城]

성산성[26]은 철원군 김화읍 읍내리 성재산(해발 471m)에 위치하고 있다. 읍내리의 서북방 1.5km 지점의 성재산 정상부에 위치하고 있으나, 주변이 해발 500m 넘는 산지로 둘러싸여 있다. 다만 남쪽과 동쪽 일대의 개활지에 대한 조망은 유리한 편이다.

이 성은 산정상과 남쪽 봉오리를 석축성벽으로 축조한 馬鞍峰形이며, 전체 길이는 약 982m(880m)로 추정된다. 성벽은 장방형의 석재를 쌓았고, 추정 높이는 5~6m 이상으로 보인다. 雉城의 흔적이 북벽 동쪽 끝과 북벽 서쪽 끝 2곳에 있으며, 성문터는 서남쪽 문터와 남문터와 이외에 동벽과 북벽에 3곳이 있는 것으로 보인다.

수습된 유물은 삼국시대 고배 및 뚜껑편과 토기편, 통일신라시대 토기편과 기와편, 후삼국 및 고려시대 토기 및 기와편, 고려시대 청자 및 기와

25) 도면 ①은 다음지도에서 캡처하여 필자가 편집.(https://map.kakao.com/) 그리고 도면과 도판 ②~⑤은 陸軍士官學校 陸軍博物館, 앞의 보고서, 1996, pp.114~121.에서 전재. 도판 ⑥은 국립중앙박물관 역사부, 앞의 보고서, 2009, p.136에서 전재.

26) 문화재청 GIS인트라넷시스템(https://intranet.gis-heritage.go.kr/)
陸軍士官學校 陸軍博物館, 앞의 보고서, 1996, pp.59~94.

편, 조선시대 백자편 등을 들 수 있다.

문헌기록은 『신증동국여지승람』에 성산성으로 기록되어 있으며, '현의 북쪽 4리에 있다. 돌로 쌓았는데 둘레가 1,489척, 높이가 4척이다.'라고 한다. 이후에는 임진왜란 당시 왜군이 주둔했던 기록과 성벽에서 橫堀의

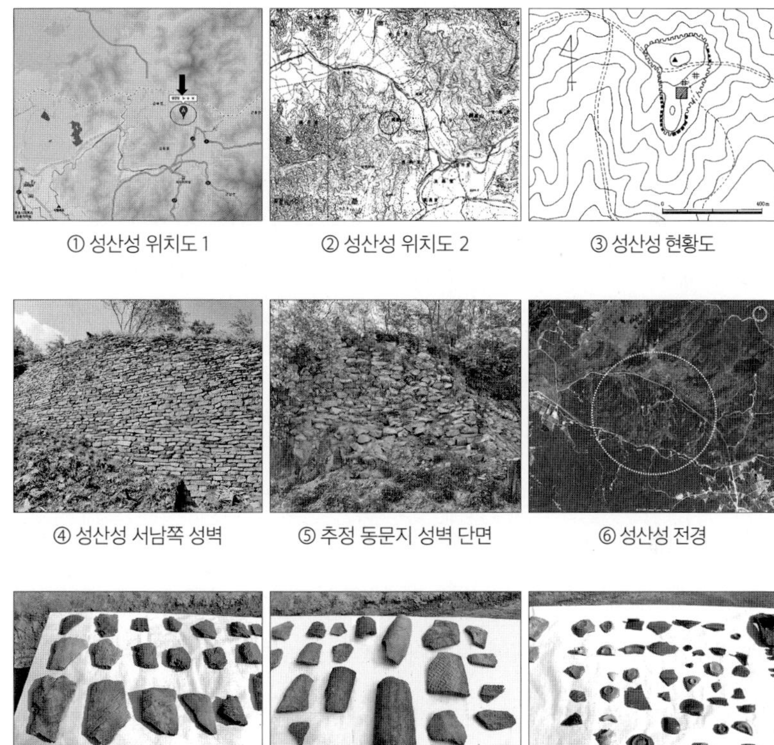

① 성산성 위치도 1 ② 성산성 위치도 2 ③ 성산성 현황도

④ 성산성 서남쪽 성벽 ⑤ 추정 동문지 성벽 단면 ⑥ 성산성 전경

⑦ 성산성 수습유물

도 6. 철원 성산성 위치 및 현황[27)]

27) 도면 ①은 다음지도에서 캡처하여 필자가 편집.(https://map.kakao.com/) 그리고 도면과 도판 ②~⑤는 陸軍士官學校 陸軍博物館, 앞의 보고서, 1996, pp.138~140.에서 전재. 그리고 도판 ⑥은 국립중앙박물관 역사부, 앞의 보고서, 2009, p.136에서 전재. 도판 ⑦은 문화재청 GIS인트라넷시스템(https://intranet.gis-heritage.go.kr/)에서 전재.

흔적이 있다고 한다.

이성은 수습된 유물을 통해 보았을 때, 삼국시대부터 조선시대에 이르기까지 전시기에 사용되었던 것으로 보인다. 그리고 조선시대 김화현 관아 소재지의 배후에 있다는 점은 삼국시대부터 배후산성으로 활용되었던 것으로 보인다. 한편으로 평강 방향에서 철원·화천·회양으로 가는 길목을 매우 유리한 지점에서 감시하며 방어할 수 있는 곳이다.

6) 孤石城

고석성[28]은 강원도 철원군 갈말읍 군탄리 산50-1임 외에 입지하며, 고석정에서 한탄강 건너에 위치하는 산(211.4m) 능선을 따라 쌓은 성이다. 성 북쪽의 능선에서는 철원의 넓은 들판과 할미산 봉수대가 한눈에 관측된다. 뒷면은 한탄강 절벽을 끼고 있어서 천연의 자연지세를 잘 이용한 蒜峯形의 산성이다. 계곡 안쪽에 우물터로 추정되는 곳이 있다. 산성의 내부는 평탄하여 논이나 밭으로 경작되고 있으며, 대한 기독교 수련원 부지로서 건물이 들어서 있다.

성곽의 규모는 동벽이 478.9m, 남벽 189.6m, 서벽 115.8m로 전체 784.3m 정도이다.[29] 동벽에 성문터가 있었으나 대부분이 훼손되었다. 성벽은 2~5단 정도 석축하였고, 뒷채움은 잔자갈을 넣어 채우고 흙을 덮었다. 성돌의 일부는 한탄강 협곡에만 산재해 있는 현무암의 할석이다.

성벽의 축성시기는 성내에서 수습된 유물이 없어 알 수 없다. 다만 『신

---

28) 문화재청 GIS인트라넷시스템(https://intranet.gis-heritage.go.kr/)
陸軍士官學校 陸軍博物館, 앞의 보고서, 1996, pp.121~131.

29) 1996년 지표조사에서의 실측치는 876m이다(陸軍士官學校 陸軍博物館, 앞의 보고서, 1996, p.52).

증동국여지승람』의 기록에는 폐허가 되었다고 한다. 『조선보물고적자료』에 궁예시대라고 하고 있으며, 전승되는 민담에도 그러한 전설이 남아 있다. 그러나 성 내부에서 수습된 유물은 확인된 바 없다. 『鐵原郡誌』에 조선시대 林巨正의 근거지로 함경도에서 서울로 상납되는 조공물들을 약탈하였다고 한다. 이 성은 철원방면에서 갈말방면으로 통하는 463번 도로를 조망할 수 있는 조건 등으로 이를 방어하는 것이 주목적이었던 것으로 보인다.

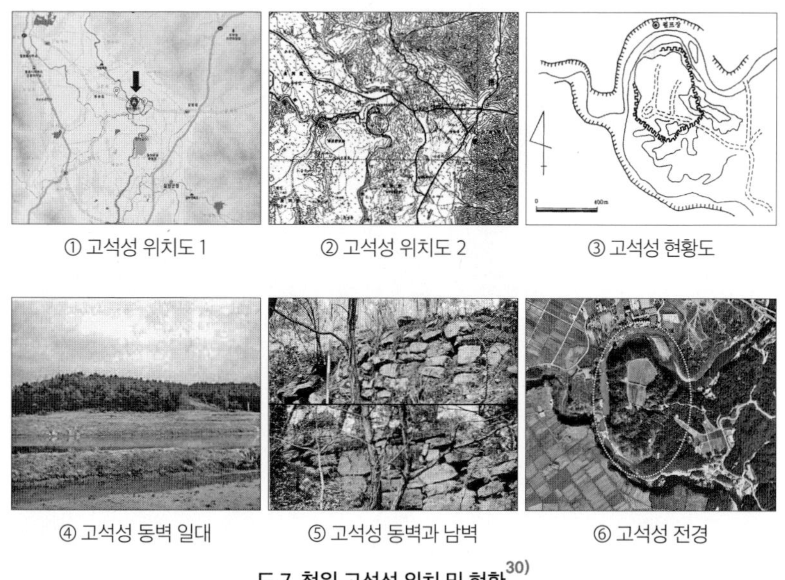

① 고석성 위치도 1 ② 고석성 위치도 2 ③ 고석성 현황도

④ 고석성 동벽 일대 ⑤ 고석성 동벽과 남벽 ⑥ 고석성 전경

도 7. 철원 고석성 위치 및 현황[30)]

30) 도면 ①은 다음지도에서 캡처하여 필자가 편집.(https://map.kakao.com/) 그리고 도면과 도판 ②~⑤은 陸軍士官學校 陸軍博物館, 앞의 보고서, 1996, pp.50~57.에서 전재. 도판 ⑥은 국립중앙박물관 역사부, 앞의 보고서, 2009, p.136에서 전재.

7) 於音城

어음성[31]은 철원군 갈말읍 문혜리 삼성마을 동쪽의 야산(해발 361.2m)의 정상부를 감싸며 축조되었다. 산성에서는 서쪽의 철원에서 김화에 이르는 43번 국도와 문혜리 삼거리에서 동송에 이르는 북쪽의 436번 지방도의 교차지점까지 조망이 양호하다. 그리고 이성은 43번 국도를 사이에 두고 동쪽에 약 5km 정도 이격하여 고석성이 위치하고 있다.

① 어음성 위치도 1　② 어음성 위치도 2　③ 어음성 현황도

④ 어음성 전경 1　⑤ 어음성 성벽　⑥ 어음성 전경 2

⑦ 어음성 수습유물

도 8. 철원 어음성 위치 및 현황[32]

---

31) 陸軍士官學校 陸軍博物館, 앞의 보고서, 1996, pp.103~114.

32) 도면 ①은 다음지도에서 캡처하여 필자가 편집.(https://map.kakao.com/) 그리고 도면과 도판 ②~⑤과 ⑦은 陸軍士官學校 陸軍博物館, 앞의 보고서, 1996, pp.103~114.에서 전재. 도판 ⑥은 국립

이성은 산 정상부의 8부 능선을 따라 석축성벽으로 축조한 蒜峯形의 산성이다. 전체 길이는 약 400m로 추정된다. 성벽은 장방형에 가까운 할석재로 쌓았고, 잔존 높이는 1.2m 정도이며 실제로는 이보다 높았을 것으로 보인다. 성돌의 재질은 화강암이며, 간혹 현무암이 섞여 있다. 그리고 추정 서문지 일대에서 현무암으로 제작한 문확석이 확인되었다.

수습된 유물은 토제마, 철제마, 자기마 등과 통일신라시대 뚜껑편, 후삼국~고려시대 기와편, 조선시대 기와편 등이다.

이성은 수습된 유물을 통해 보았을 때, 통일신라시대부터 후삼국~고려시대, 조선시대 후기에 이르기까지 사용되었던 것으로 보인다. 그리고 한탄강변의 현무암이 성벽 부재 및 문확석으로 사용된 점은 철원도성 축성과정과 연결해서 볼 필요가 있다. 또한 고석성과 43번 국도를 좌우편에서 배치된 상황은 남쪽에서 철원도성 방향으로의 적의 침입 등을 통제할 목적으로 축성되었을 개연성이 높다고 할 수 있다.

8) 鳴聲山城

명성산성[33]은 철원군 갈말읍 신철원리의 명성산(해발 923m)의 서쪽에 위치한 870m의 봉우리와 823m의 일명 시루봉 계곡 양 능선부를 따라 축조되었다. 산성이 입지한 곳은 철원평야의 남단에 높은 지형이지만, 기암절벽 등으로 접근하기가 어려운 산지지형이라고 할 수 있다. 이러한 점은 명성산성이 조망권의 유리함으로 축조된 것이 아니라 피난성으로 보는게 합리적일거라 보인다.

중앙박물관 역사부, 앞의 보고서, 2009, p.136에서 전재.

33) 陸軍士官學校 陸軍博物館, 앞의 보고서, 1996, pp.94~103.

① 명성산성 위치도 1 ② 명성산성 위치도 2 ③ 명성산성 현황도

④ 명성산성 전경 1 ⑤ 성벽 축조방식 ⑥ 명성산성 전경 2

⑦ 명성산성 수습유물

도 9. 철원 명성산성 위치 및 현황[34)]

성의 전체 둘레는 약 2km로 추정되며, 단애지역에는 축조하지 않은 석축산성이다. 깊은 계곡을 포함하고 있어 栲栳峰形으로 분류할 수 있다. 성의 남벽에는 가공된 판석으로 높이 약 3m 정도 축조된 곳도 있으나, 성

34) 도면 ①은 다음지도에서 캡처하여 필자가 편집.(https://map.kakao.com/) 그리고 도면과 도판 ②~⑤과 ⑦은 陸軍士官學校 陸軍博物館, 앞의 보고서, 1996, pp.94~103.에서 전재. 도판 ⑥은 국립중앙박물관 역사부, 앞의 보고서, 2009, p.136에서 전재.

벽은 대체적으로 자연석과 할석 등으로 축조한 것으로 보인다.

수습된 유물은 어골문, 어골대칭문, 어골복합문, 기하문 등이 시문된 기와편이다. 이러한 기와의 문양은 후삼국~고려시대에 제작된 것으로 볼 수 있다.

이 산성은 철원지역의 산성 중에서 규모가 제일 크며, 험준한 지형에 축조되었다. 수습된 유물은 후삼국~고려시대에 제작된 기와류라고 할 수 있다. 또한 이 산성은 포천 보개산성[35]과 같이 험준한 지형에 축조된 점과 대규모의 성곽, 성벽의 축조양식이 비슷하다는 점을 들 수 있다. 또한 성내에 궁궐터라는 지명과 궁예의 전설이 남아있다. 『三國史記』와 『고려사』의 궁예의 죽음과 관련된 기사[36]에서도 철원 명성산성과 포천 보개산성의 입지와 같은 '山林'과 '巖谷'지형을 이야기하고 있으며, 철원고성 북쪽의 '斧壤民(=平康縣民)'에게 죽임을 당하고 있다. 하지만 2개의 산성은 성곽의 입지와 규모, 성벽의 축성법을 고려했을 때, 고려 대몽항쟁기의 입보용산성인 '險山大城'과 유사하다고 할 수 있다.[37] 한편으로 몽골의 5차 침입기에 함락된 동주산성이 명성산성과 보개산성일 가능성도 있다. 이와 관련해서는 향후 발굴조사를 통해 고고학 자료를 확보한 후 검토해야 할 필요도 있다고 본다.

---

35) 陸軍士官學校 陸軍博物館, 『京畿道 漣川郡 軍事遺蹟 地表調査 報告書』, 1995, pp.113~134.

36) 『三國史記』 권 50, 列傳 弓裔 "王聞之 不知所圖 迺微服逃入山林 尋爲斧壤民所害."
『高麗史』 권 1, 세가 태조 총서 "裔聞之驚駭曰 "王公得之 吾事已矣" 乃不知所圖 以微服 出自北門亡去 內人淸宮以迎 裔遁于巖谷 信宿飢甚 偸截麥穗而食 尋爲斧壤民所害."

37) 김호준, 『고려의 대몽항쟁과 축성』, 서경문화사, 2017.

2. 철원지역의 역사지리적 환경과 방어체계

1) 철원지역의 역사지리적 환경

철원도성은『世宗實錄』지리지에 “궁예 궁전 옛터가 철원도호부 북쪽 27리의 楓川 벌판(楓川之原)에 있다.”라고 하여 그 위치를 기록하였다.[38] 이후『신증동국여지승람』에 “楓川原 궁예의 도읍지가 부의 북쪽 27리에 있다. 外城 둘레는 1만 4천 4백 21척이며, 內城 둘레는 1천 9백 5척이다. 모두 흙으로 쌓았다. 지금은 절반이 퇴락하였다. 궁전이 있던 자리는 아주 뚜렷하게 남아있다.”[39] 라고 하였다. 이후 조선시대『東輿備考』,『海東地圖』,『靑邱圖』,『大東輿地圖』,『關東誌』등의 지도와 일제강점기 지도에서도 그 위치가 표기되었다. 현재 강원도 철원군 철원읍 洪元里 북방 일대에 위치한다. 이 지역은 추가령지구대에 의한 분지형태의 평원지대로 楓川原이라 하였다.

철원도성 남쪽과 관련된 고대교통로를 삼국시대부터 고려시대까지 살펴보면 다음과 같다.

서영일은 한탄강유역과 한강유역을 연결하는 고대교통로는 철원(냉정리산성) - 영중(성동리산성) - 포천(반월산성) - 회암령 - 양주로 연결되는 통로가 幹線路이고, 전곡 - 한탄강 - 대전리산성 - 고소성 - 성동리산성으로 연결되는 통로와 반월산성에서 고모리산성 - 광릉내 - 퇴계원 - 구리 - 아차산성으로 연결되는 교통로가 지선이었던 것으로 추정하고 있

---

38)『世宗實錄』「地理志」경기 철원도호부 “弓裔宮殿古基 在府北二十七里楓川之原”.

39)『新增東國輿地勝覽』47권, 강원도 철원도호부 고적조 “楓川原 弓裔所都 在府北二十七里 外城周一萬四千四百二十一尺內城周一千九百五尺 皆土築今半頹落 宮殿遺址宛然猶存”.

다.[40] 이 연구에 의하면 철원 방향에서 남하하는 고구려를 방어하기 위해 포천의 성동리산성과 반월산성이 주된 기능을 했던 것으로 보고 있다.

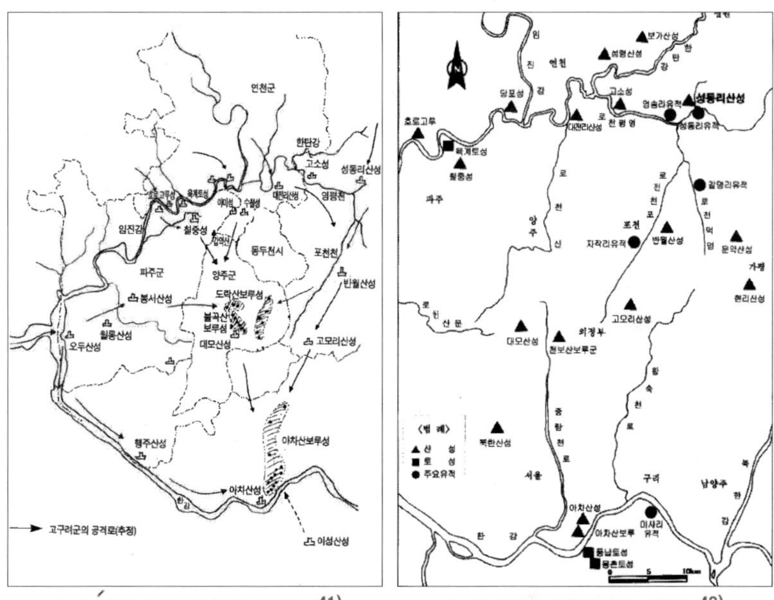

도 10. 한강이북 신라의 방어체계[41]　　도 11. 철원 남쪽의 주요 하천로[42]

백종오는 임진강과 한탄강 일대의 고구려 성곽과 하천로에 주목하여 고대교통로에 대한 연구를 진행하였다. 이 연구에 의하면, 고구려는 5세기 후반에서 6세기 중반까지 임진강유역의 은대리성, 당포성, 호로고루성, 덕진산성 등을 남진정책의 배후기지로 구축하여 포천천로와 신천로, 간파천로, 설마천로, 문산천로 등 5개의 노선을 남하 진출로로 이용하였

40) 徐榮一, 『신라육상교통로연구』, 학연문화사, 1999, p.339.

41) 서영일, 위의 책, 1999, p.301의 지도 16을 전재.

42) 백종오, 「抱川 城洞里山城의 變遷過程 檢討」, 『先史와 古代』 20, 2004, p.280의 도면 1을 전재.

다고 한다. 특히 북쪽에서 철원과 포천을 거쳐 한강유역에 이르는 하천로는 철원-성동리산성-포천천로-반월산성-포천천로-천보산맥일원-왕숙천로·중랑천로-한강유역 등의 세부노선을 보인다고 한다.[43)]

통일신라시대의 역로망은 경주를 중심으로 옛 고구려·백제의 지역까지 전범위에 '5통'의 형태로 후삼국시기를 거쳐 고려에 계승되었다. 후삼국기 고려는 후백제와의 치열한 전투를 통하여 개경을 중심으로 대규모 군대의 이동과 군사적 연락, 신라왕실과 호족세력에 대한 영향력을 강화하기 위한 목적으로 역로망이 형성되었다고 한다.[44)] 이후 고려시대에는 성종~현종연간(981~1031)에 중앙정부에 의한 일원적인 역로망이 중소군현의 단위까지 조밀하게 구축되었다. 그리고 천리장성의 축성과 북방영토의 개척 등이 마무리 되는 11세기 중반 경에 22역도체제가 윤곽을 갖추게 되었다.

고려 시대 동주와 교주 관할에 있던 강원도 영서 북부 지역의 경우 고려 시대에 14개의 역이 운영되었다. 14개 역의 위치를 통해서 파악되는 고려 시대 이 지역의 주요 교통로는 개경으로부터 동주를 거쳐서 동북쪽으로 平康과 嵐谷, 교주 등을 지나 鐵嶺으로 이어지는 노선과 동주의 동쪽으로 김화와 금성, 岐城, 교주 등을 지나 철령으로 연결되는 두 개의 노선이 중심이 되었다. 김화에서는 서쪽의 동주 방면 이외에 남쪽의 洞陰(영평)~抱州(포천)~남경 방면으로도 역로가 형성되었다. 그리고 김화와 금성에서는 남쪽의 낭천 방면으로, 동주에서는 서쪽의 朔寧 방면으로도 역로가 존재하였다.[45)]

43) 백종오, 위의 글, 2004.

44) 정요근, 『高麗·朝鮮初의 驛路網과 驛制 硏究』, 서울대 박사학위 논문, 2008, p.26.

조선이 건국되면서 한양에서 동북 방면을 잇는 교통로의 노선 변화가 생겼다. 고려시대 개경에서 철령까지의 교통로는 '개경 – 松林 – 長湍 – 漳州(연천) – 東州(철원) – 平康 – 嵐谷 – 交州(淮陽)'였으나, 한양천도 이후 '한양 – 楊州 – 抱川 – 永平 – 金花 – 金城 – 회양' 노선으로 바뀌었다.[46]

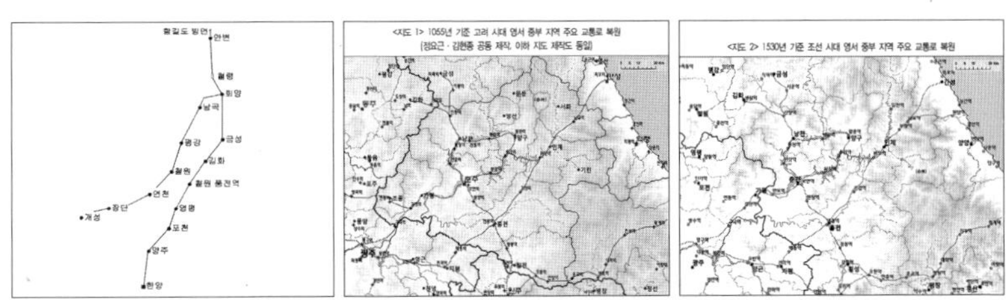

① 철령 이남의 역로망의 변화, ② 강원도 지역의 주요 교통로

도면 12. 고려-조선시대 철령 이남과 강원도 지역의 주요 교통로 변화[47]

2) 성곽을 통해 본 방어체계

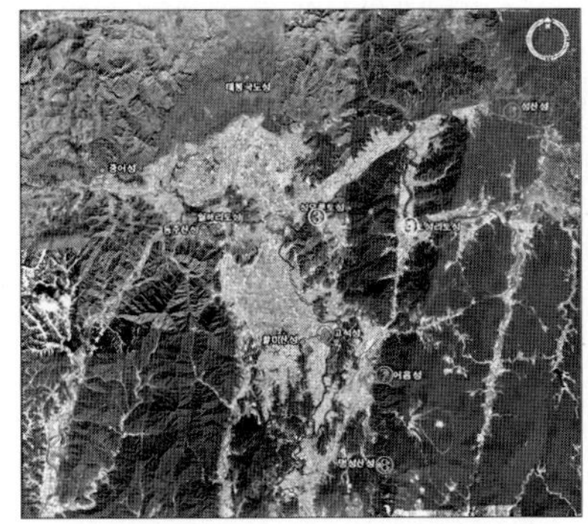

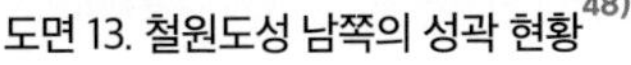

도면 13. 철원도성 남쪽의 성곽 현황[48]

도면 14. 『대동여지도』의 철원지역 성곽[49]

45) 정요근, 「고려~조선 시대 강원 지역 역 분포와 영서 북부 지역 간선 교통로의 변화」, 『강원사학』 32, 2019, pp.110~111.

46) 정요근, 앞의 책, 2008, p.201.

47) ① 정요근, 앞의 책, 2008, p.203에서 전재. ② 정요근, 앞의 글, 2019, p.104에서 전재.

철원도성 남쪽의 성곽은 10여 개가 있는 것으로 알려져 있다. 도면 13은 국립중앙박물관에서 2009년에 발간한 보고서의 성곽배치현황이다. 이중 월하리토성에 대한 자료는 확인할 수 없었으며, 그리고 할미산성은 陸軍士官學校 陸軍博物館이 1996년 발간한 지표조사 보고서에서 성곽의 현황과 도면 2의 『대동여지도』의 割尾峴으로 표기된 지리적 위치를 보면 성곽으로 보기가 어렵다. 그리고 국립문화재연구소에서 발간한 지표조사 보고서에는 할미산 봉수지로 수정보고하였다.[50] 할미산봉수는 임진왜란과 병자호란 이후에 새로이 신설된 봉수지일 것으로 보인다. 한편으로 할미산성은 1996년 지표조사보고서에서 통일신라시대를 전후한 유물이 수습되기 때문에 향후 발굴조사를 통해 봉수 이전의 현황에 대해 살필 필요가 있다고 보인다.

앞서 소개한 철원지역의 ① 중어성, ② 동주산성, ③ 성모루토성, ④ 토성리토성, ⑤ 성산성, ⑥ 고석성, ⑦ 어음성, ⑧ 명성산성 등 8개의 성곽은 성모루토성과 토성리토성은 삼국시대에 축조된 성곽으로 현재까지 후삼국기에 경영되었던 흔적과 유물은 수습되지 않았다.

중어성은 현재 그 흔적을 확인하기 어렵지만, 축조된 입지가 철원도성에서 서쪽으로 약 12km 정도 떨어져 있으며, 동쪽으로는 철원읍 경유 김

---

48) 필자가 국립중앙박물관 역사부, 앞의 보고서, 2009, p.135의 지도를 편집.

49) 필자가 『대동여지도』의 지명과 산맥, 하천의 표기에 따라 성곽을 표시하였으나, 오차가 있을 수 있음.

50) 할미산 봉수지는 봉화산이라고도 불리는 할미산에 위치하며, 서쪽으로 소이산 봉수와 연결되고 서남쪽으로는 적골산 봉수와 대응한다. 봉수대가 위치했던 봉우리의 정상은 약 100평 정도로, 지금은 군창고와 교통호가 있어 모두 파괴되어 보수지의 흔적을 찾아볼 수 없었다. 주변에서는 토기편과 와편이 많이 널려져 있었으며, 구수봉수(九水烽燧)라고도 한다(국립문화재연구소, 『군사보호구역 문화유적 지표조사보고서-강원도편』, 2000, p.162).

화방면과 북쪽으로는 평강방향으로 연결되는 교통의 요충지에 위치하고 있어, 군사적·지리적 요충지에 위치한다고 할 수 있다. 성곽의 입지를 통해 보면 904년 철원도성의 외곽성으로 서쪽과 남쪽 일대의 방어를 목적으로 축성 혹은 활용되었을 개연성이 있다.

동주산성은 삼국시대 이후에 축성되어 통일신라시대, 후삼국, 고려시대에 사용된 것으로 보인다. 특히 성벽에 사용된 성돌 중에 현무암을 사용한 흔적도 확인되었다. 이 城의 입지조건은 소이산봉수를 마주보고 있으며, 철원 중리 일대는 물론 구수동 할미산봉수까지 펼쳐진 벌판이 여기에서 한눈에 관망된다. 또한 북쪽으로는 구철원 일대가 관측된다. 이러한 점은 동주산성이 철원도성 남쪽을 방어하기 위한 중요한 성곽임은 분명하다고 할 수 있다.

城山城[城齊山城, 慈母山城]은 삼국시대부터 조선시대에 이르기까지 전시기에 사용되었던 것으로 보인다. 그리고 조선시대 김화현 관아 소재지의 배후에 있다는 점은 삼국시대부터 배후산성으로 활용되었던 것으로 보인다. 한편으로 이성의 입지는 평강 방향에서 철원·화천·회양으로 가는 길목을 매우 유리한 지점에서 감시하며 방어할 수 있는 곳이다. 이러한 점은 성산성이 철원도성 동쪽과 남쪽을 방어하기 위한 중요한 성곽임은 분명하다고 할 수 있다.

고석성은 성 북쪽으로 철원의 넓은 들판과 할미산 봉수대가 한눈에 관측된다. 성 내에서 수습된 유물은 없지만, 성돌의 일부는 한탄강 협곡에만 산재해 있는 현무암이다. 이 성의 입지는 철원방면에서 갈말방면으로 통하는 463번 도로를 조망할 수 있는 조건 등으로 이를 방어하는 것이 주목적이었던 것으로 보인다.

어음성은 김화에 이르는 43번 국도와 문혜리 삼거리에서 동송에 이르는 북쪽의 436번 지방도의 교차지점까지 조망이 양호하다. 그리고 이성은 43번 국도를 사이에 두고 동쪽에 약 5km 정도 이격하여 고석성이 위치하고 있다. 통일신라시대부터 후삼국~고려시대, 조선시대 후기에 이르기까지 사용되었던 것으로 보인다. 그리고 한탄강변의 현무암이 성벽 부재 및 문확석으로 사용된 점은 철원도성 축성과정과 연결해서 볼 필요가 있다. 또한 고석성과 43번 국도를 좌우편에서 배치된 상황은 남쪽에서 철원도성 방향으로의 적의 침입과 463번 도로를 등을 통해 동서로 적의 침입을 통제할 목적으로 축성되었을 개연성이 높다고 할 수 있다.

다만 명성산성은 조망권의 유리함으로 축조된 것이 아니라, 피난성으로 보는게 합리적이다. 다만 궁예의 죽음과 관련된 전설이 있다고는 하지만, 성곽의 입지와 대형성곽, 성벽의 축조방식, 출토된 유물 등으로 보면, 포천 보개산성과 유사한 점을 보인다. 이들 2개의 성곽은 몽골의 5차 침입기에 함락된 동주산성으로 볼 개연성도 있다.

철원도성의 경영시기와 관련된 성곽의 고고학자료는 후삼국~고려시대 토기 및 기와편을 들 수 있다. 그리고 이러한 성곽에서는 현무암으로 성벽의 보수 및 문지의 문확석 등을 제작하는 것을 알 수 있다. 동주산성과 고석성, 어음성이 이러한 사례라고 할 수 있다.

이상을 정리해 보면, 철원도성의 인근 방어체계는 다음과 같다. 동쪽 방어는 성산성, 서쪽 방어는 중어성이 맡았던 것으로 보인다. 그리고 남쪽의 포천과 연천 방향의 최종 방어는 동주산성이 담당했던 것으로 보인다. 동주산성 남쪽의 2차 방어는 고석성과 어음성이 남-북방향과 동-서방향을 동시에 통제했을 것으로 보인다.

Ⅲ. 포천지역의 성곽과 방어체계

1. 성곽의 현황

산성은 축조된 시기의 정치사회·군사적 등 다양한 여건을 망라한 관방유적으로 그 시대를 반영하는 문화양상 및 방어체계 등을 밝혀주는 중요한 유적이라 할 수 있다. 따라서 철원도성과 관련된 포천지역 성곽에 대한 선정은 축성 방법, 유물, 당시의 정치사회상 등을 살펴봐야 한다. 하지만 포천지역에 분포하고 있는 산성 중 발굴조사가 진행된 곳은 고모리산성과 포천 반월산성을 들 수 있으며, 정밀지표조사가 진행된 곳은 성동리산성[51]과 운악산성[52]을 들 수 있다. 철원도성과 연관성을 보여줄 수 있는 포천의 대표적인 성곽은 성동리산성과 반월산성을 들 수 있다.

1) 抱川 城洞里山城

성동리산성은 포천시 영중면 성돌리 산 693-10번지 일원에 위치하며, 잔구성 산지(해발 180m)에 축조되었다.[53] 서쪽으로는 보장산(해발 555m)과 종자산(해발 642m)이, 동쪽과 남쪽으로는 영평천이 동에서 서쪽으로 흘러 포천천과 만나 한탄강과 임진강에 합류한다. 즉 포천-철원 방면의 남북 교통로와 전곡-이동 방면의 동서 교통로가 교차하는 지점을 방어하기에 중요한 요충지이다.[54]

---

51) 경기도박물관, 『抱川 城洞里山城 精密地表調査 報告』, 1999.

52) 육군사관학교 육군박물관, 『抱川 雲岳山城 地表調査 報告書』, 2001.

53) 경기도박물관, 『抱川 城洞里山城 精密地表調査 報告』, 1999.

54) 백종오, 「抱川 城洞里山城의 變遷過程 檢討」, 『先史와 古代』 20, 2004, p.281.

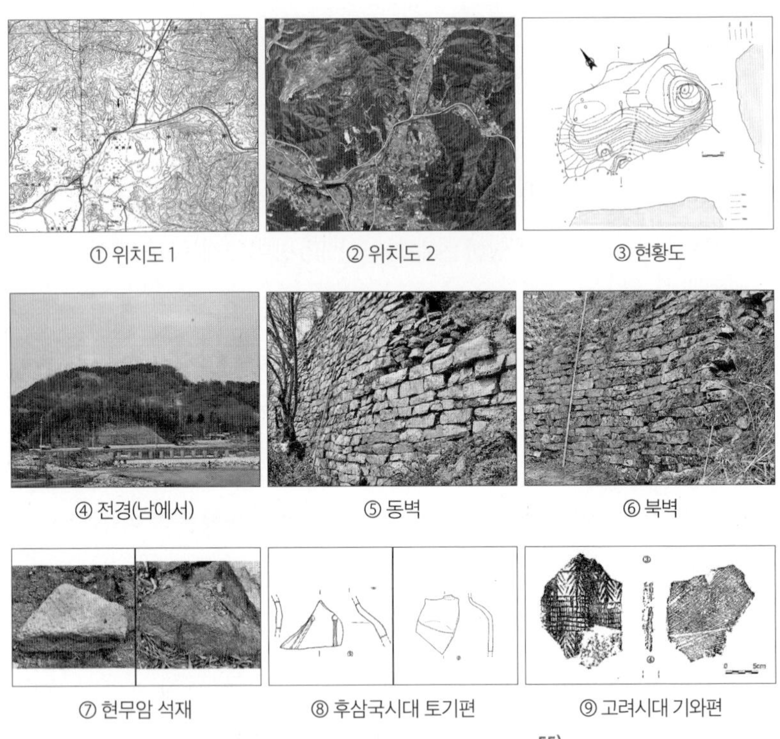
① 위치도 1　② 위치도 2　③ 현황도
④ 전경(남에서)　⑤ 동벽　⑥ 북벽
⑦ 현무암 석재　⑧ 후삼국시대 토기편　⑨ 고려시대 기와편

도 15. 포천 성동리산성 위치도 및 현황[55)]

이성은 평면이 동서로 긴 사다리꼴이며, 紗帽峰形의 석축산성이다. 전체 둘레는 402m이다. 내부에는 남문지, 북동치성, 장대지, 우물지와 수구가 확인되었고, 건물지는 3개소가 있는 것으로 파악되었다. 성벽은 높이가 약 4.2~7.5m 정도되며, 무너진 성벽과 치성에서 현무암 면석이 확인되었다.

수습된 유물은 선문류·(사)격자문류·어골복합문류·복합문류 등의 기

55) 경기도박물관, 『抱川 城洞里山城 精密地表調査 報告』, 1999.

와편, 삼국시대 토기편, 통일신라~후삼국시대 토기편, 백자편, '崇寧重寶(1102~1106)'동전 등이 있다. 선문류·(사)격자문류의 기와편은 단판으로 타날하고 측면을 와도로 정면한 삼국시대 기와편으로 추정되고, 어골복합문류와 복합문류는 편이 작아 편년을 파악하기에는 다소 어려움이 있다.

성동리산성은 영평천-한탄강을 따라 배치된 고소성·주원리산성과 함께 남북·동서 방향의 교통로에 입지하여 길목을 차단하는 전방위성으로 판단된다.[56)]

2) 抱川 半月山城

반월산성은 포천읍 구읍리 산 5-2번지에 일원에 위치하며, 해발 286m의 靑城山에 축조되었다. 서쪽과 동쪽의 산맥지대 사이에 형성된 포천 평원지대의 중앙에 위치한다. 43번 국도 동쪽 약 1.5km 정도 떨어져 있으며, 정상부에서는 사방의 조망이 유리하다. 그리고 남북으로 통하는 인마와 물자를 통제할 수 있는 요충지라고 할 수 있다.

이 성은 평면이 半月形이며 蒜峯形의 산성이다. 전체 둘레는 1,080m이다. 전체적인 형상이 반달과 같은 모양을 하고 있어 반월산성이라 불린다.

반월산성은 그간 발굴조사를 통해 청동기 시대부터 삼국을 거쳐 조선시대에 이르기까지 각 시대별 유구와 유물이 확인되었다[57)].

---

56) 도면 ①, ③~⑨는 경기도박물관, 1999, 앞의 보고서에 전재. 도면 ②는 도면 ①은 다음지도에서 캡처하여 필자가 편집(https://map.kakao.com/).

57) 강남대학교 한국학연구소, 『포천 반월산성 지표조사보고서』, 1995.
단국대학교 문과대 사학과, 『포천 반월산성 1차 발굴조사보고서』, 1996.; 『포천 반월산성 2차 발굴조사보고서』, 1997.; 『포천 반월산성 3차 발굴조사보고서』, 1998.

① 위치도　② 북쪽 일대 및 전경　③ 남벽 외벽 및 내측 모습

④ 동문지 외부 및 내측 폐쇄된 상황　⑤ 동문지 내측 건물지

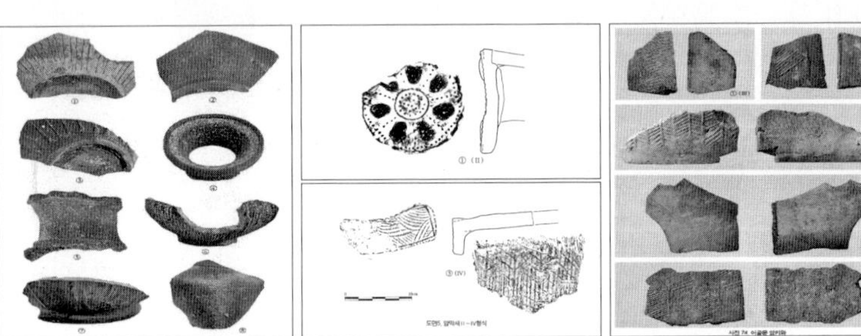

⑥ 출토유물

도 16. 포천 반월산성 위치도 및 후삼국시대 발굴조사 현황[58)]

단국대학교 중앙박물관, 『포천 반월산성 4차 발굴조사보고서』, 1999.
단국대학교 매장문화재연구소, 『포천 반월산성 5차 발굴조사보고서』, 2001.; 『포천 반월산성 6차 발굴조사보고서』, 2002.; 『포천 반월산성-종합보고서(Ⅰ·Ⅱ)』, 2004.; 『포천 반월산성 동벽 정비구간 발굴조사보고서』, 2005.

반월산성은 후삼국기에도 활용되었다. 그러한 증거는 남벽 일대의 정비와 동문지 폐쇄를 들 수 있다. 남치성과 기단 보축 성벽 사이 계곡부 중앙부분에 해당하는 곳에서 1차 성벽이나 기단 보축(이하 2차 성벽)과는 판이하게 다른 조잡한 수법을 사용한 성벽이 노출되었다. 이 외벽이 확인된 성 안쪽의 내벽에서 회곽도가 출토되었다. 회곽도는 길이 15m의 규모로 노출되었는데, 성벽선을 따라가며 외곽에 석재들로 곽을 이룬 후 내부는 뒷채움하였다. 외벽에서 회곽도까지의 폭은 5.5m이다. 회곽도를 구성하는 석재들은 거의 면을 다듬지 않은 할석재들로 이루어졌다. 동문지는 6세기 후반에서 7세기 전반경에 신라에 의해 축조되었다. 이 동문지는 9세기 후반 이후에 폐쇄된 것으로 여겨진다. 문지 통로부를 채우고 있는 와적층은 동문지 서쪽 통일신라 건물지의 기와편으로 구성되었다. 이 와적층은 등성시설 상단에서부터 2차 동문지 통로부를 채우며, 조선시대 성벽 뒤채움재까지 형성되어 있었다. 동문지 서쪽 평탄지에서 후삼국시대의 건물지 흔적이 확인되었다.

출토된 유물은 주름무늬병류, 편병류, 호류 등의 토기와 연화문 수막새, 암막새, 어골문 기와류 등을 들 수 있다.

반월산성에서 궁예와 관련된 전설을 고려할 때 이 시기의 산성 내의 변화는 부분적으로나마 남쪽성벽의 보수가 이루어진다는 점과 동문지 주

(재)한백문화재연구원, 『포천 반월산성 북벽 보수구간 문화재 발굴조사』, 2009.; 『포천 반월성 남벽 포천 반월성 남벽 보수구간 정비사업부지 내 유적 발굴조사보고서-』, 2019.
김호준, 「포천 반월산성 연구(Ⅰ)-삼국~통일신라시대 활용지역을 중심으로-」, 『문화사학』 20, 2003, pp.51~86.; 「포천 반월산성의 조선시대 활용 연구」, 『한국성곽학보』 12, 2007, pp.17~41.

58) 도면 ①은 (재)한백문화재연구원, 『포천 반월성 남벽 -포천 반월성 남벽 보수구간 정비사업부지 내 유적 발굴조사보고서-』, 2019.에서 전재. 도면 ②~⑥은 단국대학교 매장문화재연구소, 『포천 반월산성-종합보고서(Ⅰ·Ⅱ)』, 2004.에서 전재.

변 건물지가 축소 된 것과 동문지의 폐쇄를 들 수 있다. 이러한 일련의 변화는 동문지 주변 건물의 사용주체가 궁예 또는 그의 세력권 하에 있던 집단이었음을 강력히 암시하는 것으로 판단된다. 남벽의 정비와 동문지 폐쇄는 남쪽으로부터의 진입을 방어 할려는 의도가 다분하다. 신라에 의해 축조된 동문지가 통일신라까지 계속 활용되다가 이 시기에 용도 폐기된 것은 철원과 송악 일대를 수도로 삼는 태봉국에서는 당연한 조치일 것으로 보인다.

2. 후삼국시대 포천지역의 방어체계

포천지역은 동쪽과 서쪽이 산맥으로 막혀 있고, 남북 방향으로 분지가 형성되어 있다. 포천의 남부는, 동서의 산맥 사이에 축석령에서 시작된 포천천이 남에서 북으로 흐르다가 영평에서 영평천과 합류되어 서쪽으로 흘러서 한탄강과 합류된다. 포천의 북부는 한탄강 주변의 유년기 지형이 형성되어 있고, 북쪽으로 철원평야와 연결되어 있다. 따라서 포천의 지형은 동·서·남쪽이 막히고 북쪽으로 개방된 형태를 취하고 있다.

포천에서 외부로 통하는 길은 포천-철원 방면이 간선도로의 역할을 하였다. 남쪽으로 비득재, 축석령, 어야고개 등 고개를 통과하여 서울·양주 방향으로 연결되고, 서쪽으로 영평천을 따라서 연천으로 연결이 되며, 북쪽으로는 한탄강을 건너서 철원으로 연결되고 있다. 산성의 배치로 추정할 때 고모리-구읍리-만세교-양문리-성동리-운천-냉정리-철원으로 연결된다.[59] 현재의 포천과 철원을 남북으로 잇는 도로는 국도 43호선이

59) 서영일, 앞의 책, 1999, pp.272~302.

다. 국도 43호선은 세종특별자치시에서 시작해서 강원도 고성군 고성읍이 종점이다.[60]

포천지역의 산성의 배치를 통해 고대교통로 및 방어체계를 검토한 연구에 따르면 다음과 같다. 고모리 산성은 포천의 남쪽 통로를 감시하고 방어할 수 있는 위치에 있으며, 성동리 산성, 보가산성, 냉정리 산성 등은 북쪽 철원 방향으로의 통로를 통제하기 유리한 지형에 축조되었다. 그리고 대전리산성, 고소성, 주원리산성 등은 서쪽 연천 방향으로의 통로에 위치하고 있다.[61]

하지만 포천지역의 후삼국기 관련 토기류와 기와류가 수습된 성곽은 포천 반월산성과 성동리산성이 유일하다고 할 수 있다. 육군사관학교 육군박물관이 1997년에 발간한 포천지역의 군사유적 지표조사 보고서[62] 이후의 포천 일대의 광역지표조사 등을 참조해 보았을 때, 포천 고소산성에서 통일신라시대 이후 토기류와 성벽 석재에서 현무암 등이 확인된 것[63]과 운악산성에서 고려시대 전기 이후의 기와류가 출토된 것[64] 이외에는 추정할 근거가 부족하다. 고소산성은 연천군의 대전리산성과 인접하여 이 시기에 활용되었을 개연성은 있으나, 한탄강 상류에 인접하여 현무암석

60) 국도43호선은 세종~고성선이라고도 한다. 세종특별자치시 전의면을 기점으로 천안시, 아산시를 지나 경기도 서남부, 서울특별시, 경기도 동북부 지역을 차례로 관통한 다음 강원도 김화읍까지 남북 대각선 방향으로 뻗어 있는 도로이다. 원 국도 구간의 종점은 강원도 고성군 고성읍이나 철원~고성 구간은 현재 북한 지역에 해당하기 때문에 자세한 정보를 얻을 수 없다(출처 : 인터넷 한국민족문화대백과사전 http://encykorea.aks.ac.kr).

61) 서영일, 앞의 책, 1999, pp.272~302.

62) 육군사관학교 육군박물관, 『京畿道 抱川郡 軍事遺蹟 地表調査 報告書』, 1997.

63) 육군사관학교 육군박물관, 위의 보고서, 1997, pp.50~57.

64) 육군사관학교 육군박물관, 위의 보고서, 1997, pp.78~87.; 『抱川 雲岳山城 地表調査 報告書』, 2001.

재가 사용될 개연성과 기와류가 출토되지 않는 점은 다소 설득력이 부족하다. 운악산성의 경우 2001년도 정밀지표조사에서 고려시대 북방민족이 침입했을 때 혹은 고려말 왜구 대비를 위해 사용되었을 개연성이 있다는 결론이 있었다.

반면에 철원과 연천, 포천지역에는 궁예전설과 지명들이 많이 남아있으며, 포천 구읍리에는 일명 '궁예미륵'이 위치한다[65]. 특히 이들 지역의 성곽에서는 성동리산성을 포함하여 명성산성, 보개산성, 반월산성, 운악산성 등을 들 수 있다.[66] 앞 장에서 명성산성과 보개산성은 고려 대몽항쟁기 등 북방이민족이 침입했을 때 축조되고 경영되었을 가능성을 소개하였다. 포천 운악산성도 이 2개의 성곽과 같이 입지 및 성벽의 축조기법이 유사했으며, 수습된 유물의 편년도 크게 다르지 않았다.

철원지역의 후삼국시대에 경영되었던 성곽과 영평천 유역의 성동리산성, 포천읍의 반월산성은 태봉국의 역사적 변천을 같이 했던 것은 분명해지는 것 같다. 특히 한강이남에서 철원으로 가기 위해 그 길목인 포천일원을 궁예가 중시하였기 때문임은 분명하다. 특히 반월산성은 후삼국기에 경영되었던 성곽 중에서 대규모였고, 활발한 경영을 보여주는 고고학자료도 발굴조사를 통해 확인할 수 있었다. 이와 더불어 당시의 간략한 기록이지만, 포천지역은 궁예가 918년에 폐위되었지만, 5년 뒤인 923년에 당시 命旨城(포천 반월산성) 장군 성달이 동생 이달·단림과 함께 귀부[67] 해

65) 정성권, 「'궁예미륵' 석불입상의 구비전승적 연구 - 안성 기솔리 석불입상, 포천 구읍리 석불입상을 중심으로 - 」, 『민속학연구』제30호, 2012.6. pp.91~115.

66) 백종오, 앞의 글, 2004, pp.297~299.

67) 『三國史記』 권12, 경명왕 7년 7월 "七年 秋七月 命旨城將軍城達·京山府將軍良文等 降於太祖." 『高麗史』 권1, 세가1 태조 6년 3월 "辛丑 命旨城將軍城達 與其弟伊達·端林來附."

왔을 정도로 궁예에 대한 민심이 남아 있아 있었던 것으로 볼 수 있다. 이는 포천 반월산성이 궁예의 입장에서는 철원도성을 방어하기에 매우 중요하였던 성곽이었으며, 그러했기에 명지성 장군 성달이 궁예가 폐위되었어도 바로 항복하지 않았던 것으로 보는 것이 합리적으로 보인다.

이렇듯 포천 반월산성은 궁예를 이어 왕건에게도 매우 군사적으로 중요했던 것으로 보인다. 928년에는 명지성의 장군이 王忠으로 바뀐다. 왕충은 자세한 기록은 없지만, 924년에 견훤의 조물군을 공격했을 때 이를 방어했던 장군이었다.[68] 이후 928년 2월(신라 경순왕 2년)고려 태조의 명령으로 견훤이 양산에 성을 쌓자 공격을 하고 있으며,[69] 그해 8월에는 명지성 元甫로 竹嶺의 길이 막히자 조물성으로 들어가 염탐하고 있다.[70] 이러한 사실들은 고려 태조가 포천지역을 실질적으로 귀속함으로써 후백제의 전쟁에 포천지역의 군대를 투입하였던 것이다. 그리고 명지성 장군 원충은 조물군전투 이후에 元尹에서 元甫로 승진하였던 것도 이를 보여주는 단편적인 사례라고 할 수 있다. 하지만 고려시대에는 성으로서의 군사적인 기능을 상실하여 폐허가 되었던 것으로 생각된다. 포천 일대가 고려시대의 도성이 개경이었으므로 북방과 남방의 외적을 방어 하기에는 전략적 가치가 크지 않았던 까닭을 들 수 있다. 앞서 설명하였던 고려시대 역

68) 『高麗史』 권1, 세가1 태조 7년 3월 "七年 秋七月 甄萱遣子須彌康·良劒等, 來攻曹物郡 命將軍哀宣·王忠救. 哀宣戰, 郡人固, 須彌康等失利而歸."

69) 『三國史記』 권12, 경순왕 2년 8월 "秋八月 甄萱命將軍官昕 築城於陽山 太祖命命旨城將軍王忠率兵擊走之 甄萱進屯於大耶城下 分遣軍士 芟取大木郡禾稼."; 권 50, 열전 제10 견훤 "秋八月 萱命將軍官昕 領衆築陽山 太祖命命旨城將軍王忠 擊之 退保大耶城."
당시 왕충의 벼슬은 元尹이었던 것으로 보인다. 조물군 전투 이후에 元甫으로 승진한 것으로 보인다(『高麗史』 권92, 열전 권제5 諸臣 박수경).

70) 『高麗史』 권1, 세가1 태조 11년 8월"甄萱使將軍官昕城陽山 王遣命旨城元甫王忠 率兵擊走之 官昕退保大良城 縱軍芟取大木郡禾稼 遂分屯烏於谷 竹嶺路塞 命王忠等 往諜于曹物城."

로망이 개성-장단-연천-철원 등으로 개편된 이후는 더욱 그러했을 것으로 보인다.

Ⅳ. 맺음말

본고는 궁예가 896년(진성여왕 10) 궁예정권이 몰락하는 918년(태조 원년)에 이르기까지 도읍지로서 그 기능과 역할을 했던 태봉국 철원도성 남쪽지역인 철원과 포천 일대의 방어체계에 대해서 검토하였다.

철원도성과 철원지역은 비무장지대에 포함되어 학술조사의 한계가 있다. 하지만 철원군과 陸軍士官學校 陸軍博物館, 강원대학교박물관, 국립문화재연구소에서 실시한 광역지표조사의 결과로 철원지역의 성곽 현황을 파악할 수 있었다. 필자는 이러한 연구성과를 바탕으로 조금은 자유롭게 주변 관방유적을 바탕으로 교통로 및 방어체계에 대해서 연구를 진행하였다. 그리고 철원지역에 후삼국기에 경영되었던 성곽을 검토할 수 있었다. 또한 포천 반월산성과 성동리산성의 입지와 주변 교통로, 고고학자료를 통해 후삼국기 포천지역의 방어체계도 검토하였다. 이를 통해 필자는 단편적이지만 철원도성의 남쪽 방어체계에 대한 논의의 시초를 제공하였다.

철원도성 인근 남쪽의 성곽 중 철원지역의 ① 중어성, ② 동주산성, ③ 성모루토성, ④ 토성리토성, ⑤ 성산성, ⑥ 고석성, ⑦ 어음성, ⑧ 명성산성 등 8개의 성곽을 선별하여 검토하였다. 이 중 성모루토성과 토성리토성은 삼국시대에 축조된 성곽으로 현재까지 후삼국기에 경영되었던 흔적과 유물은 수습되지 않았다. 그리고 명성산성은 피난성으로 포천 보개산성과 운악산성과 같이 이민족의 침입에 피난성 개념으로 축조되었을 개연성이 높다. 철원도성의 인근 방어체계는 다음과 같다. 동쪽 방어는 성산성, 서쪽 방어는 중어성이 맡았던 것으로 보인다. 그리고 남쪽의 포천과 연천 방향의 최종 방어는 동주산성이 담당했던 것으로 보인다. 동주산성 남쪽의 2차 방어는 고석성과 어음성이 남-북방향과 동-서방향을 동시에 통제했을 것으로 보인다.

철원도성 남쪽 포천지역은 철원지역의 후삼국시대에 경영되었던 성곽과 영평천 유역의 성동리산성, 포천읍의 반월산성은 태봉국의 역사적 변천을 같이 했던 것은 분명한 것으로 보인다. 한강이남에서 철원에 이르는 길목에 이르는 포천일원을 궁예가 중시하였기 때문임은 분명하다. 포천지역의 궁예의 전설과 지명, 일명 '궁예미륵'도 위치한 점도 있겠지만, 반월산성은 후삼국기에 경영되었던 성곽 중에서 대규모였고, 활발한 경영을 보여주는 고고학자료도 발굴조사를 통해 확인할 수 있었다. 포천지역은 궁예가 918년에 폐위되었지만, 5년 뒤인 923년에 당시 命旨城(포천 반월산성) 장군 성달이 동생 이달·단림과 함께 귀부할 정도로 궁예에 대한 민심이 남아 있었던 것으로 보인다. 이는 포천 반월산성이 궁예의 입장에서는 철원도성을 방어하기에 매우 중요하였던 성곽이었으며, 그러했기에 명지성 장군 성달이 궁예가 폐위되었어도 바로 항복하지 않았던 것으로 보는 것이 합리적으로 보인다.

필자는 철원지역의 성곽에 대한 발굴조사가 진행되어 포천지역과 같이 후삼국시대의 관방 및 교통로에 대한 논의가 진척되기를 바란다. 그리고 세밀한 검토를 진행하지 못한 연천군 관내의 성곽에 대한 후삼국시대 관련 연구를 진행하도록 노력을 아끼지 않겠다.

참고문헌

1. 문헌(사료)

『三國史記』, 『三國遺事』, 『高麗史』, 『 高麗史節要』, 『世宗實錄地理志』, 『新增東國輿地勝覽』, 『大東輿地圖』, 『與猶堂全書』, 『조선보물고적조사자료』

2. 연구저서

김용선 엮음, 『궁예의 나라 태봉』, 일조각, 2008.

김호준, 『고려의 대몽항쟁과 축성』, 서경문화사, 2017.

徐榮一, 『신라육상교통로연구』, 학연문화사, 1999.

정성권, 『태봉과 고려 석조미술로 보는 역사』, 학연문화사, 2015.

정호섭·구문경, 『태봉국 도성 복원의 추진방안』, 강원발전연구원, 2014.

3. 보고서

강남대학교 한국학연구소, 『포천 반월산성 지표조사보고서』, 1995.

경기도박물관, 『抱川 城洞里山城 精密地表調査 報告』, 1999.

국립문화재연구소, 『군사보호구역 문화유적 지표조사보고서-강원도편』, 2000.

국립중앙박물관 역사부, 『철원 태봉국도성 조사자료집』(내부용), 2009.

단국대학교 문과대 사학과, 『포천 반월산성 1차 발굴조사보고서』, 1996.

______, 『포천 반월산성 2차 발굴조사보고서』, 1997.

______, 『포천 반월산성 3차 발굴조사보고서』, 1998.

단국대학교 매장문화재연구소, 『포천 반월산성 5차 발굴조사보고서』, 2001.

______, 『포천 반월산성 6차 발굴조사보고서』, 2002.

______, 『포천 반월산성-종합보고서(Ⅰ·Ⅱ)』, 2004.

______, 『포천 반월산성 동벽 정비구간 발굴조사보고서』, 2005.

단국대학교 중앙박물관, 『포천 반월산성 4차 발굴조사보고서』, 1999.

육군사관학교, 『철원 성산성 지표조사보고서』, 2000.

육군사관학교 육군박물관, 『京畿道 漣川郡 軍事遺蹟 地表調査 報告書』, 1995.

______, 『강원도 철원군 군사유적 지표조사보고서』, 1996.

______, 『京畿道 抱川郡 軍事遺蹟 地表調査 報告書』, 1997.

______, 『抱川 雲岳山城 地表調査 報告書』, 2001.

육군사관학교 화랑대연구소 국방유적연구실, 『철원 동주산성 지표조사보고서』, 2005.

(재)한백문화재연구원, 『포천 반월산성 북벽 보수구간 문화재 발굴조사』, 2009.

(재)한백문화재연구원, 『포천 반월성 남벽 포천 반월성 남벽 보수구간 정비사업부지 내 유적 발굴조사보고서-』, 2019.

4. 연구논문

김호준, 「抱川 半月山城의 時代別 活用 硏究- 三國 및 統一新羅時代를 中心으로 -」, 단국대 석사학위논문, 2002.

______, 「포천 반월산성 연구(I)-삼국~통일신라시대 활용지역을 중심으로-」, 『문화사학』 20, 2003.

______, 「포천 반월산성의 조선시대 활용 연구」, 『한국성곽학보』 12, 2007.

김호준·강형웅·강아리, 「고대산성의 지표조사 방법」, 『야외고고학』 4호, 2008.

백종오, 「抱川 城洞里山城의 變遷過程 檢討」, 『先史와 古代』 20, 2004.

신성재, 「궁예정권의 철원 천도와 전쟁사적 의미」, 『한국사연구』 158, 2012.

심정보, 「태봉국 철원도성의 축조기법과 공간구성」, 『문물연구』 36집, 2019.
_____, 「태봉국 철원도성 발굴조사」, 『내일을 여는 역사』, 2019.
심재연, 「일제강점기 태봉국 철원성 조사와 봉선사지」, 『문화재』 52권 1호, 국립문화재연구소, 2019.
이기석, 「철원 풍천원과 태봉국 도성지의 지리」, 『지리모노그래프』 2, 2016.
_____, 「鐵原 楓川原의 지리와 태봉국 都城址의 방리제」, 『학술원논문집(인문사회과학편)』 59-1, 2020.
이 재, 「철원도성 연구의 현단계」, 『남북 공동의 문화유산: DMZ 태봉 철원도성』, 철원군·태봉학회, 2018.
_____, 「비무장지대 문화유적 현황과 보존방안」, 『문화재』 52권 1호, 국립문화재연구소, 2019.
정성권, 「泰封國都城(弓裔都城) 내 풍천원 석등 연구」, 『한국고대사탐구』 7, 한국고대사탐구학회, 2011.
_____, 「'궁예미륵' 석불입상의 구비전승적 연구 - 안성 기솔리 석불입상, 포천 구읍리 석불입상을 중심으로 - 」, 『민속학연구』제30호, 2012.6.
정요근, 『高麗·朝鮮初의 驛路網과 驛制 硏究』, 서울대 박사학위 논문, 2008.
_____, 「고려~조선 시대 강원 지역 역 분포와 영서 북부 지역 간선 교통로의 변화」, 『강원사학』 32, 2019.
정호섭, 「왜 태봉 철원도성인가?」, 『철원 DMZ 궁예도성 남북 공동발굴 추진 정책세미나』, 남북역사학자협의회, 2018.
허의행·이홍종, 「DMZ 내 유적 조사 방법론」, 『DMZ 문화재 보존 및 조사연구 발전방안 학술 심포지엄』, 국립문화재연구소, 2018.
허의행·양정석, 「태봉 철원도성의 고지형과 구조 분석 연구」, 『문화재』 54권 2호,

철원도성 신자료 소개 -『朝鮮城址實測圖』의 '楓川原都城址'-

조인성
경희대학교 명예교수

목차

Ⅰ. 소개

『조선성지실측도』는 서울대학교 중앙도서관에 고문헌 자료실에 비치되어 있다[(구장본 동양서)(大4709 79)].[1] 온라인 이용도 가능하다(홈 > 통합검색 > 조선성지실측도). 『조선성지실측도』는 도별 13권으로 이루어져 있다.

1) 『조선성지실측도』가 본격적으로 알려진 것은 다음 논문에 의해서였다. 太田秀春, 「『朝鮮城址實測圖』와 倭城-朝鮮總督府의 植民地 支配와 관련하여-」, 『한국문화』 25. 2000. 같은 논문 150~154쪽에서 체제와 제작 연대·주체·목적 등에 대해 설명하였는데, 크게 참고하였다.

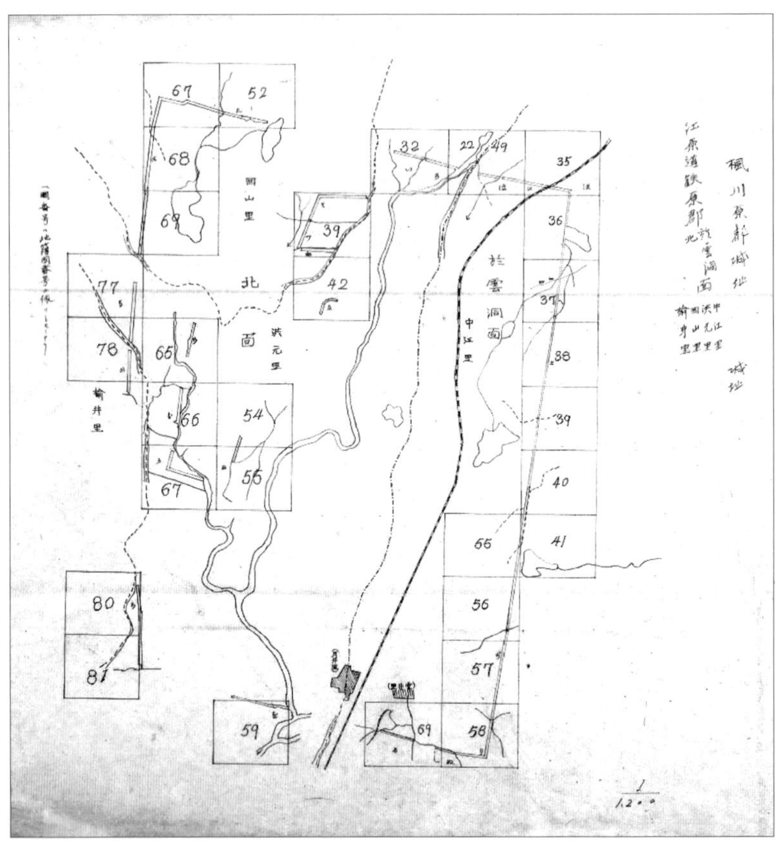

도 1. '풍천원도성지'

958매의 도면 중 693건의 성곽 관련 도면이 수록되어 있다.[2] 강원도 편에, 소개하려고 하는 철원도성의 자료가 실려 있다. 「풍천원도성지」(「도 1」) 포함 총 32매이다.[3]

2) 윤성호, 「『朝鮮城址實測圖』를 활용한 삼국시대 성곽 연구」, 『韓國史學報』 83, 2021, p.156.

3) 이 자료의 존재는 金成浩 선생(韓國 아마추어 城廓探査 古城子 硏究室. 서울 강동구 천호 3동 565, 현대타워 Apt-1310호)을 통해 알게 되었다. 선생께서는 자료를 복사하여 우송하여 주셨다. 이 자리를 빌어 감사드린다.

Ⅱ. 「국유림경계도」와 '풍천원도성지'

『조선성지실측도』에 수록된 실측도는 측량에 의해 제작된 것이 아니다. 「국유림 경계도」를 베낀 것을 묶어 놓은 것이다.[4] 「도 2」를 참고할 수 있다.

1908년 森林法이 시행되면서 국유림이 창출되었다. 소유자의 신고가 없었던 임야 특히 농민들의 공동이용지(소유지)였던 이른바 '無主空山'이 주 대상이었다. 1910년까지 국유림은 830만町步(1정보 약 3,000평)에 달했다. 국유림은 「要存置豫定林野選定標準에 關한 件」[5]에 의거 "요존치 예정임야"와 "불요존 임야"로 나누었다. 전자는 군사상, 학술상 등 여러 필요에 의해 국유림으로 존치시킬 필요가 있는 임야이다. 존치를 요하는 정도가 높고 낮음에 따라 다시 甲種과 乙種으로 구분되었다.[6]

조선총독부 산림과(1910년대 농상공부 식산국 소속에서 1920년대 식산국 소속이 됨)에서는 1911년부터 1924년에 걸쳐 국유임야구분조사를 실시했다. "학술상 특히 존치가 필요하다고 인정되는 개소"인 고적을 포함하는 국유림의 보존을 위해 총독부 산림과에서 「국유림경계도」를 제작하였던 것으로 보인다.[7] 1914~1918년 사이에 작성되었을 것으로 보는 견해도 있다.[8]

「국유림경계도」(일부?)는 국립중앙박물관에 소장되어 있다. 그 일부가 『광복이전조사유적유물미공개도면』에 수록되어 있다. 총 6권(1. 慶尙南

---

4) 太田秀春, 앞의 논문, p.154; 윤성호, 앞의 논문, p.138.

5) 官通牒 제331호(1911.11.10.); 『朝鮮總督府官報』.

6) 이상 太田秀春, 앞의 논문, pp.153~154.

7) 太田秀春, 앞의 논문, p.154.

8) 윤성호 앞의 논문, p.135. 단 1914년 이전에 만들어진 경계도가 확인되므로 재고의 여지가 있다.

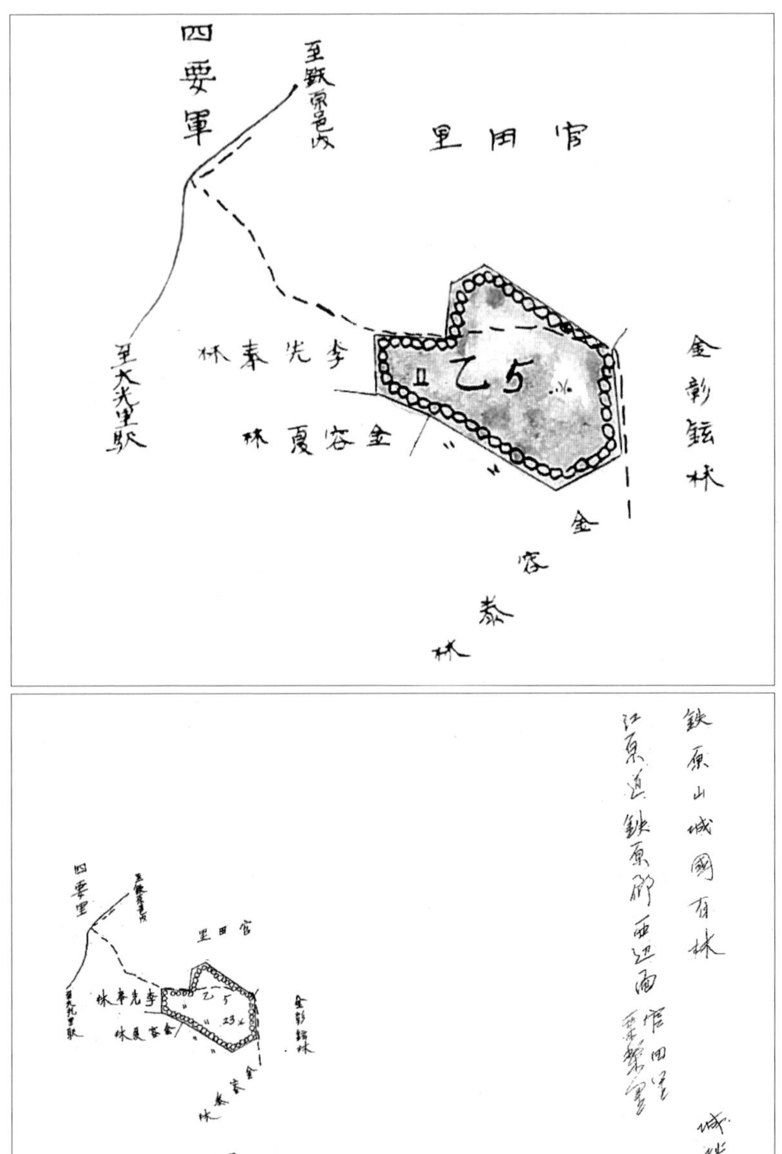

도 2. 「국유림 경계도」와 『조선성지실측도』의 철원산성

道, 2. 慶尙北道, 3. 平安道.咸鏡道.黃海道, 4.江原道, 5. 忠淸北道, 6. 忠淸南道)이며, 1998~2010년에 걸쳐 간행되었다.

한편 국유임야구분조사를 하면서 국유림 내 사적의 실태 파악과 역사적 유래에 대한 조사도 실시하였다. 1919년 경상북도 청송군 청송면 부곡동 고분의 사례를 보면, 주민들 사이에 고려시대 고분이라고 전하지만 신라 것 같은 도기편이 산재함을 조사하여 문서로 남겼다. 조사원들은 농상공부 산림과 技手(技師)들이었지만 단순한 실측원이 아니고 어느 정도 고고학적 지식을 가진 사람들이었다. 산림과에서는 실측도 제작과 동시에 "多大한 日子와 費用"을 들여서 13권의 『고적대장』을 제작하였다. 사실이 산림과의 고적조사는 상당한 성과를 달성하였고, 뒤에 실시된 고적조사위원회의 고적조사사업 때에도 참고자료로 사용되었다.[9] 총독부에서는 1942년 『조선보물고적조사자료』를 간행하였는데, 여기서 확인되는 고적번호와 내용은 『고적대장』과 동일하다. 『고적대장』이 원본이 되었을 것이다.[10]

철원도성에는 국유림이 존재하지 않았다. 따라서 「풍천원도성지」가 「국유림경계도」의 일부일 수는 없어 보인다. 그런데 산림과에서 만든 『고적대장』의 강원도 철원군 항목 (국립중앙박물관 소장 조선총독부박물관 문서)에 "17/ 城址/ 北面 洪元·楡井·回山 於雲東 中江/土木局 所管/ 풍천원도성지라고 부르는데 궁예가 도읍한 곳으로 평원지대에 있다. 외성은 土石을 混淆하였고, 높이 4~12尺, 폭 2~6間, 둘레 약 6,000間이다. 내성은 높이 7尺, 폭은 12尺, 둘레 약 400間이고 토성이다. 내외성은 모두 방형이다"라

9) 이상 太田秀春, 앞의 논문, p.155.

10) 윤성호 앞의 논문, 136쪽.

는 조사 내용이 나온다. 이를 고려하면 산림과에서 철원 지역 「국유림경계도」를 만들면서 철원도성의 도면을 함께 만들었던 것이 아닐까 한다.[11)]

Ⅲ. 철원군 지적도(1916)와 '풍천원도성지'

「도 1」의 번호는 1916년 만들어진 철원군 지적도의 번호이다. 가령 49는 철원군 어운동면 중강리 지적도 49번이다. 축척은 1/1,200이다. 이것은 국가기록원에서 온라인으로 열람이 가능하다(기록물열람 > 통합검색 > 상세검색 > 주제별검색 > 토지기록물 > 철원, 지적원도, 1916).

11) 언제 누가 어떤 이유로 「국유림경계도」를 복사하여 『조선성지실측도』를 만들었을까. 국립중앙박물관 소장 조선총독부박물관 문서 중 「옛 국유림경계도[境界舊圖] 보관 전환 의뢰 건」(1929)이 있다. 1929년 산림부에 비치(비부)해둔 '옛 국유림경계도(경계구도)'를 史蹟 연구 자료로서 도서관에 이관한다는 내용이다. 요청자(의뢰자)는 조선총독부 도서관장 荻山秀雄이며, 대상은 「국유림경계도」 22건이었다. 그렇다면 「국유림경계도」는 1929년 이후에 복제되었을 것으로 추측하게 된다. 1933년 「조선보물고적명승천연기념물보존령」이 공포되었다. 보물, 고적 지정 대상에 대한 '조선보물고적명승천연기념물보존위원회'의 자문에 응해야 했다. 자문안에는 지정 이유, 현상 설명, 지정지역의 지번, 지목, 면적, 토지소유자의 주소와 성명, 현상의 실측도와 사진 등이 들어갔다. 자문안 작성을 주도한 인물은 총독부 박물관 주임(관장)이었던 경성제국대학 교수 藤田亮策이었다. 그는 시작 단계부터 직원을 지도하고, 원고의 상당 부분을 집필하였으며 보존위원회에서는 스스로 대상의 해설을 담당하였다. 보물, 고적 지정 작업의 중심이었던 藤田亮策이 참고 자료로서 「국유림경계도」를 복제하여 경성제국대학으로 반입하였을 가능성이 높다(이상 太田秀春, 앞의 논문, 189쪽; 윤성호, 앞의 논문, 143~144쪽). 성균관대학교 박물관에는 藤田亮策이 1920년대 중반부터 1940년까지 촬영한 유리원판 사진이 소장되어 있다. 1930년대 사진의 상당수는 그가 '조선보물'을 지정하기 위해 현장을 방문했을 때 촬영한 것이다. 그는 1935년 철원, 춘천의 유적을 조사하고 총 20매의 사진을 남겼다(김대식, 2012, 「성균관대학교 박물관 소장 유리원판 사진의 디지털 복원」; 성균관대학교 박물관 편, 2012, 『유리원판에 비친 한국의 문화유산-식민지 조선의 고적 조사-』, 성균관대학교 출판부, 166~167쪽). 만약 藤田亮策이 『조선성지실측도』 작성을 주도하였다면, 위의 활동과 연관이 있다고 볼 수 있다. 단 경성제국대학 구장서의 수집 현황을 고려하여 1928년 경 일괄하여 수장되었을 것이라는 추측도 있다. 장서의 정리 번호는 경기도의 79469번부터 함경도의 79508번까지이고 이 번호가 연속하고 있는 것으로 보아 이것이 일괄하여 수장된 것을 알 수 있다고 한다. 경성제국대학의 옛 장서를 조사하면 70000번대의 장서는 1928년경에 수집된 것이 많다는 것이다(太田秀春, 앞의 논문, 155쪽).

1916년 작성된 지적도 상에는 풍천원 일대의 전답의 지번, 면적과 물길, 도로, 철도선 등과 철원도성이 나타나 있다. 도성의 잔존 부분을 표시하고 "성"이라고 표기하였다. 이것은 근대적인 측량법에 의해 측도된 것으로, 당시까지의 철원도성 상황을 파악하는 데 중요한 자료이다.[12] 국립중앙박물관 역사부, 『철원 태봉국도성 조사자료집』(2009)에 「태봉국도성 일대 일제강점기 지적도 세부자료」라는 제목으로 실려 있고, 2019년 국립문화재연구소에서는 「태봉국철원성 일제강점기 지적원도 합본도면」을 제작하였다(「도 6」).

1. 지적도와 '풍천원도성지'의 궁성을 비교하였다(「도 3」). 이를 보면 궁성의 표시가 일치함을 알 수 있다. 양자가 동일 축척인 점을 고려하면 후자는 실측에 의한 것이라기보다 전자를 베낀 것으로 짐작된다. 단 성이 土壘임을 나타내기 위하여 '게바線'(구일본군 등에서 사용한 제도법이고 지도에서 고저나 기복을 나타내는 짧은 선의 집합)[13]을 넣은 것이 다르다.

2. 지적도와 '풍천원도성지'의 외성 표시 부분을 비교하였다(「도 4」와 「도 5」). 지적도에는 외성의 일부만이 표시되었지만, '풍천원도성지'에서는 지적도에 표시되지 않은 성벽과 성벽이 석축이었음이 나타나 있다. 지적도 작성 시 山地에 위치한 성벽은 조사하지 않은 듯하다. 반면 '풍천원도성지' 작성자들은 해당 부분을 조사하고 재질을 표시하였다. 단 측량 여부는 알 수 없다.

12) 정호섭·구문경, 『태봉국 도성 복원의 추진방안』, 강원발전연구원, 2014, pp.10~12.

13) 太田秀春, 앞의 논문, p.151.

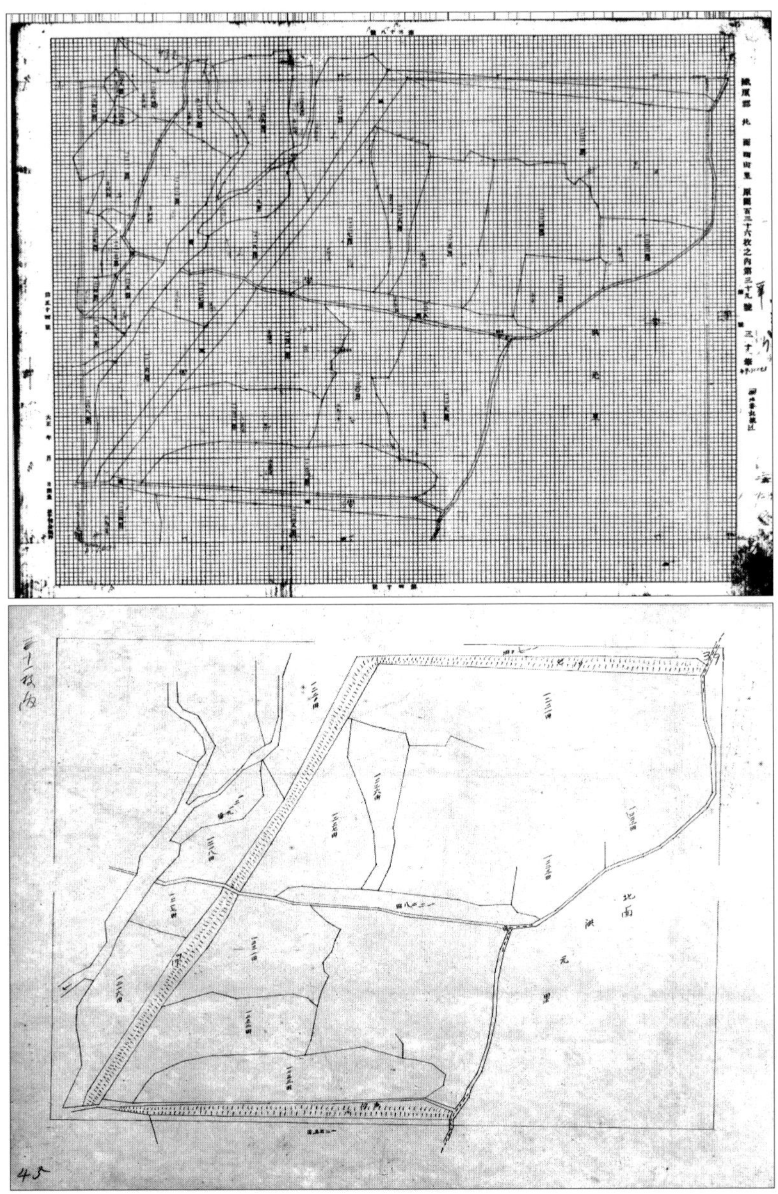

도 3. 지적도와 '풍천원도성지'의 궁성

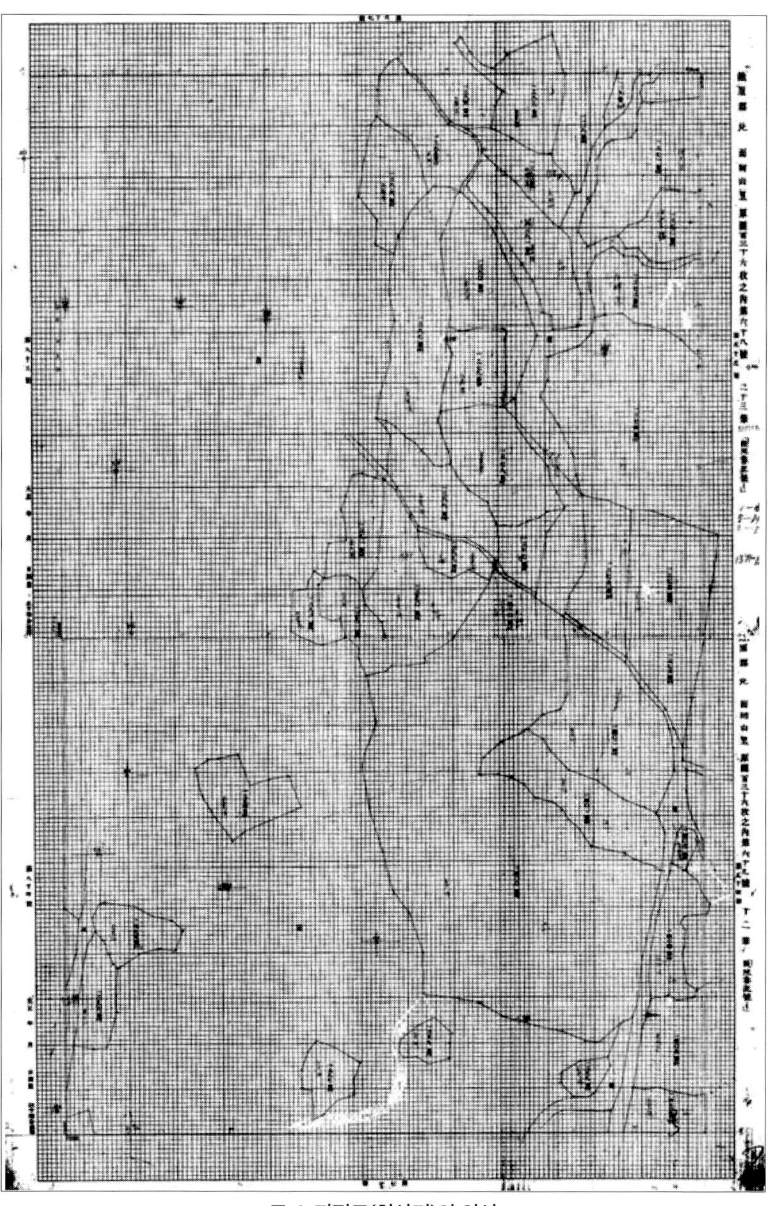

도 4. 지적도(회산리)의 외성

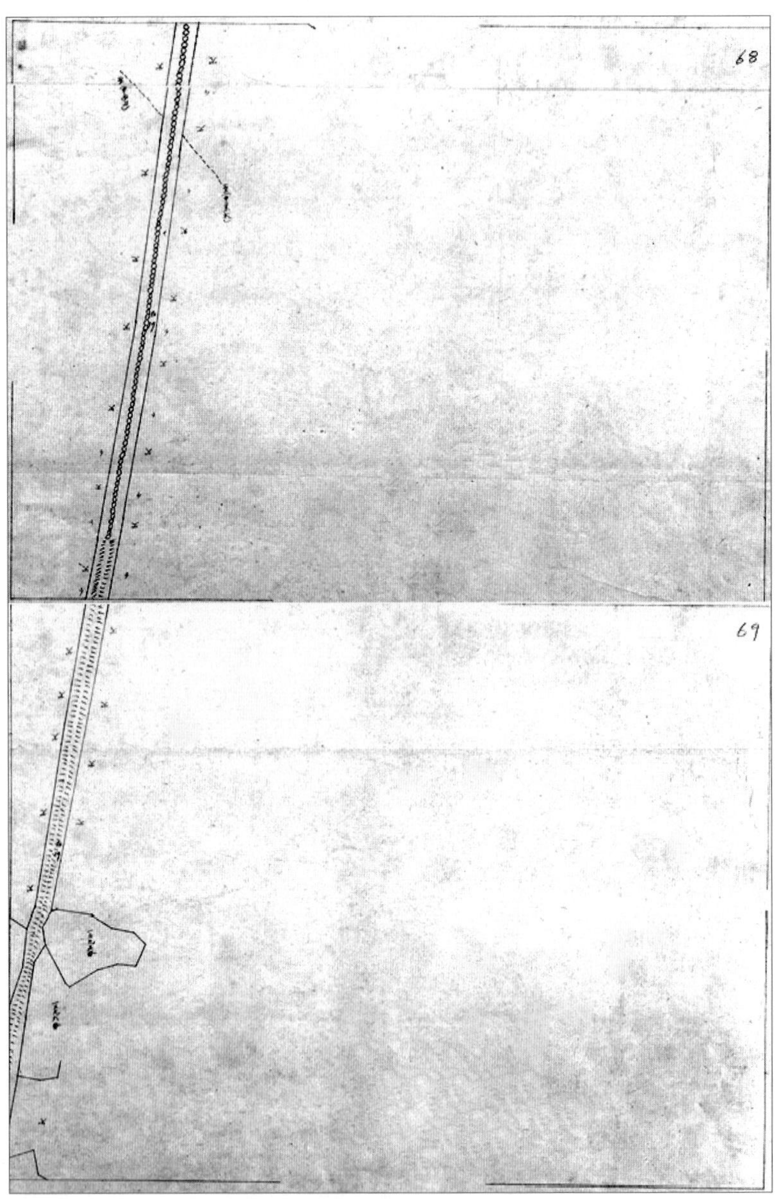

도 5. '풍천원도성지'(회산리)의 외성

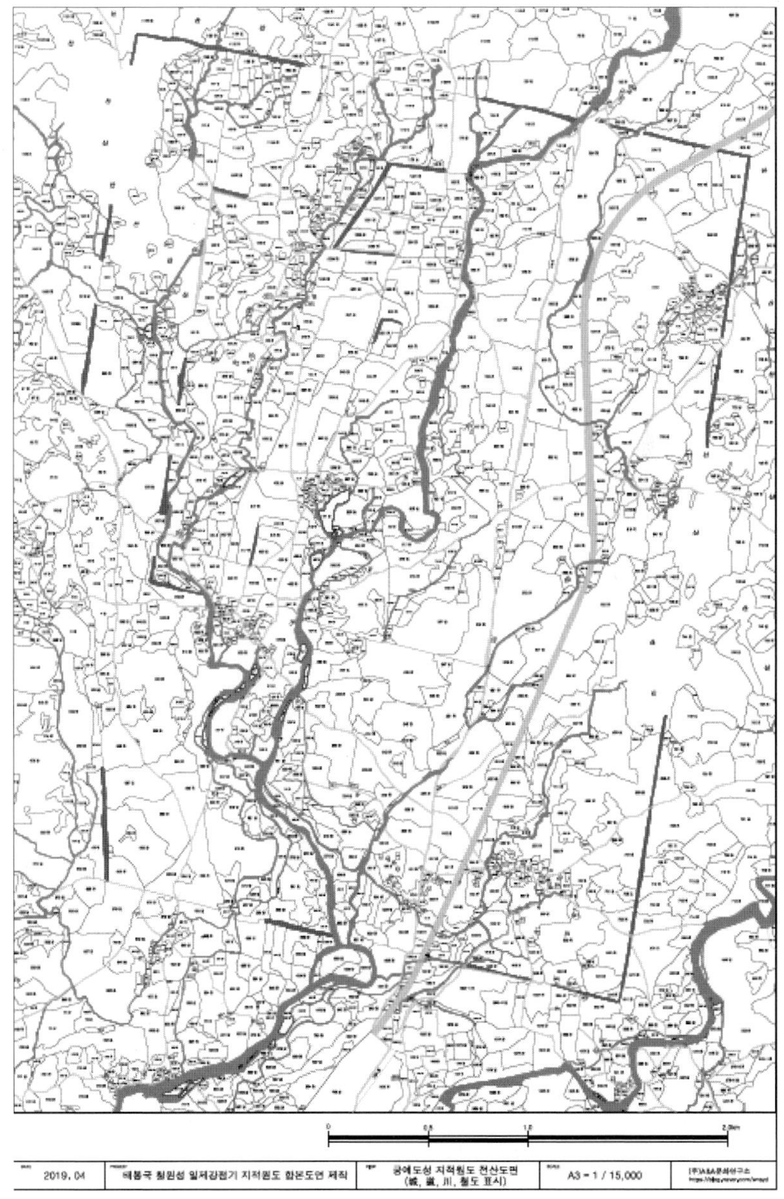

도 6. 철원군 지적도(1916) 상의 철원도성(국립문화재연구소)

Ⅳ. 맺음말

『조선성지실측도』 내 '풍천원도성지'는 기본적으로 지적도에 의거하여 작성된 것으로 보인다. 하지만 성의 재질을 표시하였다는 점에서 다르다. 또 지적도에 나타나지 않는 산지의 성벽을 표시하였다는 점도 그러하다. '풍천원도성지'는 철원도성의 일면을 구체적으로 알려 주는 자료라는 점에서 의미가 있다.

참고문헌

1. 국립중앙박물관 편, 『광복이전조사유적유물미공개도면 Ⅳ 강원도』(국립중앙박물관소장자료 제6권), 2009.

서울대학교 도서관 소장, 『조선성지실측도』.

2. 국가기록원 누리집.

국립문화재연구소 누리집.

국립중앙박물관 누리집.

3. 국립중앙박물관 역사부, 「태봉국도성 일대 일제강점기 지적도세부자료」, 『철원 태봉국도성 조사자료집』, 2009.

김대식, 「성균관대학교 박물관 소장 유리원판 사진의 디지털 복원」, 『유리원판에 비친 한국의 문화유산-식민지 조선의 고적 조사-』, 성균관대학교 출판부, 2012.

심재연, 「일제강점기 풍천원의 고적조사」, 『고고학』 18-1, 2019; 태봉학회, 철원군 편, 『태봉철원도성연구』(태봉학회총서 1), 2019.

윤성호, 「『朝鮮城址實測圖』를 활용한 삼국시대 성곽 연구」, 『韓國史學報』 83, 高麗史學會, 2021.

정호섭·구문경, 『태봉국 도성 복원의 추진방안』, 강원발전연구원, 2014.

朝鮮林業協會, 『朝鮮林業史』 (上), 1945; 임경빈 등 역, 『조선임업사』 (상), 산림청, 2000.

太田秀春, 「『朝鮮城址實測圖』와 倭城-朝鮮總督府의 植民地 支配와 관련하여-」, 『한국문화』 25, 2000.

태봉학회 학술 활동 및 철원군 역사 문화 소식

김영규
태봉학회 사무국장

목차

□ 태봉학회 학술 활동

■ 2023년 태봉학술회의 개최

최근 3년간 태봉학술회의는 코로나19 방역 문제로 한탄리버스파호텔 세미나실에서 발표자와 토론자 그리고 일부 방청객만 참가한 가운데 소규모로 진행했다. 그러나 올해 태봉학술회의는 철원군청 4층 대회의실에서 코로나19 이전과 같이 많은 철원군민이 참여한 가운데 2023년 10월 20일(금) 오전 11시부터 오후 5시까지 '근현대 철원의 형성과 사회 변화'라는 주제로 성황리에 진행되었다. 개회식에서는 조인성 태봉학회 회장

도 1. '근현대 철원의 형성과 사회변화' 태봉학술회의

이 개회사를 했고, 이현종 철원군수가 환영사를 했다. 이어 조인성 회장이 '태봉역사문화권' 설정 추진 제안을 하였고, 이용탁 철원군청 문화체육과장이 '철원 역사유물전시회' 개최 요강에 대하여 설명하였다. 오후에 진행된 주제발표는 '전통 시대 철원과 김화 고을의 도시 구성과 풍경' 이기봉 국립중앙도서관 학예연구관, '구한말 개신교 전파와 철원 김화지역의 변화' 홍승표 한국기독교 역사학회 연구 이사, '철원 김화지역의 교통로 변화와 읍치(邑治)의 이동' 김종혁 역사지도공작소장, 'A.S.C 영상자료를 통해 본 한국전쟁과 철원' 노성호 한림대 아시아문화연구소 연구원, '한국전쟁 전후 철원군 중심지 변동과 구호주택 건설' 김영규 철원역사문화연구소장 순으로 진행되었다. 각 주제발표에 대한 토론자로는 최종석 동덕여대 국사학과 교수, 김영명 춘천 상걸리교회 담임목사, 양정현 순천대학교 지리산권문화연구원 연구교수, 김병륜 국방안보포럼 선임연구위원, 황병훈 춘천 mbc 편성제작국 PD 등이 참가했다. 종합토론 좌장은 이재범 경기대 명예교수가 논평은 김용선 한림대 명예교수가 맡았다.

■ 태봉학회 총서 4 『병자호란과 김화 백전전투』 발간

도 2. <태봉학총서> 4 표지

태봉학회는 해마다 학술연구총서를 발간해 2022년까지 4권 발간하였고, 2022년 태봉학회 총서4는 김화 백전전투를 다루었다. 철원군과 (재)국방문화재연구원은 2012년 11월과 2013년 10월 두 차례 학술대회를 열었는데 이때 발표된 원고들을 추려서 싣고 병자호란 전반을 이해하는데 필요한 논문들을 더하였다. 제1부 병자호란의 제 문제에는 「병자호란 연구의 제 문제」(조성을), 「明淸交替 시기 朝中關係의 추이」(韓明基), 「병자호란의 開戰원인과 朝·淸의 군사전략 비교연구」(이종호), 「朝鮮 政府의 捕虜 送還 노력」(강성문) 등 4편의 논문이 실렸고, 제2부 김화 백전전투에는 「17세기 전반기 조선의 대북방 방어전략과 평안도 국방체제」(노영구), 「丙子胡亂의 戰況과 金化戰鬪 一考」(柳承宙), 「丙子胡亂 金化 柏田戰鬪 考察」(권순진), 「戰骨塚의 조성 경위와 위치 比定」(柳在春), 「김화 백전대첩(柏田大捷) 유적의 현황과 보존대책」(이재) 등 5편의 논문이 실렸다. 책의 말미에는 2022년 태봉학회의 활동과 철원군의 역사·문화 관련 동향을 소개하는 글을 실었다.

■ 태봉역사문화권 설정 추진을 위한 연구

강원연구원 강원학연구센터는 강원학 연구의 활성화를 도모하기 위해 연구지원 사업의 일환으로 해마다 강원학 연구 공모사업을 실시하고

있다. 올해는 강원학의 기초토대 연구 주제로 적합한 3편의 연구과제를 선정하였으며, 그 중의 하나가 「태봉역사문화권 설정 추진을 위한 연구」이었다. 이에 태봉학회는 경희대 사학과 조인성 명예교수를 책임연구원으로 하고 정성권 동국대 연구교수와 김영규 철원역사문화연구소장을 공동연구원으로 구성해 2023년 4월 24일 과제제안서를 제출하였고, 연구자로 선정되어 과제를 진행해 12월에 최종보고서를 제출하였다.

도 3. 철원 DMZ 안 태봉국도성터 전경

「태봉역사문화권 설정 추진을 위한 연구」 최종보고서의 목차는 다음과 같다.

Ⅰ. 연구의 개요
Ⅱ. 태봉역사문화권 설정의 근거
Ⅲ. 각 지역별 역사 속에서의 태봉
Ⅳ. 고고미술사로 본 태봉역사문화권
Ⅴ. 태봉역사문화권 설정 추진 방안
Ⅵ. 맺음말 - 태봉역사문화권 설정의 의의

도 4. 〈태봉역사문화권 설정 추진을 위한 연구〉 표지

보고서 맺음말에서 태봉역사문화권 설정의 의의는 첫째 예맥역사문화권과 함께 강원도민의 역사적 자긍심을 제고하는 데에 기여할 수 있고,

둘째 시간적 공간적 범위가 명확하지 않은 예맥역사문화권을 보완할 수 있으며, 셋째 태봉 관련 유물·유적에 대한 체계적인 연구와 보전 방안을 모색하는 데 도움이 될 수 있고 나아가 문화관광산업을 통한 지역 발전을 도모할 수 있으며, 넷째 비무장지대 안에 있는 태봉국 도성을 발굴하고 연구하는 것은 남북 화해와 협력의 상징이 될 수 있어 남북 공동연구로도 연결될 수 있다는 점을 들었다.

■ **태봉 목간의 출토와 판독회**

양주 대모산성의 집수지에서 태봉 목간이 출토되었다. 2023년 11월 20일(월)~31일(화) 이틀 동안 발굴기관인 기호문문화재연구원(경기도 안성 소재)에서 목간 판독회가 개최되었다. 한국목간학회 회원들을 주축으로 태봉학회에서는 조인성 회장(경희대 사학과 명예교수)이 참여하였다. 목간에는 그림 포함 총 7면에 걸쳐 8행, 123자가 적혀 있는 것으로 밝혀졌다. 우선 제 2면은 행위(제사?)의 날짜와 대상을 밝힌 것으로 보인다. 정개는 태봉의 연호 중 하나로 914년부터 918년까지 사용되었다. 날짜는 정개 3년 병자년 곧 916년 4월 9일(음)이다. 대상은 성(대모산성일 것이나 태봉 때 이름은 알 수 없음)의 대정(大井)에 사는 대룡(大龍)으로 보인다. 제 4면에 나오는 무등(茂登)은 행위자 혹은 행위자들 중 1인으로 여겨진다. 신해년은 891년으로 당시 무등의 나이가 26세였음을 적었던 것으로 풀이된다. 그는 태봉의 지배 아래에 있던 대모산성의 성주였을 가능성이 있다.

'태봉 목간'은 현재까지 발견된 목간들 가운데 연호와 간지가 분명하여 그 작성 시점을 정확히 알 수 있는 유일한 것이다. 또 단일 목간으로는 가장 글자 수가 많다. 하지만 아직 해독되어야 할 부분이 많아 앞으로의 연구가 필요하다.

VIII면	VII면 (10/12)	VI면 (12/14)	V면 3행 (12/14)	V면 2행 (15/16)	V면 1행 (8/17)	IV면 (16/16)	III면 (11/15)	II면 (18/19)	I면	
공란	午	月	閑	今	□	辛	□	政	그림	1
	牛	朔	人	月	□	亥	口	開		2
	買	共	当	此	□	歲	迗	三		3
	□	者	不	時	强	廿	肉	年		4
	□	十	爲	以	□	六	手	丙		5
	弃	日	使	咎	□	茂	爻	子		6
	本	以	弥	從	□	登	味	四		7
	入	下	用	□	□	此	亦	月		8
	斤	把	教	幻	八	人	条	九		9
	肉	□	□	史	在	孤	者	日		10
	半	□	九	九	追	者	能	城		11
	弃	肉	□	重	二	使	□	大		12
		去	如	齊	入	弥	□	井		13
		省	下	教	丸	用	□	住		14
				德	肉	教	者	□		15
				云	□	矣		大		16
					□			龍		17
								亦		18
								牛		19

도 5. 한국목간학회 판독 내용(양주시·기호문화재연구원, 2023; 연합뉴스, 2023. 11. 28)

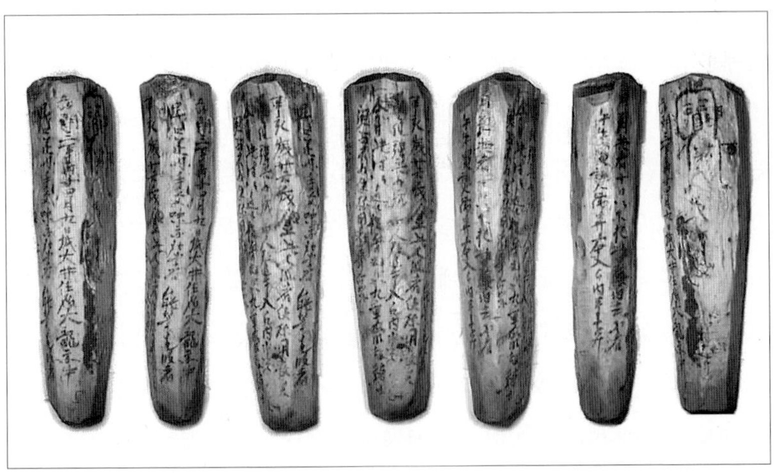

도 6. 목간의 그림과 문자 적외선 카메라 촬영본(양주시·기호문화재연구원, 2023; photo@yna.co.kr)

■ 철원군민 인문학 강좌 개설

도 7. 2023년 철원군민 인문학 강좌

2023년 태봉학회 철원군민 인문학 강좌는 한림대학교 생사학(生死學) 연구소와 공동으로 '생사인문학' 강의를 통하여 자신의 삶을 재발견하고 치유하는 시간을 가졌다. 나이 듦의 과정에서 발생하는 건강 문제, 심리적 문제, 사회적 관계의 변화에 대한 재인식을 통하여 생애 주기적 관점에서 중장년기의 삶과 질을 재발견하고 준비하는 과정이었다. 인문학 강좌는 '중장년의 재발견 – 나이 듦 수업'이란 주제로 3월 넷째 주 21일(화)부터 24일(금)까지 4일간 연속으로 매일 저녁 7시부터 9시까지 2시간씩 신철원 전통시장 고객지원센터 2층 강당에서 열렸다. 강좌는 21일 제1강 '나이 듦의 지혜 – 육체·정신·영혼과 건강' 양준석 강사, 22일 제2강 '누구나 죽음은 처음입니다' 강원남 강사, 23일 제3강 '존엄한 마무리를 위한 준비' 이나영 강사, 24일 제4강 '우리가 살아가는 힘 – 남겨진 사람들' 정영미 강사 순으로 진행되었다.

■ 역사 전공 대학생 철원 답사

2023년 9월 20일부터 22일까지 3일 동안 경희대학교 사학과 학생 70

도 8. 역사 전공 대학생 철원 답사

여 명이 철원안보관광(제2땅굴 → 평화전망대 → 월정리역), 백마고지 전적관, 승일교, 노동당사, 철원역사문화공원, 근대문화거리, 도피안사, 고석정 등지를 답사하였다.

□ 철원군 역사 문화 소식

■ 철원지역 역사 문화유산 전시회 – '철원, 그 안에 삶이 움트다'

2023년 11월 20일부터 2024년 2월 5일까지 열리는 전시회는 철원군이 강원대학교 중앙박물관과 협업한 특별전으로 철원지역 역사·문화유산을 발굴 전시하여 철원지역의 역사성과 소중한 가치를 대내외에 알리고자 기획되었다. 전시는 철원군 역사 개요, 철원지역 조사연구 활동, 선사시대의

도 9. 철원역사문화공원 내 전시실

철원, 철원의 불교문화, 철원의 성곽, 철원의 유교 문화유산, 철원지역 문화유산이 가진 가치에 대한 관련 기록과 출토된 유물, 영상 등으로 구성되어 있다. 철원군은 흔히 안보 관광지로 각인되어 있으나 다양한 삶과 찬란한 문화가 움터 이어지고 있는 곳이다. 이번 전시를 통해 국토 분단 이전 철원지역의 역사를 톺아보며 철원의 유구한 역사를 상고하는 기회를 제공하고자 한다. 철원지역은 한반도 중심부에 위치하여 선사시대부터 현재까지 한반도 북쪽과 남쪽의 문화를 유연하게 받아들이고 지역 고유의 문화를 발전시켜 오늘에 이른다.

도 10. 토성리 고인돌

철원의 선사 유적들은 대체로 하천의 충적 대지를 중심으로 분포한다. 철원지역 구석기 유적은 장흥리유적, 상사리유적, 산명리유적, 군탄리유적 등이 있는데 발굴된 유물로 미루어볼 때 약 13~12만 년 전 구석기인들이 철원지역에 처음 유입되었음을 알 수 있다. 장흥리 유적에서는 약 2만 5천 년 전 무렵 흑요석과 수정을 활용한 정교한 좀돌날 제작 기술을 보유한 새로운 집단의 출현이 확인되었다. 철원지역은 현재까지 슴베찌르개가 확인되는 최북단지역이다. 철원지역 신석기 유적으로는 군탄리 바위그늘유적과 토성리 토성 주변에서 지표조사를 통해 빗살무늬토기편이 수습되었다. 청동기시대 유적으로는 와수리 유적이 대표적으로 취락 시설과 공렬토기 등이 확인되었다. 청동기시대를 대표하는 유적인 고인돌이 토성리, 문혜리, 군탄리, 신철원리 등에서 확인되어 철원군에는 모두 18개가 있었던 것으로 추정된다.

1991년부터 시작된 비무장지대 문화유산 조사 결과 강원도 241건, 경기도 421건 등 모두 662건이 확인되었다. 최근에 이루어진 비무장지대 실태조사는 2020년 5월부터 2021년 12월까지 실시되어 그 결과물인 『한반도 비무장지대 2020-2021 실태조사 보고서』가 간행되었다. 조사 결과 9개 유적이 철원군에 위치한다. 대표적인 유적으로는 궁예가 도읍했던 태봉국도성과 삼국시대 고구려와 신라가 대결했던 성산성이 있고, 백마고지가 위치한 중세리와 대마리, 강산리에 구석기시대 석기를 비롯해 통일신라시대~조선시대 유물이 수습되어 주목된다. 특히 태봉국도성은 외성과 내성, 왕궁성으로 축성되어 있는데 조사를 통해 외성의 4개 지점에서 성벽을 확인하였고 토기와 기와 등의 유물도 수습하였다. 철원군 비무장지대 내부에 태봉국도성 성곽과 불교 유적은 물론 구석기시대 석기가 여러 곳에 분포해 있는 것으로 밝혀져 앞으로 이를 정밀조사하고 보존하기 위한 계획을 수립하여야 한다.

■ 새로운 『鐵原鄕校誌』 제작 발간

철원향교는 고려 태조 왕건(王建)이 태봉국 시중으로 있을 때 머물던 사저 터에 조선 선조 원년(1568년) 철원 유림(儒林)들에 의해 건립된 것으로 전하고, 임진왜란 때 완전히 소실되었으며 이후 인조 15년(1637) 중건(重建)된 것으로 알려져 있다. 해방 후 공산

도 11. 철원향교 전경

치하에서는 건물 및 토지가 몰수당하여 고아원으로 사용되었고 6·25전쟁으로 완전히 소실되었다. 수복 직후 민통선에 막혀 기존 향교터에 들어갈 수가 없어 1967년 후방지역인 철원읍 화지리 99번지에 대성전 10평, 명륜당 15평을 건립하였다. 하지만 건물이 비좁고 노후화되어 지금의 향교를 짓고 2010년 4월 21일에 입주하게 되었다. 철원군 최근 100년 역사가 일제강점기, 공산 치하, 남북분단을 거치는 격동의 시기였던 것만큼 철원향교 역사도 부침(浮沈)이 심했다. 김영규 철원역사문화연구소장이 편집장을 맡아 철원향교의 전통과 역사를 한눈에 알아볼 수 있는 『철원향교지』를 26년 만에 새로 발간하였다.

■ 철원군 화전민 이주와 키와니스촌 건설 책자 발간

도 12. 책자 발간 기념식 포스터

강원도 철원군 동송읍 오지3리 마을은 1965년 9월부터 미국의 봉사단체인 키와니스 클럽과 한미재단(A.K.F)의 지원으로 공사 진행하여, 1967년 9월 29일 102동 주택단지가 완공되어 입주하였다. 입주민들은 대부분 동송읍 상노2리 담터, 서면 자등리, 근남면 잠곡리 등지에서 화전을 하던 사람들로 화전민 이주 정착 사업에 의해 이곳 〈키와니스촌〉으로 집단 이주하였다. 2023년 11월 1일 기준 오지3리 인구는 99세대 176명(남 92, 여 84)으로 아주 조그마한 마을로 대표적인 인구소멸 지역이다. 철원사람들은 6·25전쟁 때 이북에서 내려와 휴전선 너머 고향으로 돌아가지 못하고 산속에 들어가 겨우 연명할 수밖에 없었다. 정부는 산림훼손과 홍수 발생을 막기 위해 화전민을 산에서 강제로 내려오게 했다. 초기에는 천막에서 지내면서 자신들이 들어갈 주택을 직접 짓고, 산에 올라가 약초를 캐고 날품을 팔아야 했다. 정착 이후 많은 주민이 다시 마을을 떠나기도 했다. 그만큼 살기 어려웠다. 키와니스촌이 탄생한 지 이제 어언 60년 되었다. 입주 1세대는 거의 별세했지만 선조들의 개척정신을 기리고 그 발자취를 영원히 남기려 수년간 조사하고 축적한 자료를 바탕으로 『철원군 화전민의 삶』(저자 김영규) 책자를 제작 발간하였다.

■ 6·25전쟁 아카이브 구축 국내외 자료수집 구술조사

국방부 전쟁기념사업회가 주관하고 명지대 국제한국학연구소가 수행하는 〈2023년 6·25전쟁 아카이브 구축 국내외 자료수집사업〉 일환으로 6·25전쟁 참전 유공자 구술조사가 2023년 6월부터 12월까지 용산전쟁기념관과 철원 아트하우스 등지에서 진행되었다. 전국에서 10명이 구술자로 선정되었고 철원군에서는 김영순, 백순선, 정재하, 정명우 등 4명이 인터뷰에 참여하였다. 구술조사 면담은 철원역사문화연구소 김영규 소장이 진행하였다.

도 13. 김영순 구술자와 기념 촬영

■ 갈말읍 『우리 마을을 기록합니다』 책자 발간

도 14. 갈말읍 마을 백서(저자 김영규)

수년 전부터 갈말읍의 각 마을별 역사와 현황을 담은 마을 백서를 발간하여 주민들의 애향심을 고취시키는 책자를 만들어야 한다는 여론이 있었다. 아울러 갈말읍만의 차별화된 역사·문화·예술 등의 지역자원을 책자에 담아서 지역 주민의 문화 욕구를 충족시키고, 갈말읍을 가보고 싶고 살고 싶은 곳으로 널리 홍보할 책자가 필요해 이를 모두 담은 책자를 2023년 6월 제작 발간하였다. 책자 구성은 일반현황, 마을 여행, 우리 마을을 소개합니다, 문화로 예술로 갈말로 등 4개 장으로 구성되어 있고 수년간 발굴한 스토리텔링과 촬영한 사진이 다양하게 실려 있다.

엮은이 | 태봉학회, 철원군

펴낸이 | 최병식

펴낸날 | 2023년 12월 31일

펴낸곳 | 주류성출판사

주소 | 서울특별시 서초구 강남대로 435(서초동 1305-5) 주류성문화재단

전화 | 02-3481-1024(대표전화)　팩스 | 02-3482-0656

홈페이지 | www.juluesung.co.kr

값 22,000원

잘못된 책은 교환해 드립니다.

ISBN 978-89-6246-527-3 94910

ISBN 978-89-6246-415-3 94910(세트)